湛庐文化 Cheers Publishing
a mindstyle business
与思想有关

加德纳作品
沈致隆 主编

MULTIPLE INTELLIGENCES: NEW HORIZONS

多元智能新视野 纪念版

[美] 霍华德·加德纳（Howard Gardner）◎著　沈致隆◎译

浙江人民出版社
ZHEJIANG PEOPLE'S PUBLISHING HOUSE

加德纳作品·中文版总序言

我对自己多部著作的中译本出版感到很高兴。自从 1980 年第一次访问中国以来，我始终对中国发生的事情有特殊的兴趣，并一直与一些中国朋友和单位有着特别的联系。20 世纪 80 年代，作为中美艺术教育跨文化研究项目的一分子，我曾经数次访问中国。在 1989 年出版的《打开视野——中国对美国教育困境的启示》(*To Open Minds: Chinese Clues to the Dilemma of American Education*) 一书中，我记录了以上研究项目以及与中国文化的联系。从我最初访问中国到现在，1/3 个世纪已经过去了，中国在许多方面都发生了巨大的、令人吃惊的变化。进入 21 世纪以后，整个世界都期待着中国成为世界的领头羊。如果说 20 世纪是美国的世纪，那么 21 世纪很快就会变成中国的世纪。

许多中国读者并不熟悉我的履历和学术生涯，所以在这里我首先想简单说几句。1943 年，我出生于美国宾夕法尼亚州东北部的一个小城斯克兰顿，父母是来自纳粹德国的移民。虽然他们幸运地逃脱了纳粹大屠杀，但我们家的很多亲人未能幸免。在成长的过程中，父母侥幸逃脱死亡的经历一直在我脑海中反复出现，并给予我一个明确的信息：我自己的一生应该有所成就。

对我人生和事业影响最大的事件，可能就是在 1961 年被哈佛学院[①]录取，我因此从“小池塘里的一条大鱼”，变成了“极大池塘里一条非常小的鱼”。幸运的是，我尽情享受在哈佛这个大池塘里游泳的乐趣，并且在坎布里奇一直居住了 46 年。在这期间，我曾先后是哈佛的本科生、研究生和全职的科研人员，迄今为止当了 20 年的哈佛大学教授。1965—1966 年，我在英国度过了一年时间，从事学术研究进修活动。因此，除了美国和英国之外，中国是我逗留时间最长的国家。我有四个孩子，他们都已经成年，最小的儿子本杰明是我 1986 年在中国台湾领养的。我带着他以及我的妻子埃伦(Ellen)，于 1987 年初访问中国大陆，生活了几个月。

我的主要学术研究领域是心理学，对人的心理（mind）、心理过程（mental process）和思维（thinking），我保持着长期的兴趣。在心理学领域内，我的研究和著作范围非常广泛，涵盖了发展心理学、神经心理学、社会心理学和教育心理学等。我将自己的工作看成是为扩展智能的概念所做的努力，即智能不仅是科学思维的能力，也不仅仅是逻辑和推理的能力，还包括了创造能力、领导能力以及从事艺术活动、手工艺制作和在职场工作的能力。我在其他学术领域内也做了不少工作，如对艺术、领导能力、多种门类的教育以及职业伦理道德的研究。在主要作为科研人员和学者的同时，我还在报纸和杂志上发表文章，不断在广播和电视等媒体上露面，履行我作为公众评论员的职责。除完成教师、研究人员和作家等工作以外，我喜欢和家人一起外出旅游。我还十分热心于艺术，曾经认真地学习和演奏过钢琴，也曾当过钢琴教师。现在，弹奏钢琴仍然能给我带来快乐。同时我还热衷于听音乐会，观看剧院的演出，参观艺术馆。最近，我成了纽约现代艺术博物馆的董事会成员。2007 年的新年，我第一次参加了一个合唱团的公开演出。

我在心理学领域内的第一部著作，是有关艺术发展心理和艺术教育的，这

① 哈佛学院（Harvard College）：哈佛大学专门招收本科生的学院，隶属于哈佛大学文理学院（Harvard Faculty of Arts and Science）。——译者注

反映了我对艺术的长期兴趣。在《艺术·心理·创造力》（*Arts, Mind, and Brain*）一书中，我收集了多篇描述艺术认知的论文。我这么说，并不意味着我否认艺术包含着情感、神秘性、想象和精神的因素。当然，这些都是艺术认知的途径。但是我的同事和我通过研究工作得出的结论却是，艺术和物理学、化学、生物学等其他科学一样，在其思维过程中同样严格地存在着对问题的思考、发现、解决等过程以及其他心理活动。同样地，虽然心理学不是“硬科学”，但心理学的方法能够帮助我们理解艺术思维的本质。

如果没有对艺术长期的兴趣和研究工作，我是绝对不可能提出多元智能理论（Theory of Multiple Intelligences）的。我曾经注意到，在美国心理学的学术界，特别是在大学里，只有逻辑分析思维才会受到重视。但是当我开始研究正常的和天资优异的儿童，研究大脑受到损伤的成年人时，却发现了人类拥有一定数量完全不同的能力，我决定将它们命名为“人类智能”（human intelligence）。这些智能是音乐、绘画、舞蹈、雕塑、诗歌以及其他艺术形式的思维基础。我最初的理论，以及提出这个理论的依据，发表于我 1983 年出版的《智能的结构》（*Frames of Mind*）一书中。这是我的成名作。后来，我有机会在《重构多元智能》（*Intelligence Reframed*）中重新思考并完善了这个理论。而在《多元智能新视野》（*Multiple Intelligences*）这本书里，我讨论了多元智能理论的实际应用和未来智能研究的途径。[①]

因为从事关于智能的研究，我还研究了人类的其他能力，如创造力和领导力。《大师的创造力》（*Creating Minds*）中描述了创造力，《领导智慧》（*Leading Minds*）中分析了领导力。我回忆起了自己学术生涯第一年所做的研究工作，因为像当时研究艺术心理的情况一样，我对于领导能力的认知观点也与众不同。我认为，领导能力就是领导者的心理与下属的心理之间的沟通。而这种心理之间沟通的方式，是叙述性的或者像讲故事一样，其形式更准确地说是属于艺术

① 文中提到作者多部著作的中译本，均已由湛庐文化策划、浙江人民出版社和中国人民大学出版社出版。——编者注

的而不是科学的。

我希望读者通过以上的简单介绍，对我个人以及我的思想脉络能够有一定程度的了解。在将以上思想和理念介绍到中国的过程中，我对沈致隆教授表示特殊的和永远的感谢。他是中国最早对我的以上思想和理念产生兴趣的学者之一。为使中国的广大学者、教育工作者和读者关注多元智能理论，他所做的工作比其他任何人都多。对他在翻译和指导其他人翻译我的著作过程中所担任的重要角色，我要表示感谢。沈致隆作为访问教授曾经两次来访哈佛大学，并就中国的艺术教育以及中国对多元智能理论的理解和应用，作了数次令人难忘的演讲。对于他在哈佛期间给予我和我的学生们的教益，对于他对我们的工作持之以恒的支持，我也想在此表示感谢。

Howard Gardner

于美国哈佛大学

序　言

我开始研究发展心理学和神经心理学的时候，是 20 世纪 70 年代的早期。我在这方面的研究，后来引发了多元智能理论的诞生。这个理论的主体，成型于 1980 年，而我提出此理论的著作《智能的结构：多元智能理论》，则出版于 1983 年的秋天[①]。虽然我的编辑和出版者对此书的期望值都很高，但我不认为当时任何人能够预料得到，我书中表达的思想一问世就会受到关注，特别是受到教育家们的关注。当年更没有人能预料得到，世界上有如此众多地区的人们，对此理论会保持 30 多年持续不断的热情和兴趣。

在这本书出版后的第一个 10 年里，我开始介入了许多教育研究的项目，这些项目或多或少都起源于多元智能理论。在这段时间里，我并没有对此理论做进一步的概括和修订。1993 年，我又出版了《多元智能：实践中的理论》（*Multiple Intelligences: The Theory in Practice*）一书，此书是我在这 10 年时间里发表论文的选集。在这本书中，我回顾了多元智能理论的要点，介绍了此理论研究的几个实验项目。此后不久，我就开始在各地的演讲中明确地指出，对多元智能理论的理解和应用存在着错误之处。后来在 1999 年出版的《重构多元智能》一书中，我对多元智能理论进行了更新和进一步的探讨，回答了读者提出的许多问题和批评，讨论了智

①《智能的结构》新版的中译本（经典版）已由湛庐文化策划、浙江人民出版社出版，沈致隆译。——编者注

能与领导能力、创造力和道德问题等之间的关系，后三者都与提出多元智能理论之后我的研究成果有关。

在21世纪第一个10年的中期，也就是多元智能理论诞生25周年的时候，我决定对这个理论进行一次最新的、全方位的回顾，因此产生了读者现在看到的这本书——《多元智能新视野》。

《多元智能新视野》一书分三个部分。第一部分是“多元智能理论”，我在第1章，首先对最初提出的多元智能理论做了综述，然后在第2章讨论了此理论进展的主要方面，即新增加的智能种类，新涉及的行业和领域（domains），智能（intelligence）以及与智能有关的多个概念之间的区别。在接下来的第3章，我论述了智能与人类其他认知能力，如创造力（creativity）、专才（expertise）、天资（genius）之间的关系。在第4章，我介绍了因为心理学研究引发的有关教育的问题和建议。而我对过去1/4世纪里读者提出的许多问题和批评所做的回答则是第5章的内容。

在本书的第二部分“教育实践”中，我集中介绍了几个独特的教育实验项目，从培育和评估学龄前儿童智能的努力，到对青少年在包括艺术在内的主要科目学习时思维方式的启发（第6章、第7章和第9章）。这部分的内容还包括对教育主要目的的讨论（第8章），以及对于新的评估形式某些细节的建议（第10章）。

在本书的第三部分“最新展望”中，我的注意力回到一个新出现的智能观点上。这个观点重视儿童成长的不同社会背景和文化背景（第11章）。接下来谈的是未来多元智能理论的理念，以及对于此理论在企业实践中如何应用的思考（第12章）。最后一章（第13章）则展望了未来，其中包括未来智能理论的研究方向，智能信息的新来源，多元智能理论拥护者群体的变化，此理论全球化步伐的日益加快等。

本书中的很多内容都是新的，其中一些选自我1993年出版的《多元智能：实践中的理论》和其他的著作或论文。那些著作和论文的内容严格按照顺序排列，所以本书的每一章都可以单独供读者阅读。在大多数章节里，我略去了前面出现过的参考内容。但为了方便读者单独阅读某一个章节，我保留了一些重复的内容。

正像你们所看到的，多元智能的理论和实践有它们自己的生命旅程。毫不夸张地说，自从多元智能理论诞生以来，数以百计的书籍已经出版，还有同等数量的学术研讨会和报告会频频举办，数以千计的学术文章或通俗文章发表。全世界还有数以千百计的学校，应用多元智能理论的理念办学。虽然不能时时追踪以上研究工作和实践经验，但希望我没有错过其中最重要的和最富有创意的努力。

从我关于多元智能的研究工作开始，没有那些难以计算的大量人力和资金的支持，一切都无法持续下去。在哈佛校园内外，数十名我的学生及合作者，协助并参与了多元智能一系列项目的实施，并贡献了重要的思想和实践经验。我还受益于多个资助者，其中既有私人基金会，也有个人捐款。我不可能在这里向所有人员一一致谢，在此深表歉意。我要特别提到一位非常优秀的学生 Seana Moran，她不但从多个方面帮助我完成了这本书，而且是第 12 章的第一作者。我成熟精干的助手 Lindsay Pettingill、Seana Moran 和我一起整理了本书的有关资料。另一位助手 Christian Hassold，总是不遗余力地给我以协助。我还要感谢我的编辑，Basic Books 的主任编辑 Jo Ann Miller、增订版的编辑 John J. Guardiano 以及我的出版人 Felicity Tucker。我还要感谢我的同事 Mindy Kornhaber、Mara Krechevsky 和 Joseph Walters，他们同意我在本书中选用我们一起合作发表的论文和资料。

Multiple Intelligences: New Horizons

目录
CONTACT

第一部分 多元智能理论

第1章 多元智能理论概述
003
- 智能是什么
- 最初的七种智能
- 新确认的智能
- 多元智能理论的独特贡献
- 结论

第2章 25年后的回顾
029
- 其他智能
- 多元智能理论的科学基础
- 智能和行业/领域
- 智能的三个不同定义
- 智能的模式
- 结论

第3章 超越智能：人类的其他珍贵能力
045
- 分析的框架
- 框架和有关概念
- 传统心理学对天赋模式的研究
- 当代对智能及其有关事物的观点
- 五岁时：对行业和领域一无所知
- 十岁时：开始掌握行业的规则
- 青春期：在十字路口
- 成熟的实践者在天赋模式中的位置
- 对教育的启示

第4章 通往教育的桥梁
061
- 罗夏墨迹测验
- 新的行动
- 三个重要的教育学推论
- 应用多元智能理论的前提

第5章 理论和实践中常见的问题
074
- 有关术语
- 理论本身
- 智能的评估
- 智能及其组合的微细结构
- 不同群体的智能差异
- 智能和生命的历程
- 其他方面的问题

第二部分 教育实践

第6章 幼儿智能的早期培育
103
- “多彩光谱”的评估方法
- “多彩光谱”方法的实施
- 最初的结果
- 行事风格
- 家长、教师和“多彩光谱”三者观点的比较
- “多彩光谱”与斯坦福-比内智力量表结果的比较
- “多彩光谱项目”的某些局限性和应用前景
- 对未来的初步展望
- “多彩光谱项目”方法的延伸

第7章 小学阶段的项目教学法
127
- 一所多元智能学校
- 项目成果的评估
- 项目教学法的“脚手架”

第8章 学科理解的多元切入点
136
- 理解：教育的一个直接目标
- 如何实现真正的理解
- 对课程的启示
- 专业知识与通用知识之间的平衡
- 展现“理解”的博物馆
- 实现理解的多元切入点
- 关于特殊群体的话题

第9章 高中学科的探索：“艺术推进”评估法
159
- 多元智能理论
- 艺术教育侧重点的选择
- 艺术教育的现状
- “零点项目”的艺术教育方法
- “艺术推进”评估法
- 两种艺术教育的方法

第10章 情境化评估：标准化考试的替代方案
179
- 比内、考试社会和学校教育的统一观念
- 评估替代方法的来源
- 评估新方法的一般特征
- 迈向评估社会

第三部分 最新展望

第11章 智能与社会文化背景
207
- 社会视角中的人类智能
- 智能的新概念
- 当代后工业化社会的两个例子
- 社会基础框架的需求
- 通过情境化评估激发智能

第12章 多元智能理论和企业管理
226
- 教育领地与工作场所的智能
- 快速变化工作环境中的多元智能
- 多元智能之间的相互作用
- 多元智能应用的四个场景
- 结论

第13章 多元智能理论的未来
249
- 智能研究的8个阶段
- 多元智能理论的拥护者
- 多元智能理论的世界之旅
- 未来研究和应用的路线

译后记
274

Multiple Intelligences

第一部分
多元智能理论

第 1 章 多元智能理论概述

开始的一幕发生于巴黎，时间是 1900 年，也就是著名的“美好年代”[①]。这个城市的父亲们，向一位天才的心理测量学家阿尔弗莱德·比内[②]提出了一个不同寻常的请求。当时大量的家庭蜂拥而至，从法国各省迁居巴黎。这些家庭的孩子，在巴黎的学校里出现了学习上的问题。家长们对阿尔弗莱德·比内的请求是：设计一种测试方法，以预言在巴黎小学的低年级学生中，哪些孩子将取得好成绩，哪些孩子将不及格。

① 美好年代（Le Belle Epoque）：又译为“美丽年代”，指 19 世纪末 20 世纪初的巴黎。当时法国已从几次战争中恢复了元气，加上工业革命带来的经济发展，也使社会一派繁荣。——译者注

② 阿尔弗莱德·比内（Alfred Binet，1857—1911）：法国实验心理学家，智力测验的创始人，起初从事法律工作，37 岁时才开始心理学研究。——译者注

正像几乎每个人都知道的那样，比内成功了。很快，他的发明就被命名为“智力测验”。他的测验结果称为IQ，即“智商”[①]。像巴黎的其他时尚一样，“智商”很快就传到了美国。第一次世界大战之前，智商在美国就已经相当受欢迎，以至于对一百多万名新兵，都进行了这个测验。随着它在美国军队中的应用，随着美国在第一次世界大战中的胜利，比内的发明真正地红遍了美国。从那时起，IQ成了心理学最伟大的成就，被认为是具有极其普遍实用价值的科学工具。

是什么原因使智商引起了轰动呢？至少在西方，过去人们总是依靠直觉来判断或评估人的聪明程度，而现在智能似乎定量化了。就像过去只能测量一个人真实的或潜在的身高一样，现在似乎能准确测量一个人真实的或潜在的智能的高低。我们能够并可以使用相同的心理能力的尺度，去排列每一个人。

人们对于完美的智能测量方法的追求，一直在进行着。举例来说，下面是这种测量的一个广告：

> 您想通过一种快速的测验从而准确地、可靠地评价一个人的智能吗？共需进行三组测验，每组4~5分钟。这种测验不依靠语言表达和主观性的评分，即使是严重残疾（甚至瘫痪）的人，只要能表示对问题肯定或否定的回答，皆可适用。无论是两岁的幼儿还是优秀的成年人，均使用同样简短的一组题目和相同的方式进行。全部花费只需16美元。

对这种能判断所有智能的单一测验，目前的需求很普遍。美国心理学家阿瑟·詹森（Arthur Jensen）甚至建议，我们可以通过观察受试者的反应时间来判断智能：一组灯光亮了之后，根据接受测试者反应的快慢，就可以确定他智力的高低。英国心理学家汉斯·艾森克（Hans Eysenck）则建议

① 智商（intelligence quotient，IQ），为心理年龄除以生理年龄，再乘以100。——译者注

智能的研究者直接观察脑电波。随着基因芯片的出现，许多人都期待着有一天，只要我们在特定的染色体上，看一下某一基因座位[①]，然后读出这个人的 IQ，就能信心十足地预言他的前途。

当然，还有更加精密复杂的 IQ 测试的变种，其中之一就是 SAT。开始时它叫“学业能力测试”（Scholastic Aptitude Test），但随着时间的推移，虽然它的首写字母形式未变，但含义改变了，现在叫做“学业评估测验”（Scholastic Assessment Test）。这两种考试都是与 IQ 测试目的相同的一种考试，分成语言和数学两部分。如果把一个人在考试中两部分的得分加起来，就可以判断或排列他在某一方面智能的高低（最近，写作和推理的内容被加入了这个考试之中）。例如专为天资优秀的学生开设的课程或举办的学历教育，就靠这种考试录取学生。如果你的智商超过了 130，才能进入此种学校或班级就读。如果你的 IQ 是 129，对不起，这里没有你的位置。

这种判断人的智能的一元化观点，产生了与之相对应的有关学校的观念，我称之为“统一制式观念”（uniform view）。在以这种观念为基础建立的“统一制式学校”（uniform school）里，每个学生都要学习相同的课程即核心课程，选择的可能性极少。只有较好的学生，可能就是智商较高的学生，才被允许选修需要批判性的阅读、计算和思考技能的课程。这些统一制式学校使用的评估方法，往往是类似 SAT 和 IQ 的各种考试，均由学生用纸和笔来完成。这些考试的成绩，可以将学生排列成令人可信的顺序，最聪明的和最有前途的学生被送进较好的大学。他们将来可能，仅仅是可能，在社会上享有较高的地位。毫无疑问，这种选拔方式对于一部分人的效果是好的，如对于哈佛大学和斯坦福大学的学生。因为这种考试和选拔体系，有利于英才教育，所以在一定程度上值得推荐。

① 基因座位（gene locus）：指各个基因在染色体上所占的位置，故简称为座位。但就位点的实体而言，指的就是基因。——译者注

这种统一制式学校看起来似乎很公平：毕竟对待每个人的方式都相同。但是许多年以前，它给我的感觉就是这种貌似合理的学校，实际上是完全不公平的。统一制式学校只挑选并重视某些种类的智能，我们在这里暂时称之为 IQ 或 SAT 智能。有时候，我也称之为未来法律教授的智能，就是约翰·豪斯曼（John Houseman）在电影《力争上游》[①] 中扮演的查里斯·金斯菲尔德博士（Dr. Charles W. Kingsfield）拥有的智能。你在这样的学校里能够取得好成绩，就很容易在 IQ 或 SAT 类型的测验或考试中取得好成绩。

但我想谈的是对智能的不同看法，并介绍一种完全不同的看待学校的观点，这就是智能的多元观（pluralistic view of mind）。亦即承认存在许多不同的、各自独立的认知方式，承认不同的人具有不同的认知强项（cognitive strengths）和对应的认知风格（cognitive style）。我还想介绍一种建立在智能多元化观点上的、以个人为中心的学校（individual centered school）模式。这种学校模式的理论基础，来源于在比内那个时代人们还不知道的科学研究和科学发现，如认知科学（思维的科学）和神经科学（脑的科学）的某些成就。这种学校模式的理论基础之一，就是我称为多元智能的理论。现在，让我说明多元智能理论的起源和观点，以便在后面的章节中谈论它对教育的意义。

在我介绍这种观点之前，请读者首先从世俗的智能判断标准中暂时解放出来，让你们的思想自由地翱翔于人类所有的能力之中。说不定还需要换位思考，用从火星上来访的外星人的角度，思考智能的判断标准。在这个想象的实验中，你或许会被杰出的象棋大师、世界级的小提琴家、体育世界冠军所吸引，因为这些人的表现十分突出，确实引人注目。从以上想象的实验中，产生了一个完全不同的智能概念。这些象棋大师、小提琴家、

① 电影《力争上游》（*The Paper Chase*）：1973 年 10 月 16 日在美国上演。影片描写一名哈佛大学法学院的学生，爱上了他的指导教授的女儿，几经奋斗才通过这名教授的严格考验，取得了毕业文凭。本片题材具有现实性，对美国大学的教育制度予以讽刺。——译者注

体育世界冠军在各自的职业领域里是聪明的吗？如果是，为什么我们的智力测验无法辨认出他们的智慧和能力呢？如果他们不是聪明智慧的，那么是什么使他们取得了如此出色的成就？一般来说，为什么当代的智能结构理论无法解释人类的许多杰出表现呢？

◎ 智能是什么 ◎

智能最恰当的定义到底是什么？这是读者向我们提出最多的问题。的确，正是在智能的定义上，多元智能理论与传统的观点开始分道扬镳。按照传统的测量心理学观点，智能最具可操作性的定义，就是解答智力测验考试题目的能力。运用统计的方法，对不同年龄接受测试者的答案加以比较，可以从测验分数推断出他们的能力。不同年龄接受测试者在不同的测验中，所得到的成绩具有明显的相关性。这证明了人类的一般智能①，随年龄、学历、经历的变化不大，是每个人与生俱来的属性或能力。

另一方面，多元智能理论比传统的智能观念要复杂一些。我们认为，智能是一种计算能力——即处理特定信息的能力，这种能力源自人类生物的和心理的本能。尽管老鼠、鸟类和计算机也具有这种能力，但是人类具有的智能，是一种解决问题或创造产品的能力。这些问题的解决和产品的创造，为特定文化背景下的社会团体所需要。解决问题的能力，就是能够针对某一特定的目标，找到通向并实现这一目标正确路线的能力。文化产品的创造，则需要获取知识、传播知识，并表达自己的结论、信仰或感情。从构思一部小说的结尾，到下棋时预料每走一步棋的后果，甚至修补一床棉被，都是需要解决的问题。科学理论、音乐作品甚至成功的政治竞选，都是上文所说的创造文化产品。

① 一般智能（general faculty of intelligence）缩写为英文字母“g”，也被译为“通用智能”，指能够解决任何领域的问题的普遍适用的智能。——译者注

多元智能理论本身，就是按照生物在解决每一个问题时本能的技巧构建而成的。但我们所探讨的，只是人类普遍拥有的技能（再说一遍，我们与老鼠、鸟类、计算机不同）。即使如此，实际解决某种特定形式的问题时，生物的本能还必须与这个领域的文化教育相结合。如语言是人类共同拥有的技能，但在一种文化背景下可能以写作的方式出现，在另一种文化中可能以演讲的形式出现，在第三种文化背景下说不定就是颠倒字母的文字游戏。

究竟怎样识别一种智能呢？我们认为，选中作为一种智能必须注意的是，既要有生物学的依据，又要考虑根据一个或多个文化背景来进行评价。在列出以下智能种类之前，我们曾参考了几个不同来源的证据：如有关正常儿童和超常儿童心理发展的研究信息；脑损伤条件下认知能力受损的情况；对特殊群体如超常儿童或神童、白痴天才、患孤僻症儿童的研究成果；过去几千年人类认知进化的研究资料；文化交叉背景下认知的研究；心理测量学的研究，包括不同测试方法和手段结果相关性的研究；心理训练的研究，特别是不同学习能力的转化和普遍化的研究，制定了如下智能的判断标准，或者叫做“智能的判据”（criteria）。候选智能中，只有那些满足全部或大多数判据的，才被选中作为一种智能。以上全部智能判据的每一种，以及我们最初所提出的七种智能，在《智能的结构》一书中，特别是在第 4 章中，都有详尽的讨论。在那本奠基之作中，我也考虑到多元智能理论可能会遭到反对，所以将它和与之对立的智能理论加以比较。与此问题有关的进一步的讨论，出现在我的《重构多元智能》一书中以及本书的后续章节中。

除了满足上述判据以外，每一种智能都必须具有一种可以辨别的核心运作方式，或具有一组运作方式。就像以神经系统为模式设计的电脑系统一样，如果通过内部或外部特定信息的作用，人类的每一种智能都应该能够被活化或激发。例如音乐智能的基本能力特征，就是对于音高的敏感性；

而语言智能的基本能力特征，就是对于发音和声韵的敏感性。

智能对于特定文化创造出来的符号系统，应该是敏感的。这个符号系统是捕捉、表达、传播信息的重要形式。语言、图画、数学就是三个几乎在全世界范围内使用的符号系统，它们对于人类的生产和生活是不可缺少的。能够被选做智能的，必然和人类所应用的符号系统有一定的联系。事实上，人类每一种核心计算能力（即处理特定信息的能力）的存在，必定伴随着现行的或潜在的符号系统的产生。而此符号系统对于使用发展那种能力，有很重要的意义。虽然有时可能某种智能无法用任何符号表示，但人类智能的基本特征也是能够具体化的。

最初的七种智能

简略地介绍了智能的特征和判据后，我现在分别讨论对每一种智能的思考,那些智能是我在20世纪80年代初期提出来的。我在讨论每种智能时，首先摘录了在那种智能上表现突出的人物传记的一部分。这些被引用的传记中的描写，揭示了人物的某些能力。这些能力对于传记中人物自如地运用某种智能，起了决定性的作用。虽然每一篇被引用的小传只说明一种特定的智能，但我们并不希望这暗示成人的智能运作是孤立的。事实上除了非正常的人，智能总是以组合的方式运作。任何有经验的成年人在解决问题时，都会运用多种智能的组合。在每一篇小传之后，我们还要评述不同的数据和资料，以支持每一种被挑出来的候选智能。

音乐智能（Musical Intelligence）

耶胡迪·梅纽因（Yehudi Menuhin）3岁时，被父母带去欣赏旧金山交响乐团的音乐会。音乐会上路易斯·帕辛格（Louis Persinger）美妙绝伦的小提琴演奏，深深地打动了小梅纽因，于是他向父母要一把小提琴作为自己生日的礼物，并且非要帕辛格做他的老师不可。他的这两个愿望都实现了。10岁时，耶胡迪·梅纽因已经成为世界知名的小提琴家。

小提琴家梅纽因身上的音乐智能，甚至在他还没有接触小提琴、尚未接受任何音乐训练的时候，就表现出来了。他对那种特殊声音的强烈反应，以及他在小提琴演奏技术上的飞速进步，表明他从生理上具备发展音乐智能的先天条件。从此类超常儿童得出的证据，使我们认为特定的智能有其生物学上的或先天的渊源，梅纽因就是一个例子。其他特定的群体，如患有孤独症的儿童，他们中有些人也能熟练地演奏乐器，却无法与其他人沟通，这同样证明音乐智能是可以独立存在的。

下面再对有关证据做简单的分析，以进一步证明音乐技艺是一种智能。例如，虽然音乐技能不像语言技能一样，精确地定位于大脑的某一特定区域，但大脑的一部分，大约位于右半球，在对音乐的感知和创作上，的确起着重要的作用。虽然人的音乐才能受脑损伤影响的程度，与其所受音乐训练的程度和人与人的差异有关，但有证据表明，脑损伤的确会造成人的“失歌症”①或一定音乐能力的消失。

在旧石器时代的社会里，音乐明显地起着重要的协调和统一的作用，连鸟儿的歌唱都具有与同伴联系的功能。从多种文化得到的证据表明，音乐是人类的一种普遍的本能。婴儿智能发展的研究认为，在幼儿阶段确实有一种与生俱来的计算音高的能力。最后，我们说音符本身实际上就是一种清晰易懂的符号系统。简而言之，音乐才能是一种智能的概念，得到了不同来源证据的支持。虽然音乐技能不像数学一样被当作典型的智力技能，但它符合我们的智能的判据。不但根据智能的定义，而且从资料和研究结果中也得到了充分的证明。

① 失歌症（amusia）：失去唱歌和辨别音乐的能力。——译者注

身体-动觉智能（Bodily Kinesthetic Intelligence）

15岁的乔治·鲁斯[①]在一场比赛中担任接球手。因本队的投手表现不佳，贝比的棒球队面临败局，于是他嘲笑这名投手并大声指责他。他们的教练布拉泽·马赛厄斯（Brother Mathias）大声喊道："既然这样，你来投球吧！"鲁斯听后十分吃惊，非常紧张，回答："我从来没有投过球，我干不了！"但此时正是他一生的转折点。后来鲁斯在自己的传记中回忆道："当我站到投球手位置的那一刻，感到在我和踏板之间，存在着奇妙的联系。我有点儿莫名其妙，似乎我就出生在那个地方，那块踏板是我的另外一个家。"正像体育运动史记载的那样，他后来真的成了大联盟的投球手（当然，他还是一个传说中的击球手）。

就像梅纽因一样，乔治·鲁斯也是一个超常儿童。第一次见到他的"乐器"时，他立刻就认出来了。请注意，这种识别发生在他接受任何的正规训练之前。

我们知道，身体的运动由大脑运动神经皮层来控制。大脑的每一个半球，都控制或支配相对的另外一半身体的运动。对于一个惯用右手的人，运动的支配部位通常在大脑的左半球。即使对于一个能够灵活自如地运动的人，在他不情愿的时候，命令他做同样的动作，其身体运动的能力也会减弱。这种特殊的运动失调症的存在，是身体-动觉[②]智能的证明。

特定的身体运动，明显地有利于物种的进化。对于人类来说，这种进化就延伸到工具的使用。身体运动清楚地表明了儿童发育的时间表，不同的文化对此没有异议。因此，以上身体运动的知识符合判定一种智能的

① 乔治·鲁斯（George Herman "Babe" Ruth），20世纪20年代美国棒球界的传奇人物，他是全垒打王，也是上垒次数与强打纪录的保持者。——译者注

② 动觉（Kinesthetic）是"运动觉"的简称，指辨别身体各部分运动和姿势的感觉，由身体运动和姿势作用于肌肉、筋腱、韧带和关节，产生兴奋，传入大脑皮层而引起。——译者注

标准。

认为身体运动的知识是解决问题的能力也即智能，不那么好理解。的确，表演一个哑剧或打网球不同于解数学方程式，但使用自己的身体表达一种感情（在跳舞时）、从事一种游戏（在运动场上）或创造一种产品（设计发明），都是运用身体或身体认知的例证。解决某种需要身体运动的特殊问题，如击中一个网球，究竟需要哪些特定的基本能力，蒂姆·高尔威（Tim Gallway）总结如下：

> 球离开发球者球拍的一刹那，大脑就得在几分之一秒的时间里计算出：球大约在哪里着地和球拍应在哪里回击。这种计算包括判断球的初速度、使球减速的因素、风的作用和球的反弹等。同一时刻，大脑还要对肌肉下达动作的命令。不仅仅下一次命令，而是需要时时根据最新信息加以修正。肌肉必须配合，脚一移动，就得将拍向后拉，且拍的正面必须保持一个特定的角度。精确的击球点的位置取决于发出的命令，是要回击到对方球场的底线，还是让球刚好过网。大脑必须在几分之一秒的时间里分析对手的移动和平衡状况，做出回球的决断。为了接一个发球，你大概只有一秒钟的时间做以上这一切事情。要每次都能击中球，似乎很不容易，但一般人往往都可以做到。这是因为每个人的身体本身都具有非凡的创造性。

逻辑–数学智能（Logical Mathematical Intelligence）

由于在微生物学研究方面的杰出成就，芭芭拉·麦克林托克[①]1983年

① 芭芭拉·麦克林托克（Barbara McClintock, 1902—1992），美国著名女遗传学家，1944年成为美国国家科学院的院士，并在当年担任美国遗传学会会长之职。1945年起，她开始了著名的基因转座（gene transposition）研究，30多年后，科学界才给了她应得的荣誉，1983年，她独获诺贝尔医学与生理学奖。——译者注

获得了诺贝尔医学与生理学奖。她在观察和推理方面的智力，表现出一种以逻辑-数学为形式的智能，这种智能通常被人们称为科学思维（scientific thinking）。她经历的一件偶然事件特别能说明问题。20 世纪 20 年代，麦克林托克在康奈尔大学从事研究工作时，曾遇到一个问题：虽然理论上预测有 50% 的玉米不结果，但她的研究助手在试验田里，却发现只有 25%~30% 的玉米植株不结果。这一不小的差异使她很困惑，因此而离开玉米地回到办公室，坐下来想了半小时，之后……

> 我突然跳了起来，跑回玉米试验田。刚到玉米田的地头（其他人在玉米田的深处），我就大喊着："我发现了！我知道答案了！我知道 30%的玉米不结果的原因了！"他们要我证明自己的结论。于是我坐了下来，拿出纸和铅笔飞快地写出草稿，而这些计算工作我刚才在实验室里一点也没有做。当时这项演算工作是如此之快，好像一下子就完成了，答案如泉水般喷涌而出。我一步一步地进行着复杂的推理和计算工作，最后得到了同样的结果。同事们看着计算结果，发现和我刚才说的完全相同。有了结论之后，我却感到非常纳闷——为什么我还没在纸上计算时就知道了结果？为何我对这个结果如此确信？

这件趣闻表明了逻辑-数学智能的两个基本点：第一，天资优异的人在解决问题时的速度常常快得惊人。如成功的科学家往往在同一时刻处理许多变量，或提出大量的假说，然后一一加以评价并决定接受还是放弃。

这一趣闻还表明了智能的非语言性：一个问题的答案在用语言表达之前，就已经得出了。事实上，这个解题的过程甚至对解题者本人，也可能是看不见的，有点儿像我们所熟悉的，在"啊！"一声惊呼后恍然大悟。但这并非暗示此种现象是神秘的，或只能凭直觉而不可预期。恰恰相反，这种情况发生在某些人（如诺贝尔奖获得者）身上不是偶然的。我们将这种现象解释为逻辑–数学智能的作用。

逻辑–数学智能和语言智能加在一起，是智商测试的主要基础。传统心理学家对这两种形式的智能，已经进行了大量的调查与研究，认为它们是“原始智能”，可以跨越不同领域或专业解决问题。但具有讽刺意味的是：对于麦克林托克所描述的，她获得有关逻辑–数学问题答案过程的准确机理，至今仍没有人能给出一个令人信服的恰当解释。

这种智能同样可用我们的经验判据证明。大脑的特定部位与其他部位比较起来，在数学计算方面有更加重要的作用。近来脑科学的研究表明，位于额骨颞颥叶[①]的语言区域,对于逻辑推理更重要。而位于顶骨前叶的视觉空间区域，则掌管数字计算的功能。一些白痴天才在其他很多领域里表现了可悲的无能，但在数学计算上却有可能十分出色。儿童中数学天才的例子是很多的,多年以来，让·皮亚杰[②]和许多心理学家已经认真地研究和总结了儿童在这种智能上的发展。

语言智能（Linguistic Intelligence）

10 岁的时候，托马斯·艾略特[③]创办了一份名为《壁炉旁》的杂志，他是这本杂志的唯一撰稿人。寒假中，他在三天时间里出了 8 期。每一期杂志里都有诗歌、探险小说、随笔和幽默故事，其中一些流传至今，展示了诗人的特殊天才。

和逻辑–数学智能一样，把语言技巧称为智能，合乎传统心理学的观点。

---

① 人头部两侧靠近耳朵上方的部位，俗称太阳穴。——译者注

② 让·皮亚杰（Jean Piaget, 1896—1980）,瑞士心理学家,20 世纪世界最著名的儿童心理学家,发生认识论的创始人。——译者注

③ 托马斯·艾略特（Thomas Stearns Eliot, 1888—1965）,诗人、文学评论家、剧作家，祖籍英国，生于美国，哈佛大学毕业后，1914 年起定居英国。1922 年发表的长诗《荒原》（*The Waste Land*）获 1948 年诺贝尔文学奖，其创作和评论对 20 世纪西方文学影响很大。——译者注

语言智能的存在，也通过了我们的经验判据的检验。例如大脑的一个特定区域，通常称为“布洛卡区”（Broca），负责产生合乎语法的句子。这个区域受到损伤的人，能够很好地理解单词和句子，但除了最简单的句子以外，他们不能将单词组合成句。与此同时，这些人的思维过程可能完全不会受到影响。

天生具有语言能力，对于人类是共同的。令人吃惊的是，儿童语言能力的进展，在各种文化和社会中都是一致的。即使是没有接受过哑语训练的聋哑儿童，也会发明他们自己的手语并悄悄地使用。我们因此可以看出，这种智能是独立的，与特殊的学习方式或传播渠道无关。

空间智能（Spatial Intelligence）

加罗林群岛（Caroline Islands）[①]的土著居民在航海时不用仪器，他们除了依靠星座和视线中出现的岛屿来确定船舶的位置以外，气候的特点、海水的颜色都是他们判断地理方位的依据。每一次航行都被分解成多个较短的旅程，而航海者清楚在每段航程中星座的方位。在实际航行中通过每一个岛屿时，航海者的脑中就出现一幅地图，并在图上计算已经走完了多少旅程，还剩下多少旅程，方向还要做哪些修正。航海者在旅途中可能无法真正看到这些岛屿，但脑中必须有它们的位置。

解决空间位置的问题，如航海和使用有标记的地图，都需要空间智能。其他与空间位置有关的问题，如下棋和想象从不同的角度看到的物体的形状，也是如此。视觉艺术同样是空间智能的一种运用。

从大脑研究所得出的证据非常明确，很有说服力。经过长期的进化，正如大脑的左半叶掌管习惯使用右手的人的语言功能一样，这些人大脑的右半叶掌管空间位置的判断。大脑右后部位受伤的病人，会失去辨别方向

① 位于太平洋西部的一个群岛。——编者注

的能力，易于迷路，其辨认面孔和关注细节的能力明显减弱。

大脑右半叶特定部位受伤的病人，总是试图用语言技巧来弥补空间智能的缺陷。他们尽力大声辩解，主动提问，甚至拼凑答案，但这些非空间的策略，很难成功地解决有关空间的问题。

以盲人为例可以说明空间智能和视觉能力的区别。一个盲人能够通过间接的方法来判断物体的形状：他们用手沿着一个物体的边缘以固定的速度摸过去，根据所用时间的长短，计算出物体的大小。盲人的触觉系统，相当于普通人的视觉系统。盲人的空间智能与聋哑人的语言智能极具相似性，值得我们注意。

视觉艺术的各个领域很少出现超常儿童，但也有如娜迪娅①那样的白痴天才。尽管患有十分严重的孤独症，这个学龄前儿童却能画出极精确、细致的图画来。

人际智能（Interpersonal Intelligence）

基本上没有受过正规的特殊教育、几乎是盲人的安妮·萨利文（Anne Sullivan），开始承担起一项艰巨的任务，就是教育失聪又失明的7岁女孩海伦·凯勒。由于海伦对外部世界感情上的对抗，安妮试图和海伦交流的努力很难奏效。以下是她们第一次一起进餐的情景：

> 安妮不允许海伦将手伸进自己的盘子里去取她想要的食物，而海伦和她的家人在一起时，已经习惯了这样做。因此与安妮的第一次进餐成了意志的较量：海伦的手一伸进盘子里，就被安妮坚决地推开。海伦的家人为此很不高兴，离开了餐厅。安妮把房

① 娜迪娅（Enter Nadia），1967年出生于英国，1岁起患严重孤独症，无法与人通过语言、手势交流，但从3岁半起在绘画上就表现出惊人的天分。本书作者在1982年出版的《艺术·心理·大脑》一书的第16章中，对此做出了详细的介绍。——译者注

门锁上，继续用餐。海伦干脆在地板上又踢又闹，推拉安妮的椅子。半小时以后，海伦绕着桌子找她的父母，却发现没有人在那儿，这使她感到迷惑。最后，她只好坐下来开始吃早餐，但却用手。安妮给她一把勺子，却被哗啦一声扔到地上，于是意志的较量又重新开始。

安妮·萨利文对海伦行为的反应很敏锐。她在给家人的信里说：

> 我必须解决的问题是，既要规范和控制她的行为，又不能伤害她的心灵。我起初只能非常缓慢地、一点一点地进行，并试图赢得她的爱。

两周以后，第一个奇迹发生了。安妮将海伦带到家庭住所附近的一个小木屋里，以便两人可以单独生活在一起。经过7天的相处，海伦的性格发生了意义深远的变化，治疗生效了。安妮写道：

> 今天早上我的心在快乐地歌唱，奇迹发生了！两星期前那个粗暴的小生命，已经变成了温顺的小女孩。

仅仅又过了两星期，海伦首次突破了语言障碍，开始学说话，她的进步神速。产生奇迹的关键，是安妮具有看穿或洞悉海伦内心世界的眼光。

人际智能的核心能力，是留意其他人之间差异的能力，特别是观察他人的情绪、性格、动机、意向的能力。按照更高的要求，就是能够看到他人有意隐藏的意向和期望。我们可以在宗教和政治领袖、教师、心理咨询专家和孩子家长的身上，观察到复杂微妙的人际智能的高级形式。海伦·凯勒和安妮·萨利文的故事，说明这种智能不依赖于语言。

大脑研究报告一致指出，大脑前叶在人际关系的知识方面起主要作用。这一区域的损伤，虽然不会影响解决其他问题的能力，但会引起性格的很大变化。这一区域受伤以后，人们会认为伤者已经变成另外一个人。

阿茨海默氏病（Alzheimer's disease）是一种早年痴呆症，表现为后脑部位受到伤害以后，患者的空间辨认、逻辑推理、语言运算能力大大减弱。但患阿茨海默氏病的病人能经常保持良好的风度和举止，并会为他们所做的错事频频道歉。与此相反，皮克氏病（Pick's disease）是由于大脑前叶受损而出现的另外一种早年痴呆症，患者会失去彬彬有礼的风度。

人际智能还有另外两个被人引用的生物学例证，均为人类所独有。一是灵长类动物有较长的婴儿期，对母亲有强烈的依附。在早期发育阶段失去母亲的个体，正常的人际智能发育将受阻，这是很危险的。二是对于人类来说，社会交往很重要。在史前社会里，狩猎、陷阱、宰杀动物都需要许多人的参与、合作，团体的凝聚、领导和组织，都很自然地遵循这一原则。

自我认知智能（Intrapersonal Intelligence）

弗吉尼亚·伍尔芙[1]以日记的形式写过一篇文章，题为《往日随想》，专门谈到“生活的花絮”，即生活中所发生的琐碎事情。在这些事情中，有三件很特别，给她的童年以深刻印象：和弟弟打了一架、在花园里看到一朵奇怪的花、听到一位过去的来访者自杀的消息。

> 这三个难忘的时刻即使我不想到它们，也会悄然浮现在我的脑海里。现在我第一次把它们记录下来，产生了从未有过的体会。其中两件事的结尾令人绝望，另一件的结果还算让我满意。
>
> 听到那个人自杀的消息，恐怖的感觉使我浑身软弱无力。但是看到花的那一次，我发现了一个战胜敏感和怯懦的方法，我不

[1] 弗吉尼亚·伍尔芙（Virginia Woolf，1882—1941），英国女作家。其作品摒弃传统的小说结构，采用“意识流”手法，注重心理描写，对现代西方小说影响很大。——译者注

再感到软弱了。

虽然惊吓产生的震撼在我身上仍然存在，但现在我对此已能欣然接受。在一次受到惊吓之后，我总是觉得这种经历特别宝贵。我因而猜测正是这种承受惊吓的能力，使我成了作家。我大胆地对此做出这样的解释：因为我受到惊吓之后，立刻有将一切记录下来的欲望。我感到好像受了打击，但事实上没有。我像小孩子一样，想象这打击来自藏在日常生活琐事后边的对立面，它就是，或将是某一哲理的闪现，是生活表面现象后面某些真实事物的标记。于是我将其组成句子，写出它的本质。

以上引文生动地说明了自我认知智能——就是有关人对自己内心世界的认知：了解自己的感情生活和情绪变化，有效地辨别这些感情，最后加以标识，成为理解自己和指导自己行为准则的能力。具有较好自我认知智能的人，脑中有关于自己的一个积极的、可行的、有效的行为模式。因为这种智能的隐私性，如果观察者想探测的话，就需要有来自语言、音乐或其他显性智能的证据。在以上引用的短文中，语言智能就用来表现自我认知智能，它使智能之间的相互作用具体化了。这是一个普遍的现象，我们后面还要讨论。

我们已经熟悉的判断智能的 8 项标准，也同样适用于对自我认知智能的确认。大脑前叶对于每个人性格的变化和自我认知智能，也像对于人际智能一样，起着重要的作用。脑前叶的下部区域受到伤害，很可能造成性格的易激动、易烦躁或欣快[①]。脑前叶上部区域受到伤害，则可能形成冷淡、散漫、迟钝、漠然等沮丧人格的特征。此时，脑前叶受伤者的其他认知能力大都保持不变。可失语症患者就不同。有些失语症病人后来恢复到能够诉说他们的经历时，我们发现了十分相同的结果：虽然这些病人的

① 欣快（apathy），莫名其妙地容易高兴的症状。——译者注

敏感程度有所降低并对此感到沮丧，但绝不认为自己已经变成另外一个人。他们知道自己的需求和愿望，竭尽全力想得到它。

患有孤独症的儿童，是自我认知智能受损的典型例子。这些儿童有时虽然无法自我表达，却多半在音乐、计算、空间判断或机械工程等领域里，表现出不同凡响的才能。

自我认知智能很难找到生物进化方面的证据。我们推测可能因为它是一种超越了生存本能的智能。但对于今日已不必时刻为生存担忧的人类来说，这种智能却越来越为人们所需要。

总而言之，与人际智能和自我认知智能有关的能力，都已通过了确认智能的判据的检验。这两种智能所拥有的解决问题的能力，对个人和集体都很重要。人际智能使人能够了解他人、更好地与他人一起工作。自我认知智能则可以使人更好地认识自己，处理自己个人的问题。在个体的自我意识中，人可以感到人际智能和自我认知智能的融合。的确，自我感觉和认识是人类最神奇的发明，是所有与个人有关信息的象征，也是使所有人自我完善的发明。

新确认的智能

在提出多元智能理论之后的第一个10年里，我抵制了改变此理论的任何企图。很多人提出建议，希望增加候选智能，如幽默智能（humor intelligence）、烹调智能（cooking intelligence）、性智能（sexual intelligence）。我的一个学生甚至略带嘲讽地认为：我绝不会承认那些我本人缺乏的智能。

但是两件事让我开始考虑其他智能的存在。有一天，我对一些研究科学史的学者阐述多元智能理论。我的演讲结束后，一名小个子的年长者走近我并说:“应用你提出的那 7 种智能，你永远也解释不了查尔斯·达尔文。”这位评论者不是别人，正是恩斯特·迈尔[①]。他可能是 20 世纪最重要的进化论权威。

另外一件事，就是人们频繁地宣称存在精神信仰智能（spiritual intelligence），有时人们还说我已经确认了精神信仰智能。事实上，这两种传说都不确实。但是，这些经历的确促使我考虑是否存在着博物学家智能（naturalist intelligence）和精神信仰智能。

这方面的调查和研究导致了完全不同的结论。第一种情况，博物学家智能的存在拥有令人吃惊的确凿证据。像查尔斯·达尔文、爱德华·欧·威尔逊[②]那样的生物学家和约翰·詹姆斯·奥杜邦[③]、罗杰·托里·彼得森[④]那样的鸟类学家，在辨认和区分不同的物种时是十分杰出的。具有高度博物学家智能的人，看到植物、动物、山峦或者不同形状的云朵时，根据它们在生态学中的位置，善于敏锐地将它们加以区分。这种能力不仅仅依赖于视觉，对于鸟类的歌唱和鲸鱼的叫声的感知，取决于人的听觉系统。荷兰博物学家海拉特·韦梅耶（Geermat Vermij）虽然是个盲人，却能靠触觉从事自己的研究工作。

用衡量智能的 8 个判据检验，博物学家智能也与之符合得很好。对于

---

① 恩斯特·迈尔（Ernst Mayr，1904—2005），哈佛大学的进化生物学教授，达尔文以来最伟大的进化生物学家之一，无疑也是 20 世纪最多产的理论生物学家之一，共发表 700 多篇论文及 20 多部著作，影响了整个 20 世纪进化生物学界。——译者注

② 爱德华·欧·威尔逊（Edward O. Wilson，1929—）：哈佛大学的生物学教授，当今最伟大的博物学家，研究方向为生态学和进化论。他 1975 年出版的专著《社会生物学：新的综合》，标志着一门新的学科——社会生物学的诞生。——译者注

③ 约翰·詹姆斯·奥杜邦（John James Audubon，1785—1851），美国画家、博物学家。他绘制的鸟类图鉴被称作“美国国宝”。——译者注

④ 罗杰·托里·彼得森（Roger Tory Peterson，1908—1996），美国博物学家、艺术家兼作家，以画鸟及出版鸟类图鉴而闻名于世，并曾获颁总统自由勋章。1934 年出版了他的成名作《鸟类野外观察指南》，60 多年来已重印 50 多次，印数达数百万册。——译者注

这种智能来说，它具有的核心能力，就是辨认动植物一个种属中成员的能力。进化史上存在这样的例子，动物中某个幸存物种生存下来的原因，就是因为它们善于辨认同类并躲避肉食动物。在博物学家的世界里，儿童很容易区分不同的物种。的确，一些5岁的孩子，比他们的父母或者祖父母，更善于辨认区分不同种类的恐龙。

应用文化的或者脑科学的“棱镜”检验博物学家智能，发现了一些有趣的现象，足以引起我们的重视。今天在发达国家，很少有人依靠博物学家智能生存。我们只要简单地前往杂货店购物，或者用电话和互联网采购所需物品就够了。尽管如此，我还是认为我们消费者的文化，仍然建立在博物学家智能基础之上。因为博物学家智能拥有的，是我们需要的能力，包括我们看中的是这一辆汽车而不是其他汽车的能力，我们挑选的是这一双旅游鞋或者手套，而不是其他类型的鞋或手套的能力。

人类个体大脑损伤的研究，也提供了有趣的证据。有的脑损伤病人仍然能够辨认并说出无生命的物体，却失去了辨认有生命物体的能力。与此相反的情况要少一些，那就是有的脑伤病人能够辨认并命名有生命的活体，却失去了辨认人造物体的能力。以上这些能力，可能包含着不同的知觉机理，建立在不同的经验基础上（欧几里得几何学在人为的世界中得到应用，却不能在自然界中通行；我们在与无生命的物体或者工具打交道时，与和有生命的物体打交道时的感觉也完全不同）。

我对有关证据的调查，并不能明确地肯定精神信仰智能的存在。可人们对宗教和神灵，却坚信不疑。对于很多人来说（特别是当代美国人），认为与神灵沟通是他们人生中最重要的体验之一。很多人认为精神信仰智能不仅存在，而且的确代表了人类的最高成就。其他人，特别是爱好科学的人士，则从未认真地讨论过精神信仰智能或灵魂这类问题。很明显，这类问题带有神秘主义的味道。这也可能是因为他们，特别是科学家们，对于上帝和宗教持怀疑主义态度的原因。当有人问我为什么不肯定精神信仰智能或者宗教智能时，我的托词是："如果我这么做，也许会使我的朋友高兴，但却会使我的对手更高兴。"

但托词并不能代替学术观点。因此我花费了一年中的大部分时间，细心研究，寻找证据，试图肯定或者否定精神信仰智能的存在。我的结论是，至少在两个方面，它与我们关于智能的概念差距很大。首先，我认为智能和人类个体生活中有关现象学①的体验，是不应相互混淆的。对于大多数观察者来说，有关神灵的感应，来自特定条件下内心的反应。例如，与这个世界上比人类更高级的生命或者神灵接触时的那种感觉，就是如此。这种感觉可能使人感到惬意，但这对于某一种智能的确定，我不认为有什么意义。一个具有很高程度数学智能的人，快速解决课程中的困难问题时，也可能会感到惬意。但即使他没有上述现象学的反应，只要是具有相同的数学智能，就能如此。

其次，对于很多人而言，神灵的感应一般与宗教信仰，或者与对上帝的信仰有关，甚至可以来自一种对特别的信念或教派的忠诚。下列说法："只有真正的犹太教徒、天主教徒、伊斯兰教徒、新教徒才是拥有精神灵魂的人"，就明确地或者也可以说是含蓄地表达了这一信息。这种必要条件，使我很不舒服，也与我们最初关于智能的判断标准即判据相距甚远。

虽然精神信仰智能无法满足我关于智能的判据，但是与精神有关的一个层面，却似乎够格成为有希望的智能。我给它起了一个名字，叫存在智能（existential intelligence）——有时被人叫做"大问题的智能"（the

① 现象学（Phenomenology），现代西方哲学的学说和流派之一，是以现象为研究对象的学问。现象学是存在主义哲学理论的来源之一，20 世纪 60 年代以来，流行于西方国家特别是德、法、美等国。——译者注

Intelligence of Big Questions[①])。这个候选智能的基础，是人类的一种基本倾向，那就是思考与人类自身存在的有关问题。人类自身的存在问题包括：我们为什么活着？我们为什么会死？我们从哪里来？什么将在我们身上发生？什么是爱？我们为什么要发动战争？我有时认为，这些问题超越了感知的范畴。这些问题可以说要么太大，要么太小，都不是我们的五个主要感官系统能够觉察出来的。

有点让人感到意外的是，按照我们关于智能的判据检验，“存在智能”相当符合。的确有一些人，如哲学家、宗教领导人、给人印象深刻的政治家，使存在智能高度地具体化了。有关存在的问题，出现在每一种文化的表现形式里，如在宗教、哲学、艺术、更世俗的故事、闲聊以及每日生活的媒体展示中。在任何社会中，只要具备允许发问的环境，虽然总是得不到直接的答案，孩子们从小还是会提出有关存在的问题。此外，孩子们喜欢的神话或者关于仙女的传说，也证明了存在问题的魅力。

我至今仍然在犹豫，没有宣布确认存在智能的原因，是因为还存在着最后一点考虑。迄今为止，还没有找到证据，说明大脑中有相关的部位，来运作这种与深刻哲学思考有关的智能。可能大脑中有一个区域，例如在大脑颞颥下叶的部位，对于处理这种大问题是关键性部位。然而，存在问题有可能只是更广范围的哲学思考的一部分，也有可能仅仅是人类个体因为日常生活中情感负担过重，无病呻吟所提出的问题。在后面的论述中，也可能是由于我的保守本性，决定了我在将智能的第九把交椅给予存在智能时，表现得很谨慎。虽然我过去的确谈论过这个智能的候选者，但是为

① 大问题（Big Questions）引自罗伯特·所罗门（Robert C Solomon）的名著《大问题：简明哲学导论》（*The Big Question: A Short Introduction to Philosophy*）。这是一部著名的哲学导论性入门书，概述和分析了几乎所有的哲学问题。——译者注

了对费德里科·费里尼[①]导演的著名电影的赞赏，在今后一段时间里，我仍将继续只承认八又二分之一种智能[②]。

多元智能理论的独特贡献

作为人，我们大家都拥有以上所有的技能来解决各种各样的问题，所以我们就以对于这些问题的思考，以发现这些问题的背景，以及解决这些问题所得到的有文化意义的产品，作为调查研究的开端。我们讨论智能时的基本出发点，并非将它们当作解决任何问题都需要用到的人类的能力，而是从人类面临需要解决的问题开始，再回到解决这些问题所需要的智能。

在确定人类所拥有的智能种类的过程中，我们参考了来自大脑的研究、人类的发展和进化，以及对不同文化的比较等方面的证据。那些智能的候选者中，只有在以上各不同的方面都能找到可靠的证据，才能最终被确定为一种智能。我们的方法与传统的方法不同，事先并不认为哪一种候选能力一定是智能。我可能选中后又放弃，这使得确认智能的过程令人激动。在传统的智能研究方法中，根本没有使用实证资料做决定的机会。

我们同时认为，人类的上述智能，也就是这些多种多样的能力，在相当程度上是彼此独立存在的。大脑损伤病人的研究结果表明，某一种能力丧失的时候，其他能力可能完好无损。智能的这种独立性，意味着即使一个人有很高的某一种智能，如逻辑-数学智能，却并不一定拥有同样程度的其他智能，如语言智能或音乐智能。这些具有独立性的智能，和传统方法

① 费德里科·费里尼（Federico Fellini，1920—1993），意大利著名电影导演，集导演、演员、编剧于一身，曾五次获奥斯卡金像奖，是20世纪60年代以来欧洲艺术电影难以逾越的高峰。加德纳此处提及的影片，虽未点名，但有可能是费里尼1963年导演的著名影片《八又二分之一》（*Otto e Mezzo*）。——译者注

② 作者虽然有一定的把握，但尚不能最终确定，所以暂时称存在智能为二分之一智能。——译者注

测量出来的IQ有明显的差别。根据传统智力测验的规律，不同测验方法所得的结果之间，有很高的相关性。我们因此怀疑，产生如此高度相关性的原因，在于智力测验的题目往往都需要运用语言和数学逻辑的能力，才能快速给以解答。我们相信，如果采用情境化的适当方式，来考查人类解决问题时所运用的各种不同技能，这种相关性就会大大降低了。

迄今为止，我们仍然支持这样一种假设：即每个成年人只有一种智能可以达到辉煌的境界。但事实上几乎具有任何程度的文化背景的人，都需要运用多种智能的组合来解决问题。因此，即使看起来很简单的一件事，如拉小提琴，也并非孤立地单纯依靠音乐智能就能完成。要想成为一名优秀的小提琴家，除了音乐智能外，还需要身体-动觉的高难度技巧。对他来说，还需要人际智能以便和听众沟通，直至选择合适的经纪人，说不定还需要自我认知智能。舞蹈需要不同程度的身体-动觉智能、音乐智能、人际智能和空间智能。政治则需要人际智能、语言智能，也许还需要一些逻辑方面的能力。几乎具有任何文化背景的人，都如上所述，需要多种智能。因此，承认每个人都是具有多种能力组合的个体，而不是只拥有单一的、用纸和笔可以测试出来的解答问题能力的生命个体，显得十分重要。

虽然我们所定义的智能种类并不是很多，但正是通过这些智能的不同组合，创造出了人类能力的多样性，也许就是“整体大于部分相加之和”的原因吧！一个人可能在任何一种智能上都没有特殊的天赋，但如果他所拥有的各种智能和技巧被巧妙地组合在一起，说不定在担任某一个角色时就会很出色。因此，当前要做的重要事情，就是评估众多技能的特定组合，以便指出被评估者最适合的职业和副业是什么。

简而言之，多元智能理论导出了以下三点结论：

◎ 我们大家都拥有以上所有的智能。从认知的角度上说，正是这些智能使我们成为人。

◎ 没有两个人——甚至同卵双胞胎都不会拥有一模一样的智能轮廓。因为即使基因物质来自同一个卵子，出生后的人类个体也会有不同的经历（同卵双胞胎对于将他们自己相互区别开来，常常有很高的积极性）。

◎ 拥有某方面很高的智能，并不意味着一个人的行为具有很高的智慧。拥有高度数学智能的人，能够运用他的能力从事重要的物理学实验工作，或者进行新的复杂的几何证明，但是他也可能浪费了自己的能力，整天计算彩票的中奖率或者在脑中做10位数的乘法运算。

所有以上这些观点，都与人类智能的心理学有关。多元智能理论希望能对此学科做出贡献。但是，这些观点也理所当然地提出了大量教育的、政治的和文化的问题。这些问题将在本书的后续章节中加以讨论。

◎ 结　论 ◎

我相信，我们的社会目前承受着三种偏见带来的危害，我给这三种偏见分别起名为“西方主义者”（westist）、“测试主义者”（testist）和“精英主义者”（bestist）。“西方主义者”，就是那些将西方文化当作偶像来崇拜的人，这些人的传统可以一直追溯到苏格拉底时代。当然，逻辑思维很重要，推理也很重要，但它们不是唯一的思维方式。“测试主义者”的偏见，在于只重视人类可以测量出来的能力及其考试方法。如果某种能力无法测量，就认为这种能力不重要。我的看法是，对人的智力评估应该比现在更广泛、更宽松和更人性化，心理学家应少花些时间将人分成不同的等级，而多花些时间帮助他们。

“精英主义者”可参考大卫·哈尔波斯达姆（David Halberstam）所著的

《最优秀的和最聪明的》(*The Best and The Brightest*)一书。书中讽刺地提到的精英分子，就是当年被带到华盛顿并帮助约翰·肯尼迪总统，将美国推入越南战争的哈佛大学的教授们。有些人认为对于给定问题的所有答案，都应该按某种确定的方法如数学逻辑思维的方法得出，而我认为这是非常危险的。目前流行的关于智能的观念，应该用更加综合、更加全面的看法予以更新。

今天最重要的是，我们必须承认并开发各式各样的智能和智能组合。人与人的差别，主要在于人与人所具有的不同智能组合。认识到这一点，我们就有更多的机会较好地处理当今世界所面临的诸多问题。如果我们能调动起人类的所有能力，人们就不仅仅是更有能力或对自己更有信心，而且会更积极、更投入地为整个团体甚至整个社会的利益工作。如果我们能最大限度地开发人类的全部智能，并使之与伦理道德相结合，就能增加我们继续在地球上生存下去的机会，进而为世界的繁荣做出贡献。

第2章 25年后的回顾

作为多元智能理论的责任人，我可以毫无隐瞒地声明，当年我绝对没有想到这个理论会如此声名显赫，也没有想到它会具有如此旺盛的生命力。在《智能的结构》出版前，我已经写过几本书，这些书都受到了某种程度的关注，具有一定的销售量。但《智能的结构》出版后只有几个月，我就意识到，这本书的情况与前几本书完全不同——它竟然引起了如此广泛的关注！虽然并非所有的评论都是正面的，但这些评论的显著特点是，都认为这本书非常重要。我收到了许许多多讲学的邀请，有些邀请来自我从未去过的地方，如体育场和体育馆。当我走进这些讲学场所的时候，见识了我从未遇到过的人声鼎沸的热烈场面。在此后的一到两年时间里，很多出版商找到我，希望出版我的其他著作。很多考试机构也来找我，希望合作编写考试题，更多的人是想编写7份试卷，每份试卷测试一种智能。

来自国外的演讲邀请和翻译这本书的咨询，也纷至沓来。就像安迪·沃霍尔[①]经常被人引用的说法一样，我享受着在15分钟内一举成名的乐趣。

即使一本书以及该书所阐述的理论、书的作者能够引起公众的关注，这种关注也往往是短命的。正像安迪·沃霍尔所认定的那样：听众的兴趣只能持续很短的时间。对于风靡一时的教育理论和今天的美国，他说得特别准确。但是这种说法的真实性，受到了当代多元智能理论的挑战。每一年，我都新奇地发现一些对这个理论感兴趣的国家、社会机构和学生。有些国家过去从未与我打过交道；我过去也想象不到那些社会机构竟然会对这个理论感兴趣；而对这个理论感兴趣的某些学生所学的专业，我过去甚至从来没有听说过。对于这种持续不断的兴趣，我很高兴，有时也哭笑不得。这个理论被贴上了奇特的社会标签，具体表现是它出现在笑话、电视节目、填字游戏，甚至标准化考试之中。幸运的是，这种注意力主要落在这个理论上，而没有落在我个人身上。就像我经常说的："我喜欢人们讨论我的理念，却不愿意在飞机场上被人认出来。"

就像公众持续的兴趣使我吃惊一样，以下事实也使我同样感到意外，那就是多元智能理论有自己的命运，那是我无法控制的。其中最主要的原因，就是研究和实践这个理论的人所选择的方向，是我从来没有预料到的。研究者们关于多元智能理论提出的问题，也是我从没有考虑过的；他们所进行的研究方向，更是我从没有想象过的。例如安东尼奥·巴特欧（Antonio Battro）写了一本书，专门讲述数字智能（digital intelligence）；法律学者佩吉·戴维斯（Peggy Davis）和拉尼·桂尼尔（Lani Guinier）则依据多元智能理论，论证建立法律学校和进行法律教育的重要性。教育家从自身的立

① 安迪·沃霍尔（Andy Warhol，1928—1987），美国波普视觉艺术的倡导者，设计过贺卡、橱窗展示、商业广告插图，作品具有商业化倾向的风格。1954年获得美国平面设计学会杰出成就奖，1956年和1957年连续获得艺术指导人俱乐部的独特成就奖和最高成就奖。"每个人都能当上15分钟的名人"，是安迪·沃霍尔留给媒体时代最乐观的语言。——译者注

场出发，也提出令人惊奇的教育改革方案。20 年前在美国印第安纳州，帕特里夏·博拉诺斯（Patricia Bolanos）老师，创建了世界上第一个致力于多元智能理论应用的学校，也就是今天的十分兴旺的“重点学习社区”（Key Learning Community）。在菲律宾，教育家玛丽·乔·阿巴奎恩（Mary Jo Abaquin）颁奖给 8 位全国著名人物，这 8 个人作为多元智能理论提出的 8 种智能的代表，被认为做出了很大的成绩。

以上事实表明，多元智能理论的应用已经达到相当的深度和广度。虽然这是我早期从事研究时没有预料到的，但我对此相当满意。这个理论具有如此巨大吸引力的原因，可以用一两句话来概括：“大多数人认为，人类个体只有单一的智能。而多元智能理论则认为，我们每个人都有 8 种甚至更多的智能，我们可以用这些智能完成任何类型的工作任务。”25 年之后，多元智能理论仍然在继续引发新的问题，仍然启发着我和许多其他人，给我们指出了新的研究方向。发现以上事实之后，没有人比我更感到吃惊了。

在本章中，我将回顾在《智能的结构》一书出版以后的 25 年中，我进行思考时新的方向。我在第 1 章曾简单地介绍了一些术语的差异，这一章我将对此进行更为详细的说明，主要讨论智能和行业 / 领域的区别、智能这一术语的三种不同内涵以及不同智能模式的本质和形式。其他使人感到混乱和困惑的问题，例如教育的问题，或者更广范围内文化的本质的问题，将在本书的其他章节中讨论。

其他智能

正像我在前一章中说的那样，几乎所有深入研究多元智能理论的人，都对是否还存在其他智能的问题感兴趣。对于增加新的智能种类，我是极为保守的。我对此持保守主义立场的根源，主要在于我自己建立的确定一种智能的那些判据。有些候选智能可能满足一两个判据，但同时满足所有8个判据却很难。我认为已有的智能好像一组心理的化学元素，通过这些智能的组合，能够解释许多人类的能力，而不必增加新的元素。例如，当人们试图谈论技术智能或工具智能（technological or tool intelligence）的时候，我宁可认为这种能力应该是逻辑智能、空间智能、身体-动觉智能的组合。也是因为同样的原因，包括存在智能在内的哲学智能，可以通过语言和逻辑能力的组合，运用不同的方式，给予恰当的解释。

除了存在智能和精神信仰智能以外，我思考得最多的就是幽默智能和道德智能。出于不同的理由，我认为这两个候选者都不够称为智能。当人们感到幽默的时候，我相信这幽默是因为偏离了正常的情理所致，或者是由于偏离了我们正常逻辑思维的小误会引起的。人们感到幽默的时候，往往事物的正常状态被某种逻辑方式改变了。如果我们感到一件事很滑稽，那么在思考的过程中，就包含着我们的逻辑智能和自我认知智能的作用。如果我们能够使别人感到幽默，那是因为我们运用的逻辑智能和他们的人际智能发生了作用。无论我们认为自己是否幽默，也无论我们的听众是一个人还是 1 000 个人，如果想使他们感到幽默，重要的是我们是否理解我们的听众，以及理解的程度是否准确，从而引起他们兴奋的反应。

目前人类的道德能力受到普遍的关注，是很有道理的。当然，我介入了 10 年的“优善工作项目”（Good Work Project）就是调查研究人类的道德能力，并试图创造使道德高尚的局面出现的条件。很多人相信，人类具有一种道德能力，并且一出生就显现出来了，而且认为人类在个体走向成熟的过程中，道德遵循着一条可预测的发展轨迹。

那么，为什么不确定道德智能呢？我的简短回答是，智能以一种可以描述的方式而不是以标准化的形式来表现的，而智能简单地说就是一种处理信息的能力。拥有高度语言智能的人，比起语言智能较低的人，能够更加容易地处理语言信息。至于一个人如何运用自己的语言智能，则取决于价值观和行为准则，那就是我所描述的领域之外的事了。诗人歌德和宣传鼓动家戈贝尔（Gobbels）都拥有高度的德语语言智能，歌德用来写下不朽的艺术作品，戈贝尔则用来播种仇恨。

为什么幽默和道德没有资格成为智能的问题，还可以用较长的篇幅来回答，这个答案来自我关于人文科学的概念。人类的某些能力很明显与大脑相关，历史和文化对此影响极小甚至无能为力。怎样辨别听到字母"p"和"b"发音的区别，取决于我们的听觉系统。我们能否看出画面的立体感——举例来说，我为什么就不能看出——则取决于我们的视觉感知系统的天性。很明确，上述听觉辨别能力的差异和视觉感知能力的程度，与经验因素有关。但是经验的范围和多寡，也与时间和相关感觉系统的本性密切相连。

另外，人类的其他能力在不同的文化之间差异很大。人类笑的能力，很明显是所有种族都具备的能力。但我们笑什么，为什么笑，则完全取决于我们恰巧生存于其中的社会的文化。如果一个人踩到香蕉皮上滑倒了，在一种社会文化中可能引起哄堂大笑，而在另一种社会文化中可能只使人稍微感到有些滑稽，在第三种社会文化中引起的可能就只是同情之心。出于同样的理由，做出道德评价的能力，与人生存的环境和社会地位有关。我们关于许多道德问题做出的评价，也深深地打上了我们所生存的社会文化的烙印。在一个人眼中的恐怖主义者，可能是另一个人眼中的自由战士。说人类能够做出道德判断是真实的，说我们人类具有基本的道德价值观念则是夸张的。出于同样的理由，我认为道德和幽默都是与文化密切相关的能力，因此应该将它们从人类基本智能的名单中删除。

多元智能理论的科学基础

如上所述，我对智能的确认是由一组判据决定的，而这组判据则是从几个学科中精心挑选出来的。这就出现了一个小小的问题，那就是这些判据在我心里，比起它们在其他人心里占有的地位重要得多。作为一名发展心理学家，我感兴趣的问题是，自婴儿时期起，人的核心能力的种类和程度。这些能力的程度之发展轨迹是可以监测的。有时作为一名神经科学家，我搜集到的证据表明，一种特定候选智能所代表的能力似乎需要在神经系统中有它特定的位置。

可以毫不夸张地说，在过去25年里积累的有关神经系统的知识，和此前500年间积累的知识一样多。这种速度上的变化的部分原因，来自于强有力的新技术的发明和应用。这些新技术的运用，使我们能够探测到大脑运作的真实情况。这种发展速度上的变化，还来自于神经科学研究者队伍的壮大。在中世纪时期全世界只有几百名神经科学家，而现在神经科学家的数目恐怕几万人都不止。当然，还由于出现了更好的研究题目和知识以几何级数增长的现实。

新知识出现的脚步是如此之快，以至于没有人能够跟得上它。几年前，一位著名的生物学家告诉我，只要三个月不阅读学术刊物，他就会落后，而且将永远也追不上了。如果说我20年前还曾经专门从事过神经心理学研究的话，那我今天则既不能称作神经科学家，也不能称作遗传学家。我自己在以上领域内的专业知识，现在只不过是业余爱好者的水平。

目前存在着这样的观点：近几十年以来的科学发现，能够从根本上改变多元智能理论的面貌。按照我的观点，情况并不是这样的。我需要进一步说明的是，目前正在积累的科学知识，可能更加有利于而非不利于多元智能理论的成立。

认知心理学和发展心理学的进展和延伸，已经急剧地远离了皮亚杰信奉的理论。皮亚杰的理论认为，自综合发展阶段开始，在所有的知识领域之内，逻辑核心能力是所有其他人类能力的基础。与此相反，局部解剖学日益介入了特定的人类智能范围的研究，如对语言认知、音乐认知、空间认知等的研究。数量不少的人投入了以下课题的研究：人类个体如何理解他人（对他人心理的认知理论），他们如何理解自己（自我认知的知识）。在这些范围内，心理学家确定了“核心能力”——其中有些核心能力自出生伊始就不再改变，而有些能力则会随着经历和心理的发展而改变；有些核心能力是人类与灵长类动物所共有的，而此外的核心能力则为人类所独有。总而言之，虽然人类认知发展心理学很少明确地谈及多元智能理论，但从它的发展趋势看，是支持这个理论的。

同样，这种情况在对大脑的研究中也普遍地出现了。即使一般智能存在，目前人们探索这种智能的兴趣也很小。大脑的研究者，像他们的心理学同事那样（这两类研究人员经常合作），正在确认大脑一些非常特殊的结构，这些结构涉及各种形式的信息的处理——同样是语言的信息、空间的信息、音乐的信息和人类自身的信息。神经科学进一步发展的方向，也以上述能力的研究为特征。神经科学可能还没有提出一般空间能力，但已经确认了在大范围空间中的能力、在相对局部空间中的能力、在人体运动的空间中的能力以及在地图和雕塑上表现出来的空间能力。神经科学可能还没有提出普遍的逻辑-数学能力，但早就确认了许多特殊的能力，如处理较小和较大数目的能力，处理日常生活经历的逻辑的能力，处理抽象命题的逻辑的能力，等等。如果多元智能理论被神经科学的最新进展再次提出，那么我们就必须承认几十种更加精确的技能。这些技能转换到教育工作者那里，就是另一次挑战。

未来对于我们思考最大的修正，可能来自于遗传学的研究成果。随着人类基因组计划的完成，我们过去非常大量的假设面临着巨大的挑战。例如我们知道了，人类拥有两三万个基因，只是过去估计数量的1/5。我们也知道了，我们的遗传基因的确和巨猿的遗传基因相同，和老鼠的遗传基因相近，甚至和玉米的基因相差不大！可能少量的基因导致了心理滞后效应，同时也可能少量的基因决定了智商的高低，尽管后者的可能性不大。

但是，正像心理学和神经科学一样，促进基因遗传学与智能有关能力的研究，也指向了这些能力与基因或基因簇关系的确认。研究还包括更多种类特殊的身心机能失调，例如语言口头表达和写作能力受损，对他人理解能力的降低等。后者似乎伴随着孤独症和亚斯伯格症候群[①]同时出现。

从现在起的下一个1/4世纪里，我自己不大可能再一次去探求支持多元智能理念的科学依据，也不大可能确认新的智能种类，但我希望其他人将有勇气承担这个任务。

智能和行业／领域

一个多元智能理论最需要澄清的问题，由我自己对它的困惑产生。这个困惑不难表述，但是需要分解。当我第一次撰写多元智能的时候，我对于一种智能和一个行业／领域、一类学科或一类技艺之间的差别，并不敏感。这种困惑使我忽视了一些要点，使我后悔的是，因此产生的某些错误思想，影响了此理论的应用。

就定义来说，智能是一种计算能力，也就是处理信息的能力。例如，一个具有高度音乐智能的人，很容易记忆旋律、创作节奏、跟踪整部乐曲

① 亚斯斯伯格症候群（Asperger's syndrome），一组起病于婴幼儿期的全面性精神发育障碍，主要为人际交往和沟通模式的异常。——译者注

中主题的变化。一个行业（包括领域、学科或技艺）是社会中任何有组织的行为，而社会很乐意将所有人类个体按照专门技术加以分类。只要随便扫视一下我们生活于其中的社会，或者教育环境所提供的课程目录，就能发现主要行业的清单（就像人们可以从电话簿的黄页上找到的行业一样）。

产生这种混淆的原因，在于智能和行业/领域往往具有相同的名称。例如既有音乐智能，又有音乐行业；既有逻辑-数学智能，又有逻辑、数学、科学领域。看起来智能和行业/领域之间，似乎有一一对应的关系，但实际上并不是那样。下面我引用一个特别的例子加以说明。例如音乐表演，就包含着许多种类智能的运作。的确，我曾经分析过一个钢琴大师班，表明我最初提出的7种智能中的6种都参与了其中的教学过程。另一个同样的例子，是在从演说家到记者，再到诗人等不同的职业角色身上，我们都能够发现一种特别的智能即语言智能。20世纪的前50年，在学习语言上表现出色的人中间，以语言为职业的现象非常普遍。但自从诺姆·乔姆斯基[①]的工作导致了认知语言的革命以后，语言技能变得不那么重要了。而逻辑-数学的技能和与逻辑学家有关的能力，则显得十分珍贵。

简而言之，智能是生物心理的机能，而行业（或者领域、学科、手艺）是社会属性。毫无疑问，人类所拥有的智能种类和人类社会发展出来的不同行业/领域之间，存在着某种联系。那些智能和行业/领域之间又是如何一一对应的？也是非常有趣的问题。认真分析起来，引起困惑的就是容易混淆这两种不同的东西。当教育工作者不知道它们之间的区别时，问题就大了。有可能出现的问题是教师说："约翰尼学不了几何，因为他没有空间智能。"的确，空间智能对学习几何学有帮助，但是有很多途径和方法学习几何学。每个几何学教师面临的挑战，是在无论学生的空间智能是否有缺

① 诺姆·乔姆斯基（Noam Chomsky，1928—），美国语言学家和语言哲学家。他用类似数学公式的式子，创立了转换生成语法的理论，并以此来描写自然语言。——译者注

陷的情况下，都能找到教会学生完成并理解几何证明题的办法。

◎ 智能的三个不同定义 ◎

近来，我开始欣赏智能这个术语所具有的三个不同的定义或内涵。虽然不幸的是这三个定义容易被混淆，但它们每个都有自己的内涵和用途。我进一步建议，教育工作者应当尊重这些定义之间的区别，在智能的训练和强化的问题上，要区别这三种不同形式的智能。

◎ 智能是生物物种的特性。按照黑猩猩和人类的遗传物质相似的观点，定义人类智能的特征将面临着挑战。

◎ 智能是人类个体的差异。最让人关注的，是苏珊比约翰表现得更有智能。

◎ 智能是一项任务的圆满完成。用以辨别阿尔弗莱德·布伦德尔[①]钢琴演奏的，从本质上说不是他的技巧，而绝对是他诠释乐曲时的智能。

以上每一句话都同时符合英语句法和语法的要求，语言学家对于任何一句话，都不能贴上禁止使用的标签。但是，虽然每一句话都是很合理并易于理解，我仍然怀疑它们会引起读者的困惑。然而，每一句话又反映了一个不同的心理学方式，每个定义都包含了不同的教育学含义。

对于智能的第一个定义，我们可以认为是对人类（或者非人类）能力普遍特征的描述。例如，我们或许可以将人类的智能或者说成是解决复杂问题的能力，或者说成是预言未来的能力，或者说成是分析样品的能力，

① 阿尔弗莱德·布伦德尔（Alfred Brendel，1931—），奥地利钢琴家，编订了贝多芬的全部钢琴作品。——译者注

或者说成是综合不同来源信息的能力。自查尔斯·达尔文研究“人类的演化”开始，然后在让·皮亚杰研究儿童心理时继续的一个著名科学传统，就是探索并捕捉智能的唯一性和普遍性。

智能的第二个定义，就是被心理学家们广泛采用的定义。心理学传统上的那些假设，无论是智能的一元论者还是多元论者所做的，都认为智能像身高和外向性一样，是人的一种特别的属性。在一定程度上，对于人所展示出来的这种智能属性或智能属性的组合，加以相互比较，是很有用的。我将这种说法，称为对人兴趣属性差异的检测。我自己关于多元智能理论所做工作的一大部分，就是描述人与人之间在智能轮廓上的差异。

人们很少探讨智能的第三个定义，但它却可能是最让人感兴趣的。正像上述钢琴家布伦德尔的例子所说明的那样，这个定义的焦点集中落在完成一项任务的方式上。按照这个智能的定义，我们谈论一项决定是明智的还是有害的，议论实现这个决定的方式是聪明的还是愚蠢的，评论领导权力的交接是有益的还是不适当的，评价在演讲中介绍一个新概念是聪明的还是不明智的，等等。

用什么来辨别第三个智能定义的内涵呢？如果对于目标的意义、某种形式的众多选择、参与者的价值系统都不了解，我们不能将一个行为或决定当成智能来描述。

按照某种客观的标准，布伦德尔的钢琴演奏从技巧上说未必十分完美。更正确地说，考虑到他自己特定的目标、考虑到钢琴演奏可以允许的选择，再考虑到听众的口味，人们可以说他对作品的诠释是聪明的，也可以说是不合格的。此外，我可以不喜欢布伦德尔对作品的诠释，但如果你能够使我相信他力图表现的是什么，说明为什么他的诠释是有意义的，就不排除这些诠释仍然是明智的。或者换一个角度说，无论你个人是否喜欢格林·古尔德[1]演奏的相同的乐曲,我都能够使你相信他对乐曲的诠释是明智的。对于一个决定的作出、一项计划制定的过程、一次领导权的转移以及一个话题在课堂上的引入等事件，说是明智的还是愚蠢的，并没有脱离具体事例的独立的判断标准。但是，如果得到了有关目标、派别和评价的信息，尽管我们可能承认得出的结论会不一致，但还是能评估这些任务是否完成得明智。

第三种智能的概念是如何与多元智能相关联的呢？我推测不同的任务需要不同的智能，或者需要不同的智能组合。与烹调一顿饭、备一堂课，或者调解一件纠纷相比，智慧地演奏一首音乐作品，需要的智能组合是不同的。

因此，有人可能会问，这种“智能语义学”（semanfics of intelligence）的讨论有何益处？请允许我提出三种可能有的意义。第一个意义是词汇上的。区别这三种智能的定义是有用的，也是重要的。否则我们可能要冒着表达时的风险：将智能的一个意思说成了另一个意思，与皮亚杰式的心理测量学家发生冲突，或者与从事同样工作的学院派心理学家发生矛盾。

第二个意义与研究工作有关。学者们和研究人员将继续探讨智能的本质，这是没有多大疑问的。我们可以预期，将有新的智力测验和新形式的人工智能机器出现，甚至发现智能的候选基因。某些研究人员在使用术语“智能”的时候，很清楚地知道他们自己的意思是什么。但是，我们同时也能预料到将会出现的思维上的混乱，除非学者们仔细地表明他们所研究的智能的取向，或者说明这种智能的含义与其他种类的智能含义有何关系。

① 格林·古尔德（Glenn Gould，1932—1982），加拿大著名钢琴家，1955 年因到美国公演时弹奏巴赫的作品《哥德堡变奏曲》而一举成名。——译者注

最后，对我来说也是最重要的，是智能的概念对于教育的意义。当教育工作者谈到智能的时候，他们心目中的第一个含义，就是可以假定存在于所有人身上的一种能力。这种能力可能在一个人身上比在另一个人身上表现得更清楚，或者更吸引人。但我们最终面对的，还是人与生俱来的权利的一部分：不需要特殊的测量方法，就能确保某种智能清楚地显现出来。与此相反，表现在“个体差异”意义上的智能，包含着对于人的潜能的判断，包含着对于怎样用最有效的方法教育每一个人的见解。如果按照理查德·贺恩斯坦和查尔斯·默瑞（Richard Herrnstein and Charles Murray）的观点，人们可能会认为萨利缺乏普遍的智力潜能；如果按照多元智能理论，人们将认为萨利缺乏的是发展空间智能的潜力，因此人们面临着明确的教育选择。这些选择从放弃更加努力地工作，到寻找教育的替代方法，以及转换对下列内容的教学手段：如几何学的定理、古代历史或者古典音乐。

做一件事怎样算是明智的？怎样就是愚蠢的？重大的教育进展能够在这个问题上，得到真正的实现。经常出现的情况是，我们中与教育有关的一些人，忽视了教育的目标、类型和评价系统，或者我们以为它们是很明显的，从而没有引起重视。然而一次练习，如一次作业、一个项目、一篇与考试有关的评论，究竟写得、做得聪明还是愚蠢，教师虽然有自己的判断和评价，却很难让学生理解。正因为老师的评价不能被很好地理解，所以很少有课程因此受益。明确评价质量的判据，不一定能满足提高教学质量的要求，但是如果不这样做，就没有理由期待我们的学生聪明地完成他们的任务。

智能的模式

在逻辑的基础上，所有种类智能的轮廓都可能存在。按照经典智能理论的观点，人们认为智能的模式是平面的。那就是说，一个心理测量学认为具有高智能的聪明人，做什么都能做得很好；一个心理测量学认为具有低智能的迟钝的人，干什么都是低能儿。而我们中的大多数人，所具有的极为相同之处，就是智商在100左右浮动。还有一种选择，那就是认为智能的模式可以是任意类型的，就像已经实现的那样，随着每个人的智能强项被发现，智能的模式就成了一个八九种各自独立存在的智能的储备箱。当然，这些智能可能会有不同的组合。可能音乐智能方面的强项与数学智能的强项同时出现。也可能数学智能上的强项，预示着人际智能和自我认知智能的平庸。

智能之间是否相关以及相关的程度，是一件完全取决于经验的事。标准心理测量学数据的维护者，信奉从任何两个心理测试中得到的是“绝对复制件”。而那些研究特殊智能的人——如具有空间智能和情绪智能的人，则指出这些智能可以而且应该与一般的IQ分开测量。在我自己的研究实践中，多元智能理论的一个首要证据，就是对于大脑损伤的病人和超常儿童来说，智能的强项是可以独立存在的。

直到我们对每一种智能设计出更好的测量方法之前，直到我们对无论怎样表现出来的因素，都能探测出其神经和基因的依据之前，我们将不知道不同智能之间相互独立的程度，也不能只在一种文化的背景下看待得出的结果。智能相互分离还是相互覆盖的问题，在不同的文化之间，甚至在不同的历史时期，答案可能会有很大的差异。

在说出这些观察结果的同时，我还应该介绍一个最近出现的很有趣的对比。那就是“激光”式的智能模式和“探照灯”式的智能模式的对比。拥有“激光”式智能模式的人，就像名称暗示的那样，他们的智能轮廓似乎聚焦为一种或两种智能。莫扎特拥有专注于音乐智能的激光模式，爱因斯坦也拥有聚焦于逻辑-数学智能和空间智能的激光模式。拥有激光式智能模式的人，严重地偏向于一种或两种智能。他们一般选择在发挥自己强项智能的行业工作，花费几十年的时间，在相关的领域进行深入的探索。莫扎特和爱因斯坦除了睡觉，几乎将他们的大部分时间都分别献身于对音乐和科学的关注和追求。

对比之下，拥有探照灯式智能模式的人的特征，就是具有三个或更多的而且强度相等的智能，而不是只表现出单一的、明显的、很容易说出来的智能强项。激光式的智能模式，主要表现在艺术家、科学家和发明家身上；而探照灯式的智能模式，在政治家和商人身上更为普遍。如果某一个行业需要专才，不可能指望一个政治家或者商人，在这个特殊的领域里成为世界级的专家。更确切地说，我们可以预言一个拥有探照灯式智能模式的人，就像拥有一台搜索范围宽广的雷达，会随时紧盯着屏幕，以保证没有任何重大事件被遗漏。具备探照灯式智能模式的人的智能种类是不同的。如足球教练倾向于身体-动觉智能、空间智能、语言智能的和人际智能，而一名在政府机构工作的政治家，更依赖语言智能、人际智能和自我认知智能。

请不要误解我的意思，不要将这两种智能模式之间的区别与通才和专才之间的区别相混淆。的确，心理测量学家强调“一般”和“特殊”的智能因子，但我的意图则是增加评估分析智能的方法。激光式智能模式的风格是深入地、持续地聚焦于一个领域，并且在那个领域内不断地进行更深入的探究。探照灯式智能模式的风格，是纵览所有区域，监测许多不同的要素，以确定没有一个角落被忽视，并试图将这些要素结合成一幅完整的画面。

我对此同样提出一个有趣的精神病理学方面的问题。大概我们中的大多数人，在是按照激光模式还是探照灯模式调动自己智能方面，都有选择的余地。但是可能某些人没有这种选择的余地。我认为孤独症患者，或者程度较轻的亚斯伯格症候群患者，并无意识地拥有激光式的智能模式。相反，患有注意力缺陷障碍的人，可能无意识地拥有探照灯式的智能模式。

他们并非有意地回避长时间地聚焦于某一点，而是无法那样做。在这种情况下，教师和家长面临的挑战是显而易见的。

正像迈克尔·康奈尔（Michael Connel）、基姆·谢里丹（Kim Sheridan）和我提出的那样，激光式模式或探照灯式模式的区别，比起行业之间的简单区别，可以深入一步。在政界，也可能有具备激光式智能模式的角色，例如专门监测民意或者撰写发言稿的人；同样也可能有更加典型的探照灯式智能模式的角色，例如政府中的官员，或者竞选的操纵者。尽管参议员这类角色，更像普通电器工程的承包商或者电子公司的首席执行官，专注民意调查的专家和工程中的电路设计人员，则可能具有更多的共同点。

我们应该避免以下错误的观念，那就是探照灯式的智能模式，一般智能经常与这种模式相结合，与激光式的智能模式比起来，可能更重要，因为后者的能力具有特定的局限性。当然，我们应该同样避免学术上的势利眼，不要在众多组织和管理能力之中，只重视某一方面的专门才能。任何复杂的社会都需要这两种智能的模式。在任何特定的时刻，为了保证社会的正常运转，可能需要探照灯式的智能模式。然而从长远的观点出发，我们最为珍视的激光式的智能模式，对于社会的贡献更大。

结　论

从以上论述读者可以看出，自 20 世纪 80 年代早期我第一次提出多元智能理论以来，人们关注的焦点和研究的方向已经有了一些重要的变化。但极大数量的人，特别是教育界人士一直热衷于这一理论应用的状况，可以说是一如既往，并无改变。虽然从根本上说，我是学者而不是实践者，但我仍然花费了不少时间在多元智能理论的应用层面。但这是另外的故事，将在以下的章节中介绍。

第3章

超越智能：人类的其他珍贵能力

1991年，在举办沃尔夫冈·阿玛德乌斯·莫扎特逝世200周年纪念活动的期间，这位已去世的音乐大师，又被众多不同的企业派上了商业用场。这种对莫扎特效应的利用并不使人感到惊讶，因为在过去漫长的岁月里，无数的人聆听过他那极富感染力的作品。同时人们也从不同的角度谈论他，称他为天才、神童、专才、音乐大师，说他悟性高、极具创造力、聪明、才华横溢……如果我为了以下两个目的援引莫扎特的例子，那么希望人们将此视为崇敬莫扎特的表示，而不是进一步利用他的标记。我这两个目的是：第一，澄清我们在谈论杰出人才时所用术语的本质；第二，介绍我对人类的才能或天赋所持有的不同观点。

莫扎特激发起人们对美好事物的遐想太多了。他是我们心中最典型的神童，像毕加索、穆勒[①]一样早慧；像他之后的音乐家同行门德尔松[②]、圣-桑[③]一样具有超凡的才华。虽然他独创的风格是逐渐显现而非突然形成的，但他还是被认为拥有无限的创造力。他的音乐作品，像他的音乐家同行斯特拉文斯基[④]、瓦格纳[⑤]的作品一样风格独特；他和同时代的作曲家萨列里[⑥]、狄特斯多夫[⑦]一样多产。人们还认为他智力非凡，像歌德、伦勃朗，或者乔治·艾略特[⑧]一样深刻地洞悉人生。

因此，莫扎特的研究者和心理学专业的学者们，均对以上说法习以为常。虽然学术用语常常有被过分扩大使用的倾向，术语轻度泛滥造成的危害并不太大。但有时人们也应该回过头来思考一下，该如何用统一的规则来扩展或应用术语。如果此种应用方法建立在连贯的理论架构上，对探讨、

① 约翰·斯图亚特·穆勒（John Stuart Mill，1806—1873），英国著名哲学家、经济学家、逻辑学家。——译者注

② 费里克斯·门德尔松（Felix Mendelssohn，1809—1847），德国早期浪漫乐派著名作曲家，代表作有 A 大调《第四交响曲》（意大利）、《仲夏夜之梦》序曲、E 小调小提琴协奏曲等。——译者注

③ 卡米尔·圣-桑（Camille Saint Saëns，1835—1921），法国浪漫主义乐派著名作曲家和管风琴家，代表作有管弦乐组曲《动物狂欢节》、小提琴协奏曲《引子与随想回旋曲》等。——译者注

④ 伊戈尔·斯特拉文斯基（Igor Stravinsky，1882—1971），美籍俄罗斯作曲家，对俄罗斯音乐、新古典主义音乐和序列音乐三种不同风格都做过成功探索，被认为“雄霸西方现代音乐 50 年”，代表作舞剧《火鸟》《春之祭》等。——译者注

⑤ 理查德·瓦格纳（Richard Waqgner，1813—1883），德国中期浪漫主义乐派著名歌剧作曲家、指挥家、音乐评论家，代表作有歌剧《纽伦堡的名歌手》《唐豪塞》《尼伯龙根的指环》等。——译者注

⑥ 安东尼奥·萨列里（Antonio Salieri，1750—1825），意大利作曲家、指挥家，1788 年起任奥地利宫廷乐长。在 1984 年获奥斯卡奖的电影《莫扎特》中，被指曾因嫉妒而谋害过莫扎特。——译者注

⑦ 卡尔·狄特斯·冯·狄特斯多夫（Karl Ditters von Dittersdorf，1739—1799），奥地利作曲家、小提琴家，和海顿、莫扎特、贝多芬一样，也是维也纳古典乐派成员之一。——译者注

⑧ 乔治·艾略特（George Eliot，1819—1880），英国著名女小说家，以现实主义手法和细致的心理描写，创作了多部有关社会道德问题的长篇小说。——译者注

研究和理解都会有帮助。以下我将介绍一个框架，以便考虑我所命名的“天赋矩阵”（giftedness matrix）。在这一过程中，我将还要解释一组术语之间的区别，希望有助于理解。

分析的框架

每一项认知行为都必定有一个行为的主体，去完成某项任务，或在某领域内进行一个或一系列动作。即使此主体单独活动，他的所作所为也有可能被该领域的专家加以评估。无论评价天才惊世骇俗的举动，还是评价普通人平淡无奇的行为，都有一个可行的分析方法。在社会科学领域内，这个分析的框架可以进行如下分解：

生物心理学探讨行为主体的能力、爱好、价值观和目标，同时也探讨行为的遗传基因和神经基础，分析其认知的能力、属性和气质倾向。

从行业 / 领域或任务的视角出发，需要评估在该社会行业或学科内部，一项任务或活动的完成情况。传统上，任务由哲学家或该行业的专家进行分析。但由于计算机科学的飞速发展，某个领域人工智能的专家，开始介入对任务完成过程和结构性质的分析。

最后，对某一行业中的行为或产品的评价或判断，由该行业内具有丰富知识的人，或按照米哈里 · 希斯赞特米哈伊（Mihaly Csikszentmihalyi）的术语，由该领域的成员来担任。缺少了这些人或组织的判断，就不可能知道行为的结果是否令人满意，更谈不上给予正确的评价。没有这种级别的评判，并不说明任务或工作一定完成得不好，只是无法对此断言而已。在此行业 / 领域中能够做出判断的，就是社会学家和心理学家。

框架和有关概念

以这种分析的框架为出发点，我现在回到天赋矩阵的有关术语上来，暂且试着初步给出它们的定义。

智　能

正像我在本书第1章中所说的，智能是一种生物心理潜能（biopsychological potentiae）。无论从何种观点出发，判断一个人是否聪慧，都会首先考虑到他的遗传因素和本人的心理特征，包括从认知能力一直到性格特点等许多内容。近来认知研究的新进展，已经表明人们对智能概念的理解，是非常深入和全面的。

天　赋

天赋是早期发育成的生物心理潜能的标志，存在于文化中的每一个领域内。如果一个人进步很快，并在某一行业／领域内潜力惊人，人们就称其为“有天赋”。人类个体的天赋可涉及任何一个被承认的智能领域。

天资超常

天资超常，是在某一领域内的天赋达到登峰造极的表现。莫扎特被认为是奇才，是因为他在音乐方面有远远超出常人的天资。通常天资超常的奇才都局限于某一个领域：如年轻的数学家卡尔·高斯[①]的天赋，就不同于

①卡尔·高斯（Carl Friedrich Gauss，1777—1855），德国科学家，在数学（数论、复变函数论、统计数学、微分几何学、非欧几何学）、物理学（电磁学、地磁学、电报的发明）和天文学（行星轨道计算法）上都有重大贡献。——译者注

早慧的英国画家约翰·埃弗里特·米莱斯[①]和象棋神童塞缪尔·雷谢夫斯基（Samuel Reshevsky）。同样，莫扎特和其他极具天赋的少年，包括他的姐姐娜内（Nannerl），都是不同的。但是偶尔也会出现极少的特例，即全能的天才，可能达·芬奇就是一个。

专才和专家

专才和专家指的是从事某一学科或领域的工作十年以上，从而颇有经验和心得，并精通此领域最高水平的技能和知识的人。当然，这并不意味着他一定有创造性、热爱此领域并愿为之献身，所以专家应被视为仅是具有高超技术的人才。莫扎特当年的同行们（早已被人们遗忘），可以应顾客的要求谱写协奏曲或交响曲，虽然堪称作曲的专家，却谈不上有任何创造性。

创造性

创造性是某种特定作品或产品的特征。这类作品起初在该领域内显得十分奇特新颖、难以理解，最终却为人们所广泛接受。是否原创或有无创造性，必须由该领域内学识渊博的人做出判断，而不管这领域或学科是古老的还是新兴的。专门知识或技能与创造性之间的确有相当大的矛盾，如有些专门人才毫无创造力，而一些人在远未成为专门人才之前就表现出超前的惊人创造力。

天　才

我现在鼓足勇气，以诚惶诚恐的心情来介绍最后一个术语“天才”。我

① 约翰·埃弗里特·米莱斯（John Everett Millais，1829—1896），英国油画家，拉菲尔前派的奠基人之一，最著名的作品有《盲女》《基督在自己父母家中》等，1896 年担任英国皇家艺术科学院院长。——译者注

将这个人人崇敬的标记，留给那些既是杰出的专家，又有非凡的创造性，同时其作品或理论还具有广泛的或相当广泛的重要意义的人。在科学领域内，正是像牛顿、达尔文那样的天才，才发现了具有普遍性的重要原理。而在艺术领域内，只有天才方能创作出让不同文化背景和不同时代的人都能欣赏的不朽作品。我们有充分的理由用天才来称呼莎士比亚、歌德、伦勃朗和莫扎特，因为他们的作品超越了他们所处的时代。可能其他文化背景和时代也有值得称为天才的人，但只有经过相关领域的考验，才能被确定下来。

传统心理学对天赋模式的研究

大多数传统心理学研究关注的焦点，仅仅是人的个体，我认为这是片面的。这种片面或偏见所带来的一个后果，就是没有考虑到所研究的特定任务或领域，而仅仅假定能力的表现与某种文化背景下的领域无关。这种片面性所带来的另一个结果，就是很少考虑到判断心理属性的过程。至少在心理学家之中，这一过程就和心理学一样，是看不见摸不着的。

研究天赋模式最有影响的方法，与在智能和智力测验领域中研究工作的方法相同。按照比内–斯皮尔曼的传统[①]，智能是人的独立的属性，可以单独评估。此外还有另一个典型的传统的假设，即每个人一生下来就有一定数量的智能，而且在幼年的时期即可被测出，与其所受的训练和成长的环境关系不大。即使已经有人在做将智能多元化的工作，如瑟斯

① 比内与斯皮尔曼提出智力二因素（two factor of intelligence）理论，认为人的智力主要是由两个因素构成：一是一般因素，渗入到所有的智力活动中，每个人都具备，但水平有差异；二是特殊因素，其种类很多，与特定的任务工作相关。——译者注

顿[1]，智能仍然被认为是一种相对固定的属性，用纸和笔等工具就可以很容易地测出。

即使对智能持有这种传统的（对于我来说是过时的）观点，还是能够建立天赋研究的模式。“有天赋的人”，就是智商高的人。智力早熟者，智商可能更高，甚至可以在幼年的早期即被确定。“天才”既可以是儿童也可以是成人，关键是智商足够高，可能需要超过 150 才行。有一种观点认为，创造性和智能是相关的，而有些研究者则强调智能和创造性没有关系。最近出现了一种没有完全确定的共识，即对于智商达 120 以上者，创造力与心理测量得出来的智商无关。根据我的看法，这种根据心理测量研究方法发展出来的创造性测试，比智力测验更不可靠。因为这种测试无一例外地只看重世俗的所谓创造性的例证，如鸡尾酒会上与人交谈时的风趣幽默、反应灵敏的表现和能力，而不是所创造出具有相当深度和广度的人类的伟大成就。最后，就智力测验而言，讨论“专家”这一字眼有些反常。因为智力测验将智能视为人所拥有的最普遍的特质，而“专家”则与特定领域的能力相连。当然，门萨（Mensa）俱乐部（智商在前 2% 以内的人参加的组织）的很多成员，除了是考智力测验的专家以外，在别的领域内一无所能。

◎ 当代对智能及其有关事物的观点 ◎

当前，反对智能单一化的观点经常出现，它们认为最好将智能的本质看成是多元的。如前所述，其中比较典型的结论，就是对测试成绩的有关

① 瑟斯顿（L.L.Thurston，1887—1955），美国心理学家，美国心理测量学会的创立者，在测量理论、社会评价和人格等理论的应用方面均做出了巨大的贡献。1933 年当选为美国心理学会主席，1938 年当选为国家科学院院士。主张人类的能力是多元的，认为人类具有数字运算、语文理解、空间关系、语文流畅、推理、知觉速度、联想记忆等七种能力，把斯皮尔曼的一般因素分解成为一组各自独立的基本心理因素，并发现这些基本因素之间存在着内部相关，即其间仍然存在着一般因素。——译者注

因素做分析得到的。当然，这一研究同样受到限制，那就是评价不同能力所用的方法和工具性质的限制。

在我自己的工作中，采用了完全不同的观点来看待智能的问题。几年前，我为自己提出的问题是：既然存在着那么多由“最终状态”[①]表现出来的能力，而这些能力在世界上又得到了广泛的珍视，那么这些可能存在着的多种能力的心理学本质又是什么呢？用这种方式提出这个问题，当时被视为异端。因为我的研究看重的只是那些对于社会有意义的人物，而不是抽象的能力，这使得标准化测验变得毫无用处。此外，我认为如何看待这些人物和能力，应该和文化背景相联系。只要某种能力在一个文化背景中被视为有价值，这种能力就应被列为智能；若在某一文化背景中或领域里，人们不承认其价值，这种能力就不能被认为是智能。正是从这个观点出发，我发展了多元智能理论（参见第 1 章、第 2 章）。

根据这种智能的概念，就可以用新的、统一的方法来讨论天赋模式。一个人有“天赋”，就意味着他在与智能有关的领域中潜力惊人。“神童”或超常儿童是指不寻常的早慧的人。“专家”是指在某一领域内的能力迅速地达到高水平者，而不考虑他的方法是否有新意，还是仅仅是重复固定程序的实验。与此相反，如果一个人在某个领域内解决问题或设计产品的方法和思路，开始往往被人们视为创新和不可思议，最后却被认可，得到赞赏，他就应被认为有“创造性”。虽然目前还没有直接导出“天才”的定义，但我认为在一定程度上有资格称为天才的人，应该是那些在某一领域内进行了创造性的工作，并对于该领域的定义和范围产生了极强影响的人。这影响使得将来在此领域工作的人，不得不认真思考、努力学习那些创造性的天才做出的贡献。这些贡献越具有普遍意义，越能超越文化背景和时代，

① 最终状态（end state）：作者阐述多元智能理论时，多次用以表示儿童成年后进入社会所从事的各类为社会认可的职业，如工程师、科学家、商人、小提琴家、歌唱家、运动员、政府官员等。——译者注

这个天才也就越伟大。年轻的作家面对莎士比亚和歌德的不朽作品，往往会肃然起敬，原因就在于此。这些巨人已经在该领域内，达到了后人难以超越的高度。

在以上讨论中，我已经介绍了一种认识智能的新的观点。随后，我将按照这种对智能的看法，把天赋模式中的其他词汇概念化。这种分析的有效程度,部分地取决于模式本身的协调一致。但对于研究行为的科学家来说，更重要的检验，是分析结果与已知的人类行为相一致的程度，还有这种分析能够导致增强理解的程度。

因此，以下我要进行发展轨迹的分析。我将讨论在一个人发展轨迹上的四个不同阶段，并且随时考虑到智能、天赋和创造性等相关的概念。以上主要概念见表 3-1。最后在结论中，我谈谈这些观点对于教育的启示。

表 3-1 天赋模式一览表

术语	范围	年龄段	在行业 / 领域的角色	结果
智能	生物心理	所有年龄段	—	—
天赋	生物心理	幼年	进入行业 / 领域前	明朗化体验
神童	生物心理	幼年	当前行业 / 领域中	探索并寻求广泛的信息
专家	当前行业 / 领域	青春后期	被行业 / 领域接受	积累知识和技能
创造性	未来行业 / 领域	青春后期	与行业 / 领域发生冲突	富有成效的差异性
天才	广泛领域 / 多种行业	成年	独一无二的	与童年相关联

五岁时：对行业和领域一无所知

幼儿在出生后的最初几年里，脑中对周围世界是如何运作的这一理论和概念，就形成了相当牢固的看法。这里所说的世界，包括物质的世界和人类的世界。同时他们至少对于人类经常使用的一些基本符号系统，如语言、数字、音乐、二度空间的概念等，具有了初步的判断能力。令人惊奇的是，这些知识和能力的获得，并不一定需要经过正规的训练。幼儿获得这些符号技能和理论概念的知识，主要来源是他们与所生活的世界之间自发的相互作用。我们并不否认他们在特定文化背景下所受到的影响，只是强调无论周围的环境多么有利，这些自发形成的能力很难互相跨越。

对于大多数幼儿来说，早期的智能发展应称为“前领域”和“前领域”型。即幼儿在智能的发展过程中，并未觉察到存在于他们文化背景之中的有关领域。对于建立判断标准的相关行业，他们更加集体无意识。有些儿童幼年时可能会被特殊的领域所吸引，也即我所说的“明朗化体验”（crystallizing experience）。但对于大部分儿童来说，被吸引的主要原因是由于兴趣而非他们拥有的能力。

但是也有例外，莫扎特就是一个。偶尔会出现个别神童，从小就表现出和一定文化背景所赞赏的某个领域有特殊的亲密关系，而且在他很小的时候就精通了这个领域的技艺。对于这些特殊的例子，儿童就因跳跃式的发展而拥有了一个很高的起点，达到了专家的水平，说不定还具有创造力。

幼儿的创造力很难得到解释。长期以来我一直认为，所有的幼儿都服用了产生创造力的灵丹妙药。他们特别愿意超越自己知识的界限，以巨大的热情投入游戏和活动；他们创作的作品，经常比年长者的作品更令人印象深刻，并使该行业大为震惊。但我认为合理的说法应该是：这些创造能力与行业无关。尽管幼儿的作品可能会在领域内给人留下深刻印象，但儿童往往对该领域的运作漠不关心。

◎ 十岁时：开始掌握行业的规则 ◎

进入学龄后不久，对他们文化背景中的机会，儿童最终会采取不同的态度。有证据表明，不管这种倾向是否由学校所诱发，儿童总是很想知道行业 / 领域的规则和文化的传统，他们渴望尽快地掌握它们。在艺术上，我们发现儿童有一个朴实求真的阶段，他们不用比拟的手法，就能创作出尽可能准确的作品。但同样的倾向也发生在所有的领域里，那就是学生们希望知道“游戏”的规则。

因此人们可以说，此时在他们的脑中，领域的存在和行业的意识都已清楚地出现。如果学生选择（或被选择）将要从事某一行业的工作，他们就想尽快地获得有关的专业知识。在更广大的社会范围内，学生们也希望自己尽量多地受到文化的熏陶。

这个阶段的作用相当于一个“学徒期”，即通过老师的传授，学习特定领域的专门技能和知识，并了解文化的内涵。进展快的，可被视为天赋优秀者或超常儿童。但此时若论及创造力或天才，似乎为时尚早。在这一阶段中，儿童无边无沿的自由发展已经停止，但非正式的跨领域的探索则尚未开始。

如果说此时创造性的工作还没有出现，则一个具有创造力（或不具有创造力）的生命已经定型。这是因为创造力极大地取决于气质和性格的特点，取决于人口统计学所说的偶然性。那些处于（或感到处于）自身文化边缘、雄心勃勃并执著追求、拒绝批评而坚持走自己的路的青年人，极有可能在“冒险”中开始富有创造性的生活。而那些在所处群体中感到舒服和惬意的人，那些在自己的领域中从未感到压力和不和谐的人，则仅仅可能成为专家。

青春期：在十字路口

15~25 岁这一阶段，是天赋模式发展中最真实的时期。成为神童的时期已基本结束，距离天才还有一段时间，这是最为重视专业知识的阶段。在这一阶段，如果谁能投身于某个领域，学习 10 年，就可能达到专家的水平，并且在可以预见的将来，至少能做出一定的贡献。他们也可能在某一行业中有所建树，并成为具有一定声望的人。他们的智能在现时社会的各种活动中，能够正常地发挥作用，因此能在当前行业认可的范围内顺利工作。

但是至少有一部分人不会停留在专家的水平上。有时他们会断然掉头，变得富有冒险精神，开始怀疑正统观点，向往突破旧观念的束缚。他们不再满足于仅仅追随前辈的步伐，而是向他们发起挑战并力图超越自己的老师。这种日益增加的压力，可能会导致所谓的中年危机。事实上，的确有一些人在青春期后，身上的创造性暂时地或永久地停滞或消失了。其他人则直接向所从事的行业发起挑战，他们成功的可能性难以预测，结果各有不同。如果能成功地驾驭这个充满危机的时期，就有希望长久保持创造力。

成熟的实践者在天赋模式中的位置

10 年很快就过去了。在 30~35 岁时，一个人在天赋模式中的最后位置很可能就确定了。准确地说，如果专心从事某一个领域的工作，此时要么成为令人满意的专家，要么成为不能令人满意的专家，或者是成为想取得卓越成就而失败的人。

但最吸引人的，还是那些无论由于什么原因，超越单纯的智能、天赋、专长，一生追求拥有创造力的人。我们早就知道这些人的性格特点：野心勃勃、自信、轻度神经质、富有冒险精神。我自己的研究也证明，无论从事的行业 / 领域是什么，有创造性的人都具有十分相似的性格。他们惯于要求他人，以自我为中心，很难得到他人的好评。

但我也曾试着理解这些人，当他们在现有知识和技能的边缘工作时，会有什么感觉。思考前人未曾有过的想法和做法，确实是令人振奋而又令人生畏和紧张的事。他们无论多么孤独，在认知和情感上似乎都需要支持。不可思议的是，他们使我想起了刚刚开始教孩子学习语言和文化的母亲。创造发明者为了让别人相信他的神经没有问题，起码要说服另外一个人，使之明白自己的确发明了一种新的语言，或者发明了一种具有深远意义的看待事物的新观念。如果没有一系列非凡的智能、社会影响力以及人格特性，投身于创造性的事业是很难想象的。

我的研究结果提出了具有高度创造力人类个体的模式。经过第一个 10 年对专业知识的学习，这个人会发表一个十分极端的观点，这个观点将震惊他所从事的领域。再过 10 年或更长一点的时间，另一个更加综合的观点会再次出现。在某些领域里，如数学、物理学、诗歌创作等，持续有所突破的可能性不大。但在其他领域中，几十年里出现连续突破的可能性是有的。这就是为什么像毕加索、斯特拉文斯基、玛莎·格莱姆[①]这样的艺术家，能长期保持旺盛的创造力[②]；如弗洛伊德和达尔文这样的科学家，能够发现一个可供他们终生探讨的真理。

理解创造性已属不易，要说清它与天才之间的界限简直就是不可能

① 玛莎·格莱姆（Martha Graham，1894—1981），美国现代舞的先驱者之一，曾周游世界，影响极大，门生众多，被称为“六代宗师”，且热爱中华文化。本书作者认为她是极具创造力的艺术家。——译者注

② 作者介绍毕加索、斯特拉文斯基、玛莎·格莱姆等大师的创造力的著作《大师的创造力》已由湛庐文化策划出版。——编者注

的事。我只能简单地设想：天才是最具有创造性的人，他们的见解奇特、新颖，能跨越不同的文化背景打动人们的心弦。仅仅在个人的领域内取得进展已经够困难的了，要取得能够影响整个人类社会进步的进展，简直就是奇迹！也许将莫扎特、孔子、莎士比亚视为奇迹并不过分，他们是人类和宇宙之间存在着不可思议的共鸣的证据。

加上天才，天赋模式的发展轨迹就圆满了。幼儿的创造力与行业/领域无关，专家接受行业/领域的要求，这些行业/领域正是创造者发起挑战的对象。而天才则在某一行业/领域发起挑战的同时，创造出或找到组成更新、更复杂的作品或答案，更深入地揭示了人类的内心世界。

说到天才，人们通常离开了行为科学的范畴，所用词语似乎更接近文学和艺术，而不像学术期刊上的论文。我们甚至无法解释天才，也无法否定他们的存在。无论莫扎特是否照亮了社会科学发展的道路，他至少永远在提醒我们，人类偶然能够达到怎样的一个高度。

对教育的启示

设计一个描述天赋及其推论的发展的框架，自然产生了问题：怎样才能培养或教育天赋优秀的人才？有时会听到伤感多于诙谐的嘲讽：摧残天赋优异而具创造力的年轻人，比鼓励他们开花结果容易得多！正因为我们对他们探求的奇异现象所知太少，对于家长和教师们，最重要的就是“请别伤害他们”。

不管怎么说，我相信上述讨论至少可产生几个一般的启示。首先，描绘形成天赋优异、专才、创造力的各种方式，有助于教育家提出以下的问题：我们所需要的杰出表现和卓越成就是什么样的？培养一个有创造力的人所面临的问题，与培养一个超常儿童或训练一个人成为专家所面临的问题，有很大的不同。在中国被视为天赋的，在芝加哥可能被认为毫无价值，甚至是包袱。反过来也是如此。分解这些天赋的表现形式，确定哪些是需要的，哪些是不需要的，对于任何教育家来说，都是有用的。

第二个启示是采用发展的方法进行教育。一旦人们承认对不同年龄和不同阶段的儿童应该有不同的要求，我们就应该关注不同形式的文化信息，将教学内容与不同的动机或认知模式结合，设计出来的教育方法，就应该考虑到这些发展的因素。对于一个 5 岁的儿童，希望他接受来自有关行业的批评，就像阻止一个拥有远大抱负的大师，接受来自行业的批评一样不合理。

第三个启示和提供给儿童的教育模式有关。儿童能得到什么样的信息，取决于他所接触的成年人或老师所展现的是专才、创造性还是某种程度的天才，取决于儿童在早期受到鼓励的或被阻止模仿的，是上述天赋模式中的哪一种。在“天赋项目”的课程中，教师或家庭教师的决定，对儿童的最终发展方向起着很重要的作用。

为特定的受教育者做出选择时，能否考虑在更广泛的社会里传播有关天赋的概念和信息，是一个重要问题。就像我在中美艺术教育比较的研究中表明的那样，天赋的概念、应用以及它在一种文化背景下求得发展的方法和方式，在两种社会里传播的信息完全不同。即使在美国，什么是今天的天赋，什么是明天的天赋，都可能有不同甚至互相矛盾的观点。

在美国的社会文化环境中，讨论天赋和教育时，必然会强调突出儿童个体差异的重要性。然而，如果此前的讨论有道理，它将提醒我们，无论是哪一种天赋，都不能被看作是单独存在于某个人头脑中或身体里的东西。通过唤起对任何活动的注意，尤其是与超常行为有关的行业 / 领域特征的注意，我希望教育家们，重视培育或阻碍天赋发展的非人为因素。

价值观的讨论似乎游离于科学研究之外，但在社会学的研究中，价值观的探讨具有举足轻重的地位，直接影响到对以下问题的看法。这些问题是：天赋由什么组成？怎样在一个社区里确认、培养、激发天赋？还有，受教育的机会人人平等和培育英才本不应发生冲突，但二者之间却存在着不可否认的矛盾，在资源有限的条件下甚至很突出。在我们之中，愿意贡献自己的精力探讨这个十分有趣问题的人，有特殊的责任关注价值观的争论。可能的话，应尽力协助自己的同事、教育家们以及公众，在价值观问题上做出思考或选择。

第 4 章 通往教育的桥梁

罗夏墨迹测验

从选择了学术生涯的那一天起，我就认为自己主要是一名心理学家。我的书《智能的结构》是作为心理学家写的，我认为是自己对心理学家同行们所要说的话。在这本 400 多页的书里，我只用了几段的篇幅，讲述这个理论在教育方面的应用。

由于一些我不能完全理解的原因，多元智能理论在教育工作者那里，马上就得到了清楚的、响亮的回应。许多教育工作者根据自己的理解，看到了这个理论和他们所从事的教育实践之间的关系。在某种意义上，似乎我给了教育家们罗夏测验的墨迹[①]，他们力图破译其中的密码。

我通过阅读或者传闻了解到：一些学校分别建立了七八个学习中心或者专用的教室，每个学习中心或教室专门针对一种智能；一些学校决定集中精力培养某一种被忽视的智能；一些学校依据多元智能理论提出的七八种智能，采用七八种方式进行教学；一些学校引进了若干新的方法评估这些智能；一些学校将表现出某一种智能强项的所有学生，集中起来进行教学；另一些学校则根据学生的智能弱项，将他们分别编组进行教学；还有的学校认为，只有将具有各自不同智能轮廓的学生，编到一个教室里学习，才是最佳的教育方式。

所有以上这些应用多元智能理论的方法，我在自己的书里都没有介绍过，也没有加以提倡。我是以心理学家而不是教育学家的身份写作的，原因是我知识面的局限性使我无法提出令人信服的教育建议。教育工作者根据我提供的没有经过解释的墨迹测验，进行他们自己的研究项目。无论他们的哪一种想法，都没有能推测出我的真正意图，也没有探讨出多元智能理论的真谛。

大约有10年的时间，这种情况对我来说并无不妥。因为我是一个心理学家、作者、理念的创造者，我不过是使一个具有强大生命力的新的“米姆”[②]，

---

① 罗夏墨迹测验（Rorschach Inkblot Test）：瑞士精神病学家赫尔曼·罗夏（Hermann Rorschach, 1884—1922）1917年编制的心理测验方法，根据被测试者对10幅墨迹图的描述来判断其性格。通过受测对象的选择，可以揭示出他在感知环境刺激时，智力和情绪因素的整合方式如何。医生试图通过受测人对图案的理解和解释，来了解他的精神状况如何。这一测试后来在美国得到了广泛的运用。——译者注

② “米姆”（meme）：英国生物学家理查德·道金斯在《自私的基因》一书中创建的新词。道金斯称，人之所以要生儿育女，目的在于使自己的DNA不断地流传下去。所谓“米姆”，顾名思义就是像儿子又不是儿子的东西，本意是指人的观念、思想、理论体系。（后来有学者建议意译为“拟子”，近十来年经过不断讨论与研究，学界普遍采用“模因”译法。）例如，孔子作为生物学意义上的人早已不存在，但他的儒家思想至今还在影响着中国乃至全世界。他的思想和学说，就是孔子的“米姆”。——译者注

来到这个世界上，它应该有自己的生活。在“米姆”出生之后，创造者没有责任引导它去适应客观外界的环境。即使创造者这样做了，也没有理由认为他的做法就一定是正确的，就一定会成功。对于我来说，最好的做法就是向前看，转到其他研究方向，让“米姆”自己照顾自己。

新的行动

但是一系列事件改变了我的想法，后来我开始访问一些学校和班级。那些学校或班级教学所应用的观念，来自多元智能的理论。这些学校应用的那些观念，不可避免地有些给我以正面的印象，有些给我的印象却不是那么正面。在这些学校之中，主要的就是印第安纳布利斯的重点学校[①]——现在改名为重点学习社区。从20世纪80年代的中期开始，我就开始与这所学校密切合作。另外一所学校是圣路易斯的新城学校，我在1990年左右开始与之合作。在这两所很好的学校里，通过和那里同事们的相互影响，我学到了很多东西。

在与其他同事的合作中，我也开始了一系列与多元智能理论相关的教育项目的研究。有些项目与多元智能理论的关系密切一些，有些则不那么密切。无论如何，我最终还是涉足了教育的领域。毫无疑问，每天待在小学教室里的人，与坐在象牙塔里的人相比，思考教育问题的出发点是不同的。

但是可能影响我最重要的原因，是我经常提到的一个意外。20世纪90年代的早期，我收到了来自澳大利亚一位同事的信。他的意思大致是：“你的理论在澳大利亚的一个州一直被应用着，你一定不会喜欢这些理论以那

① 译者1997年在哈佛大学访问讲学期间，曾当面问过作者霍华德·加德纳教授用“Key School”命名这所多元智能理论学校的原因。他回答是访问中国大陆时受到重点大学英文译名“key university”的启发，于是用“key”来表明这所学校的重要性，所以此处翻译为“重点学校”，其他各章节同样。——译者注

样的方式被应用。”因为不清楚这位同事指的什么，我希望得到更详细的说明。因为这种意见的交换，过去一直是以电子邮件及其附件的形式进行的，所以，由于我的要求，这位同行这次送来了厚达30厘米的书面材料。我的同事是对的。这些材料我看得越多，越不喜欢它们。最后，我看到了这些书面材料中的真凭实据——一个特殊的表格，它列出了不同的人种和不同的民族各自拥有的智能种类，以及这些人种和民族各自缺少的智能种类。

我无法控制自己的情绪，忍耐到达了极限，因为这些材料严重地曲解了我自己提出的教育哲学。我毫不犹豫，立刻就接受了在澳大利亚电视台露面的邀请。与其他一些教育家和科学家一道，我宣布这个项目是“伪科学”。作为一番争论的结果，这个州取消了这个研究项目，我因此感到轻松了很多。

由于这次以及其他的一些经历，我改变了过去对于理论的创建和使用之间关系的看法。我得出的结论是：虽然我过去不能，将来也不能承担多元智能理论首席警察的职责，但对于我提出的多元智能理论的应用，我还是有责任响亮地说出我喜欢什么，有责任说出在对这个理念的应用之中，哪些是我特别感到不恰当的。

在电视台露面之后，我的下一个行动就是发表了一系列文章，评论对于多元智能理论的误解。这些文章的目的，是指导朋友们和批评者们，更准确地理解多元智能理论的主张以及怎样恰当地应用它。我强调的误解，从理论的本身（例如将一种智能的概念与领域或学科相混淆，参见第2章），直到与这个理论有关的教育学的应用（例如多元智能理论应用于教育的正规途径）。我在此并不重复这些论点，因为其中的要点已经在其他章节中出现（参见第5章）。

从此开始，我毫不犹豫地在文章中、演讲里、电视节目中明确地公开表态，说明多元智能的理念应该怎样应用。我的重点在于强调那些应用这个理念的正面典型，而不是指责那些我感到不愉快的实例。即便如此，我还是明确地指出，我的那些看法只代表我个人的观点。在我合理合法地向全世界介绍多元智能理论的时候，我并不拥有这个理论应该怎样或者不应该怎样应用的专利权。因为像其他所有的人一样，我也有可能犯错误。

我需要在此附加声明的另外一点，是关于多元智能理论研究工作的偏移，这属于我的学术研究重点大规模偏移的一个部分。从 20 世纪 90 年代的中期开始，我的主要学术活动是职业伦理问题，我们将它命名为“优善工作项目”。这个项目的重点，是研究专业人士能够并且应该关注的，也就是他们的工作在伦理道德层面上的意义。如果不是由于多元智能理论的正确应用和错误应用,引发了伦理道德方面的问题,我是否会介入“优职项目”的研究，还是个疑问。

三个重要的教育学推论

在众多有关多元智能领域内的教育议题中，在我心目中有三个最为突出。它们就是教学与评估的个性化、结合教育目标的必要性和关键概念多种表达方式的优越性。下面我分别讨论每一个议题。

以个人为中心的教育

有史以来的绝大多数学校是统一制式学校：教育所有的学生都采用相同的方法和相同的内容，对学生的评估也采用完全相同的方式。这种教育方式表面看起来，毕竟是公平的，因为对待每个人都是平等的。但是，正像我指出的那样，这种教育方式在本质上却是不公平的。这种教育偏向那些拥有语言智能强项和逻辑-数学智能强项的人。而对于许多像我们这样展现出不同智能轮廓的人，在学校学习则感到有些困难。

以个人为中心的教育，并非是以自我为中心的教育，也不是自恋式的教育。与此相反，是一种非常严肃认真地对待学生之间差异的教育。对于每个学生学习上的强项和学习的特点，教育工作者都应该努力尽可能多地了解。除此之外，教育工作者还应该尽可能地利用这些信息，对每个孩子都创造出最理想的教育。

对于个性化教育，我提出需要三种角色。第一个角色是评估专家，他们的任务是尽可能多地获取每个孩子的信息，并以一种容易掌握的方式，将这些信息提供给教师、孩子的父母和孩子们自己。然而，并不需要强制性地评估每一个孩子，如果某个孩子在受教育的过程中茁壮成长，就应该对此感到幸运，进行下一项工作。但是如果一个孩子学习上出现困难，重要的就是尽可能准确地理解他的认知模式。

其他两个角色都是代理人，一个是学生-课程中间人，另一个是学校-社区联系人。学生-课程中间人应该为学生挑选相匹配的课程（可能的情况下，为学生进行恰当的评估）。如果可以选择的话（我的确倾向于一定程度上的选择），这类中间人应该推荐多种选择，以便更加适合孩子的智能轮廓。如果有某些必修课程（我的确倾向于一定数量必修课程），中间人应该帮助学生找到这些课程最佳的教学方法。每个学生都应该学习历史和数学，但是这些课程对于所有的学生来说，不一定必须采用单一的教学和评估方法。

学校-社区联系人在校园的围墙外面扮演着类似的角色。他的任务是根据一名学生的特定智能轮廓，向学生（以及学生的父母）介绍社会所需要的可供选择的行业和职业。并非所有的人都想当法学教授，当然，也不是所有的人都能获得任意的、理想的职业环境。对于每一个孩子来说，探索可能适合他自己的智能强项和感兴趣的职业，有利于理解不成功的教育经历和希望接受的教育之间的差别。

当然，大多数学校没有这样的编制，也不会聘用人员担任以上中间人和联系人。那就是我为什么用“角色”而不用“职位”来说明他们。如果不可能聘用专家担任以上角色，可以在教师、家长、同伴中和更广泛的社区内，物色可以担任此项工作的合适人选。

现在，我终于能够在今后几十年持续地谈论个性化教育了，并且不会引起激烈的冲突（即使发生冲突，也不能阻止我努力去做，我是一个固执的人）。使个性化教育在未来成为可能的，是强有力的计算机程序。一旦发现在计算机上的代数教学方法有三种甚至30种，再也不会有教师说“约翰尼不能按照我的方式学代数，换一个孩子给我教”。随着明天计算机容量的增大和多样性的增加，各地的教育工作者都能担任以上三种角色的各方面任务。

教育目标优先

我在各地讲学的时候，经常遇到的欢迎词，往往是“我有一个多元智能教室”，或者“我们在一个多元智能学校工作”。我对这些欢迎词感到受宠若惊，希望能表现得很有礼貌，往往带着微笑回答：“太好了，谢谢你。”但我内心的真实想法，却不尽相同。

多元智能理论的确与教育有关，但它自己并不是教育学的一个基本原理或者教育的一个目标。正像我早先表明的那样，作为生物的种属，我们拥有一定数量的智能，人与人的差异在于他们各自独特的智能轮廓。以上主张可以导致无数类型的教育实践，而且这些教育实践之间可能会互相矛盾。一个关于人类自身存在的事实或假设，绝不可能是人类星期一早晨或者明年该干什么的指令。

在与理查德·贺恩斯坦[①]的一次谈话中，他将这个非常生动的观点带到我的家里。他是《钟形曲线》(*The Bell Curve*)一书的作者，这次谈话发生在他去世之前。我们讨论了书中一个观点的含义，那个观点就是：心理测量学的智商是很难改变的。如果这个观点是对的，贺恩斯坦和我都认为一个人可能得出两个完全相反的结论。

◎ IQ很难改变，所以我们不必因此烦恼。
◎ IQ很难改变，所以我们应该尽最大努力去改变它。我们说不定会成功。的确，我发现改变智商的一种方式，比起任何人所预期的都要容易得多。

贺恩斯坦和他的合作者查尔斯·默里更加倾向于赞成第一个结论，而我则倾向于赞成第二个结论，这已经不是秘密。但重要的一点是，我们都同意这两个推论是有道理的。的确，在20世纪70年代的末期和80年代的初期，贺恩斯坦参加了一个名为“智能项目”的研究，这个项目宣称其目标是提高委内瑞拉全部人口的智能。非常荒谬的是，对于这个特定的例子，贺恩斯坦是热情的参与者，而我则是怀疑论者。

人们普遍认为，绝不可能以一个科学发现为起点，导出一项教育实践。因为任何科学发现都有多种多样的含义，它们之间并非相互一致。

相反，我认为，我们首先应该尽可能明确我们的教育目标是什么。有许多教育目标可供我们选择，如批判性思维、创造性思维、做文明社会中的文明人、定向服务、掌握几个学科的主要事实和理论、在学科内的全面思维、跨学科思维、技术的掌握、深入艺术与人文领域之中、学会提出问

① 理查德·贺恩斯坦(Richard Herrnstein)：哈佛大学心理学教授，1994年与查尔斯·默里(Charles Murray)联合出版引起广泛争议的著作《钟形曲线》，认为智力的高低在人群中呈现正态分布，主要取决于遗传，并且与种族、社会地位有关。加德纳在自己的《重构多元智能》(*Intelligence Reframed*)一书中，对《钟形曲线》有详细介绍。——译者注

题、构建每个人的强项，等等。正像我多次发现的那样，一旦我们超越了乏味的世俗，很好地运用我们的智能，拥有丰富的文化内涵，就很难说清什么是真正的、可以实现的教育目标。对于教育实践的争论，则更容易也更加诱人，如我们是否应该跟踪学生的成长？我们是否应该采用双语教学？我们是否应该将每节课从 40 分钟改为 80 分钟？

同样，许多学校声明，他们实现了我上面列出的所有教育目标。但这类结论式的声明不可能是真实的。人们不得不确定首先要实现哪个目标，也就不得不面临着艰难的选择。就像一个人想找出学校最希望成就的是什么的时候，就必须提出更加难以回答的问题："什么目标不是重点？什么是你们不想优先实现的？"如果希望所有的人都成就所有的事业，最可能的情况就是不可能服务好每个人。

回到多元智能教室和多元智能学校的现象上来，我宁可用一次交换意见时一位教育工作者对我所说的话来回答："我的教育目标是 X。当我的学生能做到 Y 的时候，我将知道我实现了这个目标。这就是我计划如何运用多元智能的概念 / 理论 / 假说 / 主张来帮助实现这个教育目标。"

关键概念的多种表达

在第 8 章里，我讨论了我今天格外珍视的教育目标：对于若干重点学科，学生展示自己真正的理解能力。比读写能力或真正掌握更加重要的，是我所渴望看到的如下证据：学生能够思考并评论一个科学实验；学生能够根据历史的先例，或者在没有先例以及假先例的情况下，分析当前发生的历史事件；面对一件艺术品，学生能够揭示它的魅力和它的创作风格。

即使学科理解的目标被摆在教育的优先地位，这也是很难实现的。毫无疑问，存在许多途径接近这一目标。我自己有信心：如果教育工作者集中精力于一系列关键的概念，并在相当的深度上探索它们，学科理解是很容易实现的。只有在以上条件下，有关概念才容易理解。在对学科深入理解的过程中，如对物理学中的万有引力、历史学中的进化论、古典音乐赋格[①]一个主题的变换等,学生获得了无可估价的财富——在那些学科中展示出来的专家的思考方式。

对于那些将“学科理解”（disciplinary understanding）当作教育目标的教育家来说，这是多元智能的理念能够真正获益的地方。一个概念或者一个理论的掌握，需要反复面对有关材料认真琢磨，否则一个人几乎不可能实现真正的理解。但是运用同样的方式，提供同样内容的教育是错误的。如果学生遇到的是各种各样的虚假的材料及其背景资料，要想实现真正的理解几乎是不可能的，应该用尽可能合理的方式，将与需要理解的概念或与学科有关的所有智能调动起来，这才是最好的办法。

在第 8 章中，我主要介绍怎样实现几个关键概念的学科理解。在这一点上，需要说明三个问题。第一，运用多种合理的方法，引入有关学科的内容，一个教师就能够影响更多的学生。某些学生可以通过语言的切入点学习，其他的学生则通过艺术的切入点或者人际交往或逻辑的切入点学习。当然，有些学生最好通过一个切入点学习一个科目，其他的科目则通过别的切入点学习。第二，这种接近一项内容的多种角度，告诉了学生怎样成为一门学科的专家。的确，判断一个人是否为专家，就要看他能否通过多种多样的途径，思考自己的论点和技艺。最后，通过这些多元的切入点，一个人可以激活神经网络的不同群集。如果大量的神经网络被激活并且最后相连接，人们对于正在讨论中的题目就获得了牢固的、持久的心理表征。

---

① 赋格（Fugue）：源于拉丁文 fuga，“追逐”“遁走”之意，为复调音乐最复杂的曲式和体裁之一，结构包括呈示、展开、再现三个部分，可以独立成为一个作品，也可以与前奏曲结合，18 世纪以后常被运用于其他音乐体裁之中。——译者注

应用多元智能理论的前提

大家对我在《受训练的心理》(*Disciplined Mind*)一书中有关论点的反应，令人迷惑不解，却同时使人受益。我过去认为，这个传统的教育目标，对于害怕多元智能的教育方法成为“只做你自己的事”逻辑护身符的人，对于害怕多元智能的倡导者提出自己的理念的人，以及对于那些对这个理论持保守态度的人，都是一副镇静剂，他们因此而无虑。事实上，至少到目前为止，我关于“受训练的心理”的研究令所有的政治派别都满意。传统主义者猜测，我仍然保持着在教育领域的冒险精神；而他们宁可坚持认为，他们所实行教学的课程是有关的事实和信息，而不是“理解”这样一个难以捉摸的目标。激进主义者则害怕我放弃以个人为中心的教育，只相信课程的设计者而不相信学生和教师。我领悟到的其实是一个温和的中间道路——传统的教育目标与实现这个目标的灵活的方式相结合，这似乎在多场教育争执中使双方都能够满意。

事实上，世界上没有任何一个地方，多元智能理论是按照公民投票表决的方式取胜的。大多数人，包括政策的制定者和家长，习惯于传统的教育方法和教育目标。我同时发现了两类人：一类是对于教育现状的积极辩护者，他们在学校学习成绩很好，因此对学校非常满意(“学校对我来说非常好，对我的孩子来说也非常好”)；另一类人则憎恨学校并且在学校表现不佳(“我的孩子最好刻苦学习，这样就会比我当年做得更好”)。我发现数学家们特别青睐多元智能的观点，但是他们到目前为止关心的只是一种智能。转变数学家观念的主要办法，就是发现一个不按照常规方法学习的孩子。这就是我看到变化的地方。

虽然多元智能理论在世界任何地方也不可能成为一个教育的工具——或者是万能药。但是我发现了一个可靠的推论。无论我去哪里，都遇到了一小部分人，可能是 5%，也可能是 25%，坚定地相信多元智能理论对于教育做出了很重要的贡献。有些时候，这些地区是那些对激进理念比较开放的人所在的地方，例如意大利的北部地区和斯堪的那维亚半岛的大多数地方。有些时候，有些个人、团体或者学校，希望有效地教育来自不同文化的孩子们，希望重视艺术教育，关照那些有学习困难的儿童，并且寻求使家长和社区介入孩子的教育的途径。其他关于多元智能的线索，可见科恩哈伯（Mindy Kornhaber）和她的同事在“康巴斯分析”（COMPAS analysis）中的介绍。这些研究者们发现，对于多元智能理论的接受程度，取决于有关学校是否重视学生的差异性，是否重视艺术教育的功能，是否重视教师之间的合作，是否勇于投身教育实践，以及他们对待实验的态度。

2004 年末的一天，我被来自英国 BBC 广播公司的电话铃声惊醒。“考试成绩提高了，”电话那一方告诉我，“这个成绩应该归功于多元智能理论。你今天下午能够在我们的广播中露面吗？”由于时间的紧迫和内容的意外，我大吃了一惊。通过简单的了解，我得知英国负责学校的内阁成员大卫·米利班德（David Milliband）的确将运用多元智能的理念看作提高考试成绩的重要因素。

当我在广播电台的节目中出场的时候，我开玩笑地说：“我很高兴自己因为考试成绩的提高而得分，但如果成绩下降了，我却拒绝接受指责和埋怨。”然后我开始严肃地表明自己的看法，那就是如果考试成绩提高了，要想确认什么因素起了作用，是极为困难的。我同样指出，如果一个人想提高考试成绩，最可靠的办法就是在学校学习期间每天都参加考试。在为多元智能理论辩护的时候，我指出，对于孩子们智能强项和考试分数之间关系的再认知，可能是比较聪明的实践。此外，一定程度上教师通过多种途径提出的重要概念，给学生很多方法和机会，以指导他们学习什么。这种教育实践很可能具有良性的效应——甚至可能在标准化考试中，提高所有重要试题的分数。

很明显，从 1983 年我出版心理学著作《智能的结构》以后，在我和学校管理者之间，已经发生了很多故事。我的多元智能理论现在已经属于教育界，在全世界的很多地方被人们谈论着，并引起了争论。我们现在所关注的，是实践中的这个理论。在本书第二部分的章节中，我将更详尽地介绍一些特别的实践。在那些我和其他人一道介入的实践中，我们探索了多元智能理论对于教育的意义。

第5章 理论和实践中常见的问题

几乎每一天，我都收到许多关于多元智能理论的提问。虽然大量的提问与被推荐的那些实践项目有关，或者与有问题的那些实际应用相关，但一些问题还是涉及理论本身。这些问题来自教授、教师、家长、大学生、中学生和小学生，来自美国的各州和世界上很多国家。过去，这些问题主要通过信件、电话到达我这里，当然，现在这些问题也通过传真、电子邮件到达我的手中。

开始的时候，问题还不是很多，我尽力单独回答每一个问题。我喜欢回答问题的过程，并从中学到了不少东西。不久之后，问题出现了重复，而且同一类问题反复出现，我开始用公开信回答最频繁出现的问题。例如：“是否有测试多元智能的方法？”（回答是：“至少没有一种我认可的测试方法。”）“是否有多元智能中学？”（回答是：“有很多，但每所这类学校都是另外一批实践者自己创建的，没有一所是我自己创建的。”）当一些有趣的、新颖的问题出现时，我有时会书面给出篇幅较长的答案，然后编入我自己的后续出版物之中。

本章的以下部分，我将回答一些常见的问题。这些问题的提出者，是对多元智能理论感兴趣的人。这些问题中的一部分，最初是由我、沃尔特斯和马高克斯・维克斯伯格（Margaux Wexberg）共同回答的，我在此对他们表示感谢。

有关术语

问：我被术语搞糊涂了。智能究竟是什么？是产品、过程、内容，还是风格？或者以上四者都是？

答：这个问题并不像我想的那么简单。从本质上说，智能是我们人类按照特定的方式，在处理特定种类的信息时的一种生物心理潜能。因此，智能很明显涉及有关神经网络的执行过程。毫无疑问，每一种智能都有其特征明显的神经活动过程，而这些过程的大部分在人类中是颇为相似的，只是某些过程可能会因人而异。

智能本身不是“内容”，但它朝着特定的内容发展。例如，当人们听见说话的声音或他们想和别人用语言交流时，语言智能就会被激发起来。但是，语言智能并不仅仅局限于人发出的声音。当人们阅读有关的文字内容时，语言智能也可以对视觉得到的书面信息做出反应。对于聋哑人来说，通过可以看见和触摸到的符号和手势，同样能够启动他们的语言智能（包括按句法顺序安排的一套手语）。

从进化论的观点来看，每种智能的进化，可能都是为了在一个可以预知的世界处理某些类型的内容而来的。然而，一旦这样一种能力出现之后，没有任何力量可以强制这种能力，保持与最初激发它产生的内容之间的必然联系。就像此术语所表明的，这种能力还可以用于其他目的。例如，我所假设的生物物种在自然界中认知动植物其他物种的能力，现在通常被运用于识别商业产品——也就是所谓的博物学家智能，正在应用于文化世界中。还有，人类某些最强有力的体系，像书面语言，并不是直接从进化过程中得来的，而是靠空间能力和语言能力的结合得来的。至于空间能力，本来是为其他目的进化而来的。

不那么严格地说，我们可以认为某些产品，例如地图、绘画、建筑设计，涉及了特别的智能：在上述的几个例子中，涉及的是空间智能。然而，识别一种特定的智能，部分地需要站在观察者的立场上做出推论。无论如何，有的人完全可以不用空间智能，而用其他智能完成建筑设计或者雕塑的创作。除非能够确定代表一个或另一个起作用的智能的神经网络，我们无法确认哪个或哪些智能在一个特定的情况下起作用。

教育家们倾向于将术语“智能”和“风格”区别开来，出于非正式的理由，这么做并没有错。无论怎么说，“风格”和“智能”从心理结构上看，是完全不同的。风格是一个人解读一系列资料的习惯方法，例如，轻松的风格或者严谨的风格。而智能是心理系统处理信息的能力，例如一个拥有语言智能强项的人，能够很容易地处理有关语言的信息。在谈到风格和智能的时候，尽可能不要将二者混为一谈。

问：你曾多次用到“领域”这个词，什么是领域？它怎样与一种智能相关？

答：我很高兴你问到这个问题。“领域”是我的同事提出的一个新的构思，它涉及人类社会中任何有组织的活动。在这些活动中，人们可以按照专业的水平排序，任何职业、艺术、手工艺或者体育运动都是领域。一个社会中的领域，可以被看作是在电话簿的黄页中排列的各种角色。从以字母 A 打头的会计学（Accounting），到以字母 Z 打头的动物学（Zoology），一切都包括在内。

我应用术语“智能”的时候，将它当作人类处理信息的能力。作为人类，我们都有“计算”语言、数字、社会关系、空间位置等的能力。我们不能直接看到智能，但可以通过观察人们在完成不同种类的任务，以及在日常生活中表现出的各种各样的行为，观察到智能是怎样运作的。一个人唱歌的时候，我们可以假设她至少在运用她的音乐智能。在她跳舞的时候，我们可以假设，她至少在运用她的身体运动–智能和空间智能。

从此可以知道，我们的确观察到人们在领域中的工作。在以上介入智能运作的活动中，建立在猜测的基础上，我们可以推断出智能的特征。但是我们的了解仍然有限。例如上述的舞蹈家在跳舞的时候，说不定替代身体–动觉智能和空间智能的，可能是语言智能或者自我认知智能。

通过心理学和神经学的研究，收集到更多的可靠证据是完全可能的。这些证据将说明发生一种行为或完成一项任务时，运用的是什么样的智能。为此，必须进行更加细致的观察。更多有关行业和学科关系的内容，可以阅读我的书《重构多元智能》。

问：把在体育馆或者田径场上的运动技巧叫做“智能”不是太奇怪了吗？照这种说法，身体残疾岂不是等于心理缺陷？

答：将运动员、舞蹈家、外科医生所使用的身体运动技巧称为具体化的智能，我并不认为有什么奇怪。在很多社会背景下，这些人的技能都受到了尊重，他们的职业表现需要大量的计算、训练和专长。对于智能与身体运动看法的偏见，反映了笛卡儿哲学中身体和思维分离的观点，以及相应而来的对不用大脑或少用大脑的种种活动过程的蔑视。然而，当代神经科学已经致力于消除脑力活动和体力活动的鸿沟，并记录下来人在身体活动过程中的认知行为（同时还有在情绪活动中的认知行为）。

至于谈到有关缺陷的问题，就好像失去听力和视觉，会分别影响语言能力和空间能力一样，某种身体器官功能受损，的确可能导致此人在身体-动觉智能领域遇到问题。在这种情况下，用其他系统的功能来替代失去的能力，不管是改变身体的功能还是恢复失去的功能，都是对治疗人员的挑战。当然，一方面人的感觉系统或者运动系统受损，与另一方面真正的智能缺陷之间，还是存在着较大差别的。事实上，计算机科学家已经制造出能够完成人类身体动作的机器人，以及其他各种人的缺损感官或残障器官的替代物。将来，这些器械将能够帮助残疾人像健康人一样，完成身体的各种动作。曾经明显存在于身体健全和身体残疾人之间的差距，就有可能消失了。

在这些情况下，还应该继续使用“智能”一词吗？那要看人所扮演的角色是什么了。如果机器只是简单地替代了人的工作，那就仅仅是一部机器而已，而不是一个展示出智能的人。但如果是人给这部机器编制出程序，并决定了机器的运作达到的结果是什么，那么这部机器就是编制程序的人在运用一种特定的智能，计算机只不过是他手中的工具。的确，同样的推理可以用于音乐。对于作曲家来说，作曲首先需要了解乐器和使用乐谱的技巧。现在，计算机可以替代以上二者。分析师必须确定智能的来源：智能本质上就在程序编制人那里？还是存在于程序本身？还是在程序的使用者那里？

问：智能如何与创造能力相关联？

答：在研究智能并提出智能多元化观点以后，我将自己的注意力转向了创造性（参见第 3 章）。毫不奇怪的是，我发现了存在许多形式的创造性。包含多种智能独特组合的许多领域，也展示出创造性的独特形式。我这么说是有例证的。如在物理学领域中的创造能力，与在诗歌创作、政治学或心理学领域中的创造能力是完全不同的。将创造能力普遍化注定是很难成功的，我们必须超越一般化的概念，而关注正在讨论中的创造能力和创造领域的具体细节。

关于创造力，我想再做几点评论。首先，如果一个人不能掌握某个领域，他在这个领域内是不可能具有创造能力的。掌握一个领域的过程大约需要 10 年左右。其次，创造性可能更取决于性格，而不仅仅依靠纯智能的力量。最可能做出创造性发现的人，是那些喜欢冒险的人，是那些不怕失败的人，是那些对未知世界充满求知欲的人，是那些不安于现状的人。最后，正像我的同事希斯赞特米哈伊所强调的那样，创造能力不能被简单地看作是一个人的特性。与此相反，创造力出现于以下三个因素相互作用之时：（1）人和他的才能、性格以及动力；（2）行业——这个人正在从事的学科或者技能的岗位；（3）领域——对于工作质量和原创性实施评价的人群或者社会机构。

关于创造力或创造性我还有许多论述，可以参考我的著作《大师的创造力》（*Creating Minds*）、《杰出的头脑》（*Extraordinary Minds*）、《改变思维》（*Changing Minds*）以及《重构多元智能》（*Intelligence Reframed*）的第 8 章。

◎ 理论本身 ◎

问：多元智能的理念真的是一种科学理论吗？它能够被实验证实，或是能够被实验否定吗？

答:“理论”这个术语有两重差异较大的含义。对物理科学家来说，这个词只用于一组概念上连接在一起的明确命题，它们具有独立和联合的有效性，而且可以通过系统的实验来评估。学术界以外的人使用这个术语就比较随意，可以指任何用口头表达或书面声明的想法。就像被问到股票市场的牛市时，甚至普通人都会说:“我得出有关理论了”。

多元智能理论则处于这两种理论的应用之间。它没有一套系统的命题，可以供科学家们表示赞同或反对。另一方面，这个理论不是我在某一天梦想出来的一组简单概念。与此相反，我提出了一个智能的定义，一组判断某种智能的标准或判据，证明每种智能可信程度的数据，以及修正这一理论结构的方法。这些判据可见本书的第 1 章，更加详细的论述见我的著作《智能的结构》中的第 4 章。

在很多学科中，理论大多具有这种中间媒介的地位。可以肯定，社会科学的理论都会尽可能地形成自己的系统，但是它们很少最终明确地被验证或被推翻。自然科学中的众多理论，像生物进化论和地壳的板块构造理论，同样不是可以通过单一的、简单的检测得到验证的。相反，这些理论的成立或者不能成立，都取决于长期的研究、观察和发现。

这就是我看待多元智能理论的观点。我提出一组候选智能，这些智能都有各自独特的过程,而且有理由认为它们彼此互相独立。随着时间的进展，我所提出的那些种类的智能，以及它们彼此之间相互依存的程度，或者相互独立的程度，将会被更牢固地确定下来。

寻求绝对肯定或者绝对否定任何智能理论的人，都是很天真的。重要的,是指出什么样的思考,能够给予多元智能理论以更大的或更小的可信度。例如，假设研究人员发现，大脑的某个部位事实上促进了不止一种智能的发育；或者某些人在一种智能上表现突出，但却始终缺乏另一种智能；或者符号系统表面上与某一种智能相联系，实际上却与另一种智能有同样的认知过程。虽然以上这些证据的每条线索，都会引起对整个理论有效性的怀疑。但如果做些适当的修改，此理论可能会仍然保持一定的可信度。例如我们不会仅仅因为皮亚杰某些方面的论点被以后的研究成果质疑，就拒绝他关于认知发展的全部理论。

问：多元智能理论与心理测量学中有关“g”的概念，也就是“一般智能”的概念有何关系?

答：多元智能理论不但怀疑“g”的存在，而且怀疑它的应用范围和说服力。“g”这个概念是统计学得出的结果，由于作为因素模式（factorial model，用于被评估的群体）组成部分的那些假设的不同，g 的有效性在一定程度上差异很大。我们不理解 g 衡量的是什么，因为它衡量的可以是任何东西：从纯粹智能到遵循指令的技能和动机，再到轻易地从回答一方面的问题转而回答另一方面问题的能力，都是。

我对于一般智力因子 g 固有的假设表示怀疑，这个假设认为 g 因子很高的人，在任何智能的领域内，都能够取得同样出色的成就。对这种能够用于所有目的的智能观的争论，多元智能理论是不能同意的。对此的进一步讨论，请见《重构多元智能》一书的第 6 章。

智能的评估

问：对于每一种智能，人们能否都创建一种或者一组测试的方法?

答：在一段期间内，我认为对于每一种智能都创建一种测试方法是可能的，如智能展示（intelligence fair）的方法，可以简单地确定几种测试所得分数的相关性。而现在我认为成就这类测试是极为困难的。的确，只有对于每一种智能都发明数种测量方法，而且能够保证每个参加测试的人，对于遇到的测试信息和方法都不感到别扭，或许可能有效果。例如，测试空间智能，可以让一名参加测试者从事有关的活动，如在不熟悉的环境中寻找自己的道路、下象棋（或者参加其他需要空间智能的运动和游戏）、看蓝图、记忆刚刚参观过的房间内设施的位置，等等。活动结束后，参试者的表现就可视为空间智能的测试成果。

假使实施了这类智能的测量，其中的发现在科学上是很有意义的。然而，我后来却远离了发明这种测量方法的工作。其原因是，这样做的结果，可能会给人贴上另外一种标签，或者打上另外一种烙印。就像我在后续章节中所表示的那样，智能的研究应该用来调动人们的长处，以帮助他们学习重要的内容，而不是当作另一种给人分类排队的方法。用一位批评我的人的话来说，就是我不想诱发人们创新的欲望，从而制造出一批新的"失败者"。

问：从科学的角度上看，神经科学研究大脑的证据会持续支持你的理论吗?

答：在神经科学的领域内，10 年是很长的时间。而多元智能理论则是 20 多年前提出的理论。现在我们对神经系统的功能和发展，已经有了更多的认识。我发现，神经科学迄今为止积累的证据，令人惊奇地支持了多元智能理论具有普遍性的突破。神经科学的研究结果，不但肯定了我所描述过的多种特定智能，还为语言、数学和音乐等能力思维过程的微细结构，提供了有力的证据。例如，法国再认知神经学家奥利佛·豪德（Oliver Houdé）提供的可信证据表明，从认知科学和神经科学上看，逻辑能力和数字能力是明显分开的，这就说明这两种能力也可以被认为是两种分开的智能。

有时候人们会说，多元智能理论也存在问题，因为大脑是可塑性很强的人体器官,能记忆以前经历过的事件。这个评论不恰当,因为“神经可塑性”是独立于不同智能之外的。例如，多元智能理论认为，语言智能处理信息的过程，与空间智能或人际智能处理信息的过程相比较，所需要的一套神经机制是不尽相同的。事实上，对于不同的人来说，因为每个人早期经历不同，这种处理过程在大脑中出现的部位，也多少有点差别。这种情况虽然令人感兴趣，但与智能种类的确认无关。

假设对某个人来说，音乐信息的处理发生在大脑的A区域，空间信息的处理发生在B区域。再假设对于另外一个人，这两种信号的处理区域正好相反,也不会因此影响到多元智能理论的可信程度。即使对于某个人来说，音乐智能在大脑的A、B和C区域体现，而对另一个人来说，则由大脑的D、E和F区域体现,这样的事实也同样不能影响多元智能理论的可信程度。然而，如果在一组人群中，音乐智能和空间智能的过程完全相同，这一事实说明我们提出的只是一种智能，而不是两种各自独立的智能。

问：别的学者怎么看待多元智能理论?

答：就像可以预期的那样，在心理学、生物学和行为科学交叉的范围之内，各种意见都有。与标准心理测量学有关的人员，则几乎一直在批评这个理论。而除心理测量学家以外的心理学家，从总体上看，对于智能的概念及其测试方法的拓展，普遍持更为开放的观点。还有一些心理学家们，只愿意单纯检测他们自己的那套试题,其中很多人对“新”的智能不像“普遍化的”标准智能那么容易测量，感到苦恼。

学者们对新理论的谨慎态度是出名的，所以当多元智能理论受到如此广泛的批评时，我并不感到奇怪。而判断这个理论是否被接受的更可靠的方法和指标，要看它被学术文章和教科书重视的程度和引用的频率。这些年来，在谈到智能的问题时，多元智能理论被无数篇论及智能问题的文章所提及，也出现在大多数与智能问题有关的教科书里。这些引用通常对多元智能都持认可的态度。

最欢迎多元智能理论的反应，一方面来自那些从事“硬科学”，如从事生物学研究的学者；另一方面来自远离自然科学领域（如艺术和人文领域）的学者。多元智能的观念，对多个学科都相当有吸引力，而且我特别选择出来的几种智能，常常都得到了认可。如果有人想利用以上学科学者的认可来批评多元智能理论，可以提出他们都不是心理学家的理由。如果有人想利用以上学科学者的认可，来赞同多元智能理论，也可以指出这些学者与此理论没有利害冲突。对于我关于多元智能理论研究的一些尖锐批评，以及我对于这些批评的回答，可见《火炙加德纳》（*Gardner Under Fire*）一书。

问：多元智能理论和其他相对立的智能学说有可能相容吗？

答：在某种程度上当然可以。多元智能理论的很多方面，与其他理论家提出的观点是兼容的。我很赞同斯蒂芬·塞西（Stephen Ceci）所坚持的生物文化学的研究方法，大卫·奥尔森（David Olson）所主张的强调媒介和符号系统的观点，帕特里西亚·格林菲尔德（Patricia Greenfield）所强调的智能对于文化的敏感性，以及早期学者，比如瑟斯顿关于影响智能的多因素的立场。更广泛地说，心理学家如史蒂芬·平克（Steven Pinker）、语言学家如诺姆·乔姆斯基（Noam Chomsky）、人类学家如斯蒂芬·米顿（Stephen Mithen）提出的模块法[①]，与我识别不同智能的方法是完全一致的。

最近，引起最广泛讨论的有关识别智能的方法，就是罗伯特·斯滕伯格（Robert Sternberg）提出的“智能三元论”（triarchic model）。斯滕伯格和我在批评标准智能理论方面，有更多的相同看法。但对新的理论工作应该

① 模块法把人类的大脑思维看作进化的独立的信息处理器。——作者注

沿着哪个方向进行，却没有那么一致的观点。那就是，我们都反对把重点放在单一的学术智能上，反对仅仅用一组简单回答的测验题，来评估智能高低。斯滕伯格提出智能的三个层面，他将它们命名为组分的（componential）、经验的（experiential）和结构的（contextual）层面，同时他还为每种智能都编制了不同的测量方法。

与大多数这个领域的其他理论家一样，斯滕伯格并不注意智能运作时的特定内容。那就是，无论一个人是在处理与文字、图案、身体有关的信息，还是在处理人类自身或自然的物质世界，对他的理论都不重要。与此相反，斯滕伯格更倾向于一种“横向”智能观。他设想不管处理什么样的信息，都是智能同样的部分在运作。这里，我和他的直觉和主张在本质上是不同的。

我赞赏斯滕伯格在开发新的智能测量方法上的努力。这些检测方法虽然不一定有效，但的确有助于拓宽我们关于人类能力的概念。然而，我估计他的新的智能测量方法，具有一定的冒险精神。按照我的看法，斯滕伯格过分依靠那些在传统智力测验中占统治地位的语言和逻辑的题目。我可以预言，他的新的智能测量的结果，将会因为与标准的智力测验和其他智力测验具有高度的相关性，从而无果而终。

与我相比，斯滕伯格模式的重点，表明了他自己更像一个心理学家和心理测量学家。这大概就可以解释，为什么他的工作引起了心理学家更大的兴趣，而我的工作则吸引了教育工作者和普通公众的兴趣。

◎ 智能及其组合的微细结构 ◎

问：各种智能彼此之间必须完全独立吗?

答：如果每种智能彼此之间都是完全独立的，这个理论从概念上和生物学上来看，就都是比较简单的。然而，这种智能的独立性在理论上并不是必须的。可能会有这样的实验结果，那就是某些智能比其他的智能更紧密地联系在一起，至少在特定的文化环境里是这样。

智能的独立性提供了一种正确的工作假设。只有在不同的文化环境中，用合适的测量手段才能检测出来这种独立性（见以上有关评估的回答）。否则，我们可能会过早做出结论，认为两种智能是联系在一起的。而事实上它们表面上的联系，是在特定文化背景下，某个特定测量人为的结论。

强调智能独立性的原因，是为了再次强调人在某个智能领域内的强项，并不意味着他在其他方面也一定强。这个道理对智能的弱项也一样成立。在实际情况中，某些人在表现出一组智能强项（例如语言智能和身体智能）的同时，会表现出某些智能的弱项（如空间智能和自我认知智能）。然而，生命之所以令人神往，是因为与两个人之间浪漫的相互吸引或者厌恶相比，这种两种智能之间的关联是无法预测的。

问：你怎么知道多元智能理论中的每一种智能，不大不小正好代表智能的一个单元？每种智能可以被无限分解下去吗？

答：我不相信在智能这样复杂的领域里，从分解的角度出发，会有一个唯一的、正确的单元。例如，出于某种目的，决定一个存在学习障碍的人是否能在学校的学习中获益，采用一种简单的测验，如智商测试就足够了。而在另一种情况下，如果一个人希望呈现在完成特定的音乐任务时所需的能力，如演奏或作曲，那么有证据表明，只用单一的“音乐智能”就不够了。

在论述多元智能的时候，我一直都注意到，每种智能都是由构成它的若干单元组成的。对于音乐智能、语言智能和空间智能，都存在着“亚智能”（subintelligences）；而且为了某种分析或培训目的，对智能的进一步分解或细化，可能就是重要的了。

我之所以只提出为数不多的一组智能，目的是使智能理论更加简明扼要和具备实用性。如果我当初提出几十种亚智能，从科学的角度看，这个理论可能会更加精确，但是这么做的结果就会使这种智能的结构缺乏实用性。不仅如此，另有证据表明，亚智能是能经常一起运作、互相支持的。出于这个原因，提出八九种智能，而不是一种或一百种智能，就是有道理的。

问：你对通常所说的数学智能和音乐智能之间的联系怎么看?

答：毫无疑问，有数学天才的人常常对音乐表现出兴趣。我觉得产生这种联系的原因，是数学家对模式感兴趣，而音乐是蕴藏着和声、韵律和作曲模式的金矿。然而，兴趣本身与技巧、才华不一样。一个数学家对音乐的兴趣，并不能预言此人一定会演奏得很好，或者能够对其他人的演奏做出敏锐的评价。重要的是要注意到，这种联系如果反过来，基本不成立。我们不会期望任意选出来的音乐家会对数学感兴趣，更不要说熟练地解决数学问题了。在音乐这件事上还可能有一种偏见，就是认为喜欢古典音乐的人，与喜欢爵士乐、摇滚乐、说唱以及其他流行音乐的人相比，更有可能向科学和数学方面发展。

以上观察到的相关性或者非相关性揭示了另外一个因素：某些家庭，或许还有某些少数族裔的群体，特别看重学业上和艺术上的成功，既期望他们的孩子们在学校里的学习成绩优秀，又希望他们在演奏乐器时也赢得赞赏。家长们的这种双重目标，使很多孩子在数学和音乐上同时表现突出。也可能有其他普遍的根本因素，比如自愿参加定期的训练，对考试分数的斤斤计较，对达到更高标准的渴望等。在得出音乐智能和数学智能之间存在特别联系的结论之前，应该先对各种技能，从严守约定的时间，到写出有说服力的文章，到在一项练习中遵循指令，做典型抽样的调查。

问：什么是能够跨越不同智能的能力，比如记忆？

答：我怀疑这种“横向能力”的存在，也就是怀疑那些被认为在所有内容的领域内都能同样有效的能力，如记忆力、注意力、知觉力等能力的存在。按照我的观点，认知科学和大脑科学领域最重要的发现之一，就是最好以纵向方式把智能看作一组能力，被用来应对外部世界和人类经历的特别问题。

让我们专门讨论一下记忆力。有相当数量的神经心理学研究证据，记录了不同种类的记忆力：瞬间记忆、短期记忆、长期记忆、语义记忆或普通记忆、事件记忆（对特定事件的记忆）、过程记忆（知道如何做）、陈述记忆（知道内容）。这些记忆反映了不同的心理过程，而且由不同的神经中心来完成。有一个令人信服的神经心理学证据，那就是语言记忆可以从音乐记忆，从对形状、脸型、身体动作的记忆，以及其他类似的记忆中分离出来。这种单一的记忆概念，在进一步观察后就分崩离析了。

考虑下面这个问题会有启发：当我们说某个人有很好的记忆力时，我们想表达的是什么意思？通常就是说这个人有很好的语言记忆力——他能够记住姓名、日期和定义。然而我们往往不知道，这个人在记忆视觉模型、音乐的曲式以及身体的动作时，或者在记忆自己（或其他人）对近来发生的社会事件的感觉时，是否会同样感到不费吹灰之力。这些技能中的每一种，都可能有自己的记忆过程，与其他技能的记忆过程完全不相关。

问：如果没有“领导者”或“管理者”，这些彼此不同又可能互相独立的智能，怎样有效地发挥功能呢？

答：一个没有设置“管理者职能”的理论，比起设置了“管理者职能”

的理论，具有更多的优越性。前者更简单，而且避免了对无限回归[①]的忧虑——谁或者什么负责执行的问题。有效的工作不一定需要管理者或领导者。很多人群，不管是艺术界还是体育界的团体，不需要指定领导者，也会运转得很好。围绕运作模式而组成的工作团队的数量正在增加，而按照成员等级组成的工作团队的数量，则越来越少。复杂的理论已经用文件证明了，很好组织起来的实体，完全能够在没有“总体规划”的情况下，自然而然地发展。

对于智能领导者的问题，有时候我称为“中心智能代理”（central intelligence agency），需要在理论和实践的层面上给予考虑。在理论层面上的问题是，行为更加规范是否有了“管理者”的结果？如经过慎重考虑做出符合实际的决定，管理者就恰如其分地履行了自己的职责。而如果管理者只是简单地保证两个对立的过程不会同时发生，那就是愚蠢的。大量的证据指出，这种功能是由大脑前庭的结构来完成的。“模式制定者”因此必须决定的，是将这个“管理者”的功能视为另一种独立的智能呢？还是视为从其他智能，如自我认知智能中分离出来的功能？现在我倾向于后者。

在实践层面上，我们要问的是，当彼此之间的差异是如此巨大的时候，人们怎样才能更好地安排他们的活动和生活呢？有些人是相当习惯于深刻的思考和“元认知”（metacognitive）的：他们沉浸在自我意识的计划中，这种计划对达到要实现的目标，是非常有帮助的。其他人则是更为直觉的：他们知道自己想做的是什么，当他们发现自己处在一个合适的环境中，就会完成自己想要做的事。据说但丁和莎士比亚的思维是如此敏锐，以至于他们从来没有被一个想法困扰过。如果以上说法有意义，就意味着手工艺匠人也同样不会花费大量的时间，为做什么、什么时候去做而烦恼；他平

① 回归（regression）：心理学名词，意为退回到较早的或较不成熟的感情或行为方式。——译者注

时做好了充分的准备，一旦接到任务，就开始着手创造性的劳动，然后尽可能地做好他自己的工作。

最后，如果人们发现运用某种智能的主导功能的确有益，我并不表示反对。如果出于模式化的目的，我发现做下面的事是有用的：那就是不考虑智能之间的主从关系时，观察一下能否解释人类的行为。或者将智能之间的主从关系，作为主导人类每日行为功能的一部分，观察智能的这种关系是自然而然地出现呢，还是需要调用一个独立的智能才能起作用？（作为这个问题的回归，就是谁或者是什么在起主导作用?）

问：一种叫做批判性思维的普遍能力是什么？这种能力在当今的社会里很重要吗？我们是否应该开设课程帮助年轻人发展这种能力？

答：和对待“管理者”的职能一样，我对批判性思维的概念并不一定持反对意见。实际上，我倒是希望我自己、我的孩子、我的学生和我的朋友去批判性地思维。任何有助于实现这个过程的教育，都应该得到鼓励。

但是我怀疑是否有这么一个特别的思维形式叫做批判性的思维。正如我所建议的有关记忆力和其他假设的“横跨一切”的能力，经过认真的分析之后，它们的存在就有了疑问。在特定的领域内，似乎需要有自己特有的思维和批判的形式。所有的音乐家、历史学家、生物分类学家、舞蹈编导、计算机程序员以及文学批评家们，对于批判性思维都给予了很高的评价。但是分析一首赋格曲的思维类型，与那些观察并对不同的生物种属分类、编辑一首诗、清除计算机程序中的错误，或是创作和改编一个新的舞蹈节目的思维类型，从本质上有不同的规律。没有任何理由认为，在这些领域中的批判性思维训练，与在其他领域中的批判性思维训练是相同的。而且我不认为当某人开辟一个新领域时，合适的“储蓄”和“转账”会出现，因为每个领域都展示出自己特有的目的、行动步骤以及所蕴涵的逻辑。

有把握地说，可能会有某些思维习惯适用于所有领域。人们可以适当借用其他领域的思维习惯，并从中获益。比如：时间上的从容和放松、其他选择的考虑、头脑风暴[①]、从有同情心的同行那里得到批评反馈，或障碍出现时把工作放在一边等都是。这些思维习惯应该从小就广泛地培养出来。但就是这些习惯，也必须在适合应用它们的领域里付诸实施。确实，虽然这些思维习惯都是你所熟悉的，但它们之间的联系应该说并不密切。指望某个完成家庭作业时从容而轻松的人，一定会在投资股票和坠入爱河时有同样表现，是非常不现实的。

因为这些原因，我并不看好那些以批判性思维为主要内容的课程。只要能证明有效果，我更倾向于把批判性思维融入每门课程或每项活动中去，帮助人们学到这类知识的课程是有益的。在特别领域里，那些期望取代批判性思维模式的课程，或使这种模式失去必要性的课程，都让我觉得是在浪费时间。最后，通往“包括一切”的批判思维最保险的途径，就是安排好训练方式，从一个学科、领域到另一个学科、领域，反复灌输批判性的思维。

当我与数学家和逻辑学家谈思维时，遇到了最大阻力。对这些人来说，思维就是批判性思维，无论在什么地方都能遇到。他们认为，如果一个人知道如何运用逻辑，在任何地方他都必须应用逻辑（如果你不能，生活将失去希望）。毫无疑问，数学和逻辑学具有值得称赞的优点，恰恰是因为它们为了能够拥有自己特色的命题和模式，寻求最大的普遍性。然而，这些人常常不会概括地摘要他们所信奉的东西。在个人生活中，他们经常表现得很不实际，或没有逻辑性，或者他们试图在不合适的地方应用逻辑，比如在追求爱情关系，在对待难缠的学生、孩子或者同事的时候。就像我们在越南和中东地区所看到的美国对外政策，那些政策遵循的是兰德公司的

① 头脑风暴：是一种用来产生解决方案的创造性讨论，特点是让与会者敞开思想，使各种设想在相互碰撞中激起脑海的创造性风暴。——译者注

公司风格分析法则。心理逻辑实际上和数学逻辑是完全不同的。

问：有艺术智能（artistic intelligence）吗?

答：严格地说，不存在艺术智能。相反，智能是否具有艺术的功能，一定程度上取决于智能开拓出来的相关的符号系统。当某个人以叙述的方式使用语言，就像我在这本书里做的，那他就不是在美学的意义上运用语言智能。然而，如果语言的表达运用了比喻以及其他富有表现力的手法，或者唤起了人们对语言本身的规范或声音特质的关注，那就是在艺术的意义上使用语言。同样的道理，空间智能可以被雕塑家、画家以美学的方式加以运用，也可以被地理学家和外科医生以非美学的方式运用。甚至音乐智能也可能被用于非美学的目的，例如在兵营里，军号的声音就只是召集士兵吃饭和升降旗的信号而已。相反，数学家为数学目的而设计的图形，最终却被陈列在艺术馆展览。

一种智能是否被用于美学目的，取决于运用这种智能的人和（或者）这个人所代表的文化。例如，某个人可以作为律师、销售员、诗人或者演说家运用语言智能。然而，文化背景既可以促进智能的艺术应用，也可以阻止智能的艺术应用。在某些文化中，几乎每个人都写诗、跳舞，或演奏一种乐器。与其形成对照的是，柏拉图设法把诗从他的理想国中清除出去，而斯大林则仔细阅读每一首诗，好像是在读外交公文。

当然，在非正式情况下，完全可以使用艺术智能这个术语，我就是这么做的。特别对于那些经常以艺术为目的智能，我经常将艺术智能作为它们的简称。在这种情况下，值得注意的是，多元智能理论在重视艺术的学校里发展得很顺利，而在艺术不被重视而且还受排挤的学校里，多元智能理论就难以发挥作用。

不同群体的智能差异

问：不同的群体在智能的质量上和数量上都一样吗？例如，男性的智能特征与女性的智能特征有区别吗？在不同的种族和民族之间的情况如何？

答：这些都是潜在的爆炸性问题。我对于智能展示测验真的能被开发出来，以及性别和其他容易区分的群体之间智能存在差别的假设，还是持怀疑态度的。就算是发现了这些差别，如何解释这些差别也还是问题。在西方社会里，女性在完成需要空间能力的任务时的表现不如男性；但在空间能力对生存至关重要的环境里（如在爱斯基摩人之中），这种差异会消失，甚至会颠倒过来。同样的道理，通常美国标准数学考试分数存在的性别之间的差距，在亚洲人中则缩小了。实际上，亚洲女性在标准数学考试中所得的分数，往往比西方男性还要高。

还有一个令人产生兴趣的问题，即男性和女性是否以同样的方式运用他们的智能？根据不同的研究结果，在低等哺乳动物中，雌性是通过外界的标志，而雄性则靠身体的位置来确定空间位置的。同样的差异也可能在人类身上发现。还有一个问题，即是否男人和女人都按同样的方法确定运用智能的先后顺序？卡罗尔·吉利根（Carol Gilligan）在道德判断方面所做的开拓性的研究表明，女性格外重视人际关系，而男性则更可能优先选择运用逻辑-数学的思维。

在我自己的工作中，我的选择是不探讨这类问题。明显的群体之间智能差异的探索，常常服务于值得怀疑的政治目的，就像第 4 章提到的澳大利亚案例中所发生的事情一样。不为这一类目的提供更多的弹药，是我的慎重选择。在任何情况下，即使多次调查的结果都显示出不同群体之间存在着智能的差异，我也更愿意把这些差异看作是一个起点，一个设想中需要加以纠正的研究工作的起点，而不是将这种差异看作是一个群体的智能受到遗传局限的证据。

问：多元智能理论可以用于其他生物种属或者人工智能吗？

答：这是个有趣的问题。我的智能清单只是一种为人类智能分类的方法。然而，这个方法同时也能提供一组目录，用于其他可能被认为拥有智能的生物种属。

人们可以因此提出一组智能的目录，然后将其用于其他生物种属。这样一种智能的分类，可以揭示出啮齿类动物有相当可观的空间智能，灵长类动物有超级的身体-动觉智能，而鸟类则显示出拥有音乐智能。许多其他物种——如蝙蝠和海豚——显示出人类还不知道或还没有发展出来的智能。而且某些智能，比如自我认知智能和存在智能，可能只是人类独有的。在《2004 赛马年鉴》（*A Year at the Race*）中，小说家简・斯麦莉（Jane Smiley）用多元智能理论分析了马的智能；在此之前 10 年，心理学家斯坦利・科伦（Stanley Coren）做了同样的事，用多元智能理论分析了狗的智能。

我们大家都知道，已经编制出许多具有高智能的计算机程序。这些程序可以作曲，完成高难度的复杂运算，在大脑对大脑的比赛中战胜国际象棋大师。计算机能否开发出人际智能，目前是争论最激烈的议题。许多人工智能专家相信，计算机展示出人类所拥有的智能只是时间问题。我个人感觉到，这是个分类学上的错误。如果不是一个有某种价值观的社会成员，就不可能有人的概念，而且对于我来说，赋予计算机这样的地位似乎过分牵强了。当然，未来的人类和计算机可能都会嘲笑我的鼠目寸光。

◎ 智能和生命的历程 ◎

问：童年期过后，人身上的多元智能会发生什么变化？

答：在许多方面，多元智能似乎是给童年的礼物。观察孩子们的时候，我们可以很容易发现他们在运用自己的几种智能。实际上，我热心于研究儿童博物馆的原因之一，就是它们确实在培养儿童更多的智能。近来，一般的儿童博物馆与一般的学校相比，确实更适合儿童的大脑发育。我对于意大利瑞吉欧·埃米莉亚（Reggio Emilia）幼儿园表现出同样的热情，那里培养儿童的“数百种语言”。

随着年龄的增长，多元智能之中的一些智能的重要性可能会下降，并且不再容易被观察到。但我相信事实正好相反：随着人的年龄增长，我们的智能只不过内在化了。我们的思维方式依然彼此不同，实际上，随着生活经历的丰富，智能表现模式之间的差别很可能会增加。但是对局外的观察者来说，这些差异表现得不明显。

例如，思考或想象一下在高中或者大学教室里发生的事。如果教师在台上讲课，学生们坐在那里，或是在做笔记，或是显得很无聊。从表面上观察者可以很容易推断出，没有任何过程在进行，或者实质上就只是一个语言表达的过程。然而，当讲课涉及学科的具体技巧和内容时，那些学生就可以随意使用任何由他自己确定的表达能力。一个有关物理的演讲，可以用语言、逻辑命题、图形或通过某种运动图像表现出来（那就是爱因斯坦思考物理学理论的方法），或者用某种音乐的形式（古希腊人强调音乐和数学的形式彼此类似）来表现。学生也可能在教室里做各种记录，并使用完全不同的辅助方法来学习和回忆。

我们的大脑深处依然是无人知晓的，没有人可以精确地告诉我们大脑某一刻在做什么。在我看来，大脑面对的挑战，是怎样使人的经验有意义，而不管这些经验是在马路上还是在学校里获得的。大脑最大限度地使用它自己配置的资源——即我们拥有的数种智能。将来的某一天，我们可能会准确地深入大脑的内部，并且观察到当我们在听课的时候，或者创作一首乐曲时，我们的哪一种智能在发挥作用。

问：我听说没有证据表明应用多元智能理论的学校取得了收获，到底有没有证据呢?

答：无论从软数据还是从硬数据方面看，都有很多证据表明，受多元智能理论影响的学校很有收获。已经有很多来自学校管理者、家长、学生、老师的赞扬。而且许多班级和学校证实，学生更愿意来这类学校，喜欢这类学校，并能及时完成学业，在评估时也表现得很好。

当然，这些证据也存在一些问题，因为几乎完全是根据他们自己的报告，所以当然偏向多元智能理论支持者的立场。我们不可能指望不喜欢多元智能方法的人，花费很多时间，报告他们在应用这个理论过程中的失败。我们只能期待喜欢多元智能方法的人，记录出这个方法的正面效果。

然而，即使这些正面报告的内容可以被独立地证实，我们还是不能肯定哪些效果应归于应用了多元智能理论。学校是个相当复杂的机构，处在相当复杂的环境当中。当定量的测试结果（例如考试成绩或辍学学生的比例）上升或下降时，就会很容易把这些成绩的“提高”或“降低”，归结为某人喜爱的“英雄”或讨厌的“坏蛋”。但是如果没有某种处于控制下的、在农业的或医学的环境以外几乎是不可能的研究，就不能证明一定是多元智能的方法，而且只是由于采用了多元智能的方法，才达到了这样的效果。

由于这些原因，我不愿意声称应用多元智能理论肯定能强化学校的教育。虽然我期望这种沉默会受到赞扬，但是事与愿违，我的沉默在很多学期里被误解为多元智能理论没有效果，或者被误以为我不赞成多元智能理论在学校中的应用。

因此，近来我们得到的一个新证据非常重要。科恩哈伯和她的同事们开始了一个叫做“应用多元智能理论学校”（Schools Using Multiple Intelligences Theory）的研究项目，简称 SUMIT 项目。这个项目研究了应用多元智能理论至少三年以上的学校，总数是 42 个。来自这些学校的实验结果令人十分鼓舞：其中 78% 的学校报告说，标准化考试的成绩提高了；58% 的学校认为这些进步，应该归功于受多元智能理论启发的实践。78% 的学校报告说，班级里学习困难学生的表现有了不小的进步；80% 的学校报告说，家长的参与质量有所改进，其中 3/4 的学校认为这要归功于多元智能理论；最后，81% 的学校报告说，学生更守纪律了，其中 2/3 的学校认为这要归功于多元智能理论。尽管这些数字反映的只是正面的情况，但它们是以实验数据为基础的，是任何持公正立场的人所不能否认的。我强烈地推荐明蒂·科恩哈伯、爱德华·菲罗斯（Edward Fierros）、雪莉·维妮玛（Shirley Veenema）就此写成的专著《多元智能》。

其他方面的问题

问：在美国和其他国家，你的多元智能理论会如何影响公立学校？

答：简单地说，我的理论能够强化一种观念，那就是人拥有多方面的才能，这些才能都可以造福于社会；在确定一名学生能否毕业，是否应该被高等学校录取等问题时，仅靠单一的测试方法（如高难度的考试）是不够的；对于学科的重要教材，可以通过多种不同的方式进行教学，从而激发学生的多种智能并且巩固其所学的知识。多元智能的理念还能帮助那些从事或接受特殊教育的人，帮助那些在美国从事或接受英语不是母语的族群教育工作的人。

问：你能够推荐一些辨认学生智能强项的方法吗？

答：如果想在你的学生入学后的第一周内，知道他们的智能状况，我提出下面的两个建议：

◎ 带领学生离开学校，到儿童博物馆去，或者到能够给他们提供丰富体验的其他地方去。例如带他们到能够从事各种游戏的运动场上去，然后仔细观察他们（见本书第 13 章关于丹麦西南部“丹佛斯世界”探测馆的描述）。这个视角对于你在教室里的观察，是个很好的补充。

◎ 给学生发一个简短的调查问答表，如果可能的话，也给家长和孩子们上一学年的老师发这样的调查表，了解他们对自己、对自己的孩子或学生智能强项的看法。如果这三份报告给出的学生智能强项和弱项都相同，你从中得出的结论就是非常可靠的。除非得到确认，否则我不相信来自任何单方面的报告。

问：我们在智能上存在差异的原因，是生物学方面的，还是文化方面的？特定的文化是否倾向于表现出特定的智能强项？

答：一定程度上，智能的发展是下列因素联合决定的。这些因素分别是生物的或者遗传的潜能、一种文化在人的活动中表现出的重要性、教育的优越性以及这个人的动机。他如果能得到足够的激发，如果周围环境的文化珍视某种智能，如果这种环境能够提供吸引学生的人力和物力资源（如教科书、计算机程序和学习小组），任何人都能强化自己的某一种智能。

问：我怎样才能用一种创新的方式，给新走上工作岗位的教师讲授多元智能理论？

答：参见美国圣路易斯的新城学校的校长汤姆·霍尔（Tom Hoerr）的著作。

问：对于促进美国课程标准的执行，多元智能理论扮演了什么样的角色？

答：在几个州里，这个课程标准的执行与多元智能理论没有密切的联系。当然，我对此感到遗憾。但是在负责执行这个课程标准的人之中，有些是信奉多元智能理念的。因此他们在教学过程中，力图贯彻由多元智能导出的对重要学科的理解和有关概念。这方面的例子，可参见我的书《受训练的心理》（*the Disciplined Mind*）的第 7 章到第 9 章。他们还努力开发学生个人的智能强项，并将这些强项作为特定方式，用以贯彻上述课程标准。或者将开发个人智能强项作为一种途径，用来树立学生的自信心，使他们感觉到自己学习的效率，使得学生更愿意接触教材中的困难内容。

问：多元智能的方法是否有助于外语的教学？

答：刚开始的时候，我对于多元智能的方法能够帮助外语学习的观点，持怀疑态度。我认为，语言作为一种工具，掌握它需要生活在一定环境中的机会，这个环境迫使学生使用这种语言；或者需要进入语言实验室，以便接受强化训练。

但是全世界的外语教师（包括将英语作为第二种语言的英语教师）都告诉我，多元智能理论强化了他们的外语教学。现在仅仅介绍以下几种方式：在一种语言中出现但不在另一种语言中出现的结构（如拉丁语系之间的结构），能够运用多种智能，通过几种途径的转换来学习；当学生参加能够发挥他们各自智能强项的活动时（如跳舞、绘画或者辩论等），词汇和语法最容易被他们接受；当学生就他们熟悉的知识领域的有关问题展开讨论的时候，当那些讨论的题目常常用到适合他们自己智能组合的时候，学生的学习效果往往达到最佳状态。如果众多种类的智能都能得到应用（如在唱歌、跳舞、开展不同种类的体育竞技时），甚至句型练习也会非常有效。

与此有关的更多内容，可见《教师进修学院报告》（*Teacher College Record*）[①]中，玛乔里·霍尔·哈利（Marjorie Hall Haley）就此发表的文章以及她引用的参考文献。

更多的信息

关于多元智能理论最新经常被问到的问题及其答案，请见我个人的网站，网址如下：

www.howardgardner.com

关于《优善工作项目》的进展、语言的道德规范以及“跨学科项目”(Interdisciplinarity Project）的信息，请见下列网站的文章：

www.goodworkproject.com

关于“零点项目”的信息，请见其网站，网址如下：

www.pzweb.harvard.edu

关于哈佛教育研究生院的信息，也请见其网站，网址如下：

www.gse.harvard.edu

① 出版于2004年1月关于多元智能的专刊。——作者注

Multiple Intelligences

第二部分

教育实践

第 6 章 幼儿智能的早期培育

标准化的智能测试之所以被发明，在某种程度上是为了识别特殊的天赋，这种方式的确能够发现一些神童。本章的主要内容[①]讲述的是，对于在这类评估考试中成绩不好的人，他们该怎么办。我们如何确定他们智能的强项呢？如果不能，这样做的意义又是什么？

雅各布是一个 4 岁的男孩。学年一开始，他就被叫去参加两种形式的评估。一种是第 4 版的斯坦福-比内智力量表（Stanford-Binet Intelligence Scale）测试；另一种是新的评估方法，称为“多彩光谱项目”（Project Spectrum）评估。雅各布愿意接受斯坦福-比内智力量表的测试，只部分地试着回答了 3 个小题后就跑出了测试的房间，去爬树了。

---

① 本章与玛拉·克瑞谢夫斯基（Mara Krechevsky）合著。——作者注

“多彩光谱项目”的测试，横跨了许多不同的领域，要完成15种不同的任务，但雅各布的表现与在斯坦福-比内智力量表测验中的表现大相径庭。他参加了绝大多数活动，显示出在视觉艺术和数字方面惊人的天赋。

在艺术评估活动中，雅各布表示出对游戏所使用的各种不同材料的喜爱和对各种媒介的兴趣。在进行其他项目评估时，即使他不愿意参加眼前的活动，也还是表现出对组成这些游戏的材料的兴趣：如讲故事活动中图画板上的人物，音乐活动中所用的金属铃铛等。他这种对于有关材料的偏爱几乎延伸到每一个领域。在探索自然的评估活动中，他详细地观察动物的骨骼和关节，注意每一个细小的部位，甚至因此能用黏土捏出一个十分逼真的骨骼模型。

在“多彩光谱项目”组织的所有评估游戏活动中，雅各布似乎对运动和音乐最不感兴趣。他起初不肯参加坐公共汽车的游戏，这个游戏与数字有关。但他后来就很认真地玩了起来。计算出上下公共汽车的人数之后，他显得很开心。雅各布在数字方面的能力，有时可能是隐藏着的。他感兴趣并且熟悉的环境，有助于他展现这些平时隐藏着的能力。

对比以上两种评估方法，可以发现其显示的本质是相同的。但在为儿童所熟悉的、情境丰富的环境里，经过较长的时间，“多彩光谱”的评估方法就显示出它的优越性。雅各布的例子表明，“多彩光谱”评估系统在四个方面的优越性有益于儿童：第一，通过有趣的、场景化鲜明的活动吸引儿童参加；第二，有意识地模糊了课程和评估的界限，使评估更有效地融入日常教学之中；第三，“多彩光谱”不是从语言和逻辑-数学的特殊角度，间接地对儿童的智能做出判断，而是通过儿童的活动，也即通过“智能展示”的方法，直接观察到他们的智能状态；第四，“多彩光谱”评估还告诉了我们，儿童面对因为智能弱项带来的挑战时，他们自己的智能强项是怎样提供帮助的。

本章将要讨论的是，早期识别幼儿特殊才能的可能性，以及明确地区分学龄前儿童展示出的能力轮廓的可能性。他们的不同能力之间，是可以互相区别的。这一章还要讨论早期发现儿童智能强项和弱项的方法，以及这些方法对教育的启示。在简单介绍“多彩光谱”评估的理论背景和框架之后，我们将讨论实验研究的发现，并提出初步的结论。

“多彩光谱”的评估方法

对于幼儿智能轮廓的测量和运作方式，“多彩光谱项目”是一项改革和创新的尝试。这个项目是哈佛大学“零点项目”的多位研究者和塔夫茨大学（Tufts University）的大卫·费尔德曼（David Feldman）教授，共同进行的一项长期的专门研究。“多彩光谱”创建的前提，是假设每个儿童都具有在一个或几个领域里发展智能强项的潜力。该项目选择学龄前的儿童为研究对象，既有科学意义又有实用价值。从科学这一方面看，我们的研究重点，是有效地测出个体之间智能的差别最早在什么时候出现，以及这种早期鉴别的价值如何。从实用的角度看，此时幼儿大脑的可塑性特别强，如果幼儿园的教育不那么僵硬呆板，课程的选择也较为灵活，那么在早期发现儿童的认知特长，对家长和老师将会有很大的益处。

虽然“多彩光谱”最初的目的主要是了解智能的早期标志，但很快就发现更多的能力也值得研究。确切地说，我们在每一项智能中都识别出了几种核心能力。与其说我们研究单一形式的智能，不如说我们更注意儿童在运用这些智能时，涉及的不同的文化领域。例如在音乐方面，我们对于音乐的创作和感受，给予了同等的关注；在语言方面，我们同时观察儿童虚拟叙述和描写叙述的能力；在身体动作上，我们对于儿童表达感情的动作和单纯运动的动作，也给予了同等程度的关注。除去在学校环境里的实用技能，我们将在社会上造就成功的成年人所需要的各种技能也列入了评估的范围。因此，我们着重研究那些最终导致科学发明的能力，而不研究抽象的逻辑-数学技巧。我们看重儿童讲故事或描述某个经历的能力，而不注重儿童背诵大段文章的能力。

我们发现，为了完全掌握儿童完成一项任务的方法，除了注意他们纯粹智力上的能力外，还要观察他们的认知风格和行为方式。儿童的行为方式，表现为他们与所接触到的场景之间的相互作用，例如他们计划一项活动的能力，他们对一项任务的反应以及坚持的程度等。有些儿童在不同的学科领域内，表现出同样的行为方式，而有些儿童则采用不同的行为方式。认识到这一点，对于设计服务于儿童的有效的教育干预，是非常重要的。现在我们提出 15 个认知能力的范围和几种行事风格的特征（参见表 6-1 和表 6-2）。

表 6-1“多彩光谱项目”所观察的认知能力的区域

数字
恐龙游戏：设计用以评估儿童的数字概念、运算技巧、使用运算规则和运算技巧的能力。
公共汽车游戏：评估儿童创造有用的符号系统，心算，用一个或多个变数组织数目信息的能力。
科学
装配活动：测量儿童机械装配方面的能力。成功地完成这项活动需要精细的运动技巧、空间视觉和观察解决问题的能力。
寻找宝物游戏：评估儿童的逻辑推理能力。儿童必须组织信息，才能发现设置藏宝地点的规律。
水的游戏：评估儿童根据观察提出假设并做简单实验的能力。
发现区域：包含大约一年的活动，引导儿童观察、欣赏和理解自然现象。
音乐
音乐创作活动：评估儿童唱歌时保持正确的音高和节奏的能力，记忆歌曲音乐特征的能力。

续前表

音乐感知活动：评估儿童辨别音高的能力，包括识别音高、发现错误和区分音高的差别的能力。
语言
故事板活动：评估各种语言技能，包括词汇的组合、句子结构、连接词的使用和叙述语言的使用以及对话的能力，也评估根据梗概编故事的能力。
报道活动：评估儿童描述事件的能力。评估标准包括叙述的准确程度、详细程度、句子结构和词汇量。
视觉艺术
艺术夹（作品集）：一年两次，评估标准包括线条和形状的运用，色彩、空间、细节、表现手法和设计。此外还有三个专门设计的绘画活动，评估标准同上。
运动
创造性运动：目前的运动课程强调在跳舞和创造性运动时的5种能力，即对节奏的敏锐程度、表达、身体的控制、动作创意、与音乐的配合的能力。
体育运动：一门跨越障碍物的课程，专门培养许多运动都需要的技能，如身体的协调、时间的计算、力量与平衡的掌握。
社会
活动教室模式：评估儿童观察分析在教室里发生的事件和经历的能力。
儿童相互关系的检查表：用来评估儿童与同伴相处的表现，不同的表现和行为状态会产生不同的社会角色，如领导者和被领导者。

“多彩光谱”方法的实施

在“多彩光谱”教室里的每一天，儿童都被大量用于启发其运用多种智能的素材所环绕着。我们并不采用标记着“空间的”“逻辑-数学的”符号的素材，来直接激发孩子们的智能，而是采用能体现有意义的社会角色或“最终状态”的素材，来激发儿童各种智能的组合。例如，教室里有一个“博物学家之角”，放着许多生物标本，供学生观察并与其他素材进行对比。设立这一区域的目的，是诱发儿童敏锐的感官知觉系统、博物学家智能和逻辑智能。教室中还有一个“故事角”，学生在这里可以使用一套具有启发作用的小教具，依靠丰富的想象力编故事。他们还有机会设计自己的故事板。讲故事的区域激发儿童语言的、戏剧的和想象的能力。此外教室里还有一个“建筑角”，学生们在这里建造教室的模型，然后在教室的模型里面安置老师和同学的照片，以激发空间智能、身体–动觉智能和人际智能。在“多彩光谱”教室里，还有另外十几个各式各样的活动“角”和不同种类的活动，用以激发儿童的各种智能或智能的组合。

在这些活动角里，儿童们非常喜欢观察能干的大人或年龄较大的伙伴，看他们是怎样完成这些工作或玩游戏的。只要我们提供观察的机会，他们就会明白具备那些技能的人是怎样有效地使用这些素材和教具的。但由于并不能够经常提供这种“师徒式”的场景，所以我们设立了学习中心，让儿童自己动手；或是和同是新手的伙伴们一起动手，使用提供的素材，学习有关技能。在此意义上，我们所提供的入门的环境，是自力更生的环境，具有培养认知和个人成长的潜在功能。

在这个养分丰富的环境中，儿童只要学习一年或更多的时间，就有充分的机会探索各种不同的学习领域。而每一个领域都运用不同的教材，分别诱导激发儿童各自不同的技巧和智能。5 岁的孩子原本就具有极强烈的好奇心，在如此充足的资源里，他们之中的大多数都能很快地参与那些领域，并在其中认真探索。对于学习兴趣不那么广泛的孩子，我们就鼓励他尝试其他素材和方法。正常情况下，经过一年左右的实践，教师就能够观察到每个儿童的兴趣和才能，不需要再做特别的评估。但是对于每一个行业 / 领域，我们还是设计了特别的游戏或活动，它们能够更准确地确定儿童在该领域的智能。

在每一个学年结束的时候，研究小组将搜集到的每个孩子的资料汇集成册，成为系列报告。这一资料描述了儿童个人智能的长处和弱点，并且向家庭、学校甚至社区提出建议，以使儿童进一步发展他的强项，改进弱项。

这些建议虽然是非正式的，但却很重要。我认为心理学家的传统是过分关注标准和分级。他们应该用相同的精力，根据介绍儿童兴趣和选择的报告，帮助学生及其家长们对儿童未来的课程和学业做出决定。

什么是我们设计出来的准确的测量方法？为了避免混淆不同的能力，我们尽量不单纯依靠逻辑和语言标准，而是使用“智能展示”的方法来评估。这种“智能展示”的评估方法，侧重从整体上全面开发儿童的智能（参见第10章）。我们还避免虚拟的情境和抽象的公式化的评估。无论是何种领域内的评估，我们都为儿童提供具体的可操作的素材。如前面提到的教室模型中儿童的同伴和老师的小模型，就提供了可接触的、明确的场景，从中可以观察到儿童对朋友、对社会的责任感以及在教室里的活动能力。感知音乐的活动则为孩子提供蒙台梭利铃铛，儿童可以玩音高匹配的游戏。

从表6-1中可以看出，“多彩光谱”的评估范围既有相对结构化程度较高、目标明确的活动（如数字活动与音乐领域的活动），也有结构化不明显的对大自然的观察活动（如科学和社会活动）。评估过程在全学年里持续进行。在教室的每一个角落里，都备有种种有趣的素材、游艺、谜语等评估用具和学习区域。记录文件采取了不同的形式，从成绩册、观察记录一览表直到录音带，应有尽有。虽然绝大多数教师发现，为每个儿童都进行这种评估是不易操作的，但为了研究的目的，我们还是坚持这么做。

除了提出一份系列报告，我们还准备了家长活动手册，列出在“多彩光谱项目”所评估的各个领域里，哪些是孩子应该急需参加的。大部分活动所需的用品都是现成的且并不昂贵。我们在手册里还提醒父母们，切不可揠苗助长，因为我们的目的并不是把儿童培养成他所擅长的领域里的神童。“多彩光谱”所要强调的，是每个孩子都与其他孩子不一样，父母和老师都应得到有关孩子的真实记录、描述以及建议，知道什么样的经历和活动适合这个孩子的强项和弱点。

最初的结果

我们现在来讨论研究最初的结果。我们提出以下三个问题：

1. 幼儿具有特定领域和普遍范围内能力的强项吗？
2. 幼儿在不同活动中的表现是否具有相关性？
3. 一个孩子在某一领域内的才能，有利于还是有害于他在其他领域内的表现？

现在我们依序回答以上问题。

1. 在马萨诸塞州麦德佛德市（Medford）的塔夫茨大学内，有一个艾略特-皮尔逊（Eliot-Pearson）幼儿园，“多彩光谱”研究组在这个幼儿园的两个学前班中进行了实验。我们将实验的分析局限在 23 个 4 岁的儿童身上。

我们观察每一个孩子的强项和弱项，既比较集体，也比较个人。对于“多彩光谱”测量结果的分数平均值来说，评估成绩高出一个标准差以上的，可以认为该领域是他表现出来的强项。评估成绩低于一个标准差以下者，可认为该领域是他表现出来的弱项。儿童的大多数，都显示出至少在一个领域内的智能强项，也显示出至少有一个智能领域是他的弱项。只有不多的几个儿童，在“多彩光谱”的活动中，展现出一个以上的强项而没有弱项。同样的，也只有少数儿童没有任何强项，并且在一个以上的领域中暴露出自己的弱点。最后，儿童自己和自己比较的结果显示，每一名儿童都有一个相对较强的和相对较弱的领域。

2. 为了确定在不同评估活动中儿童表现的相关程度，我们求出了在 10 种不同的评估活动中，每两种活动所得成绩之间的相关系数。结果表明，各种不同评估活动之间的相关系数很低，这说明“多彩光谱”测评可以辨别在不同领域内互不关联或互不重叠的能力。只有一对活动，即恐龙游戏和公共汽车游戏的相关系数较大，达到 r=0.78，但 $p < 0.01$。形成对比的是，两组音乐和科学活动之间的相关系数很小，分别为 r=0.07 和 r=0.08。

3. 研究证据表明，儿童在某个领域天赋的强项，有助于他在其他领域的表现。例如有一名女童对色彩具有高度的敏感性，在视觉艺术方面既有兴趣又有特长。在玩需要运用逻辑推理智能的寻宝游戏时，对颜色的爱好似乎有助于她找出藏在彩色旗帜下的寻宝路线。另外一名男童在音乐方面（唱歌）有天赋，他发现只要自己边唱边动，在进行创造性运动时，自己动作配合音乐节奏就很容易。他的音乐天赋也表现在编故事的活动中：他为自己故事中的主人公创作了一首主题曲和一首葬礼进行曲。

第三个孩子表现出杰出的讲故事才能，但在创造性的运动中却很呆板。可有一次用到故事板时，虽然表情特征不明显，她却把视觉艺术、社会分析和数学等作业，转变成以后讲故事的素材。她所画的图画常常成了自己讲故事的插图。她母亲说她经常在家中以“读”过的书中的人物为模特，制造木偶和娃娃。此外，她还将教室模型当作真实事件的故事板，创作出以同学为人物的小故事。但在玩公共汽车游戏时，她因为过分专注于上下车人物的特征和表情，以至于没有能够记住乘客的确切数字。

在某一领域内的天赋，似乎也能妨碍在其他领域内的表现。有一名儿童在视觉艺术上表现出显著的优势，对线条、色彩、图案的布局都十分敏锐。但这一优势却使他在用标有正号和负号的色子做游戏时，错误地理解了这两个符号的方向。他以为线段交叉符号（+）表示的游戏可以朝两个方向运动，水平线符号（–）表示的游戏只能朝一个方向运动。

行事风格

如前所述，我们除了记录儿童的表现以外，还记录儿童用以完成活动的行事风格或方法（参见表 6-2）。

表 6-2 “多彩光谱项目”检测的风格特征

该儿童是：	
极愿参加活动的／不愿参加活动的	自信的／犹豫的
随便的／严肃的续前表专注的／注意力分散的	有毅力的／容易受挫的
善于思考的／易于冲动的	适合从事慢工出细活工作的／适合突击性工作的
该儿童：	
对视觉的（听觉、肌肉知觉的）信息有反应	表现出做事的条理性
将自己的行为习惯（长处）带入课堂作业	在活动中表现出幽默感
以预想不到的方式使用素材	对成就有自豪感
注意细节（善于观察）	对提供的素材有好奇心
关心“正确的”答案	关注与成年人的交往
改变活动（素材）	

我们主要关心以下两个问题：

第一，儿童是否以不同的行事风格解决不同领域的问题？如果是的话，他们的强项领域和弱项领域的差异的本质是什么？

第二，在特定的领域内，是否某些行事风格更为有效？

关于第一个问题，对于大多数儿童来说，在横跨不同领域时都会表现出一种或两种行事风格，其他的行事风格则取决于被评估的领域。差不多 3/4 的儿童表现出常见的一般行事风格，而在特定的情况下，则会与一两种别样的模式相结合，形成特定领域的行事风格。如一名女童只在她擅长的教室模型活动中，才会表现出对细节的关注；而在她的弱项音乐感觉活动中，则会表现得容易冲动。但只要在活动中需要表演，即使是不擅长的领域，另一名男童也能轻松地、充满自信地投身于其中。

儿童在属于自己强项领域中的典型表现，也即显示出“认真”“自信”

“专注”等行事风格，并不使人感到奇怪。而在弱项领域内，其表现出的行事风格的特征,则是“注意力分散”、“易冲动”和“勉强参与”。“态度随便”则是儿童在强项和弱项领域内都表现出的行事风格的特征。很多儿童在强项的领域内，都展现出认真思考和关注细节的特点。在 5 名与同伴相比没有表现出强项的儿童中，有 3 名从不思考所从事的活动。另外的 8 名儿童，则仅仅在其强项领域表现出思考的特征。

这些儿童之中有 5 人的行事风格，明显地因领域的不同而不同。其中有一名女童在大多数活动中不能专心，但在遇到机械组装活动的材料时，却能专心致志，直到把模型的零件全部拆散再重新组装起来。这给了老师很有价值的信息，知道以后如何利用她的强项，使她在教室里能够专心于课业。还有前文述及的男孩雅各布,只在是他强项的视觉艺术和数字领域里，才表现出自信、关注细节、严肃、深思和有计划性。

说到第二个问题，答案是在那些行事风格不随领域而改变的儿童中间，有些因此而受益，有些则因此受害。其中一名儿童在任何领域中都显得很严肃、认真、专注，这使他不论在表现杰出还是遇到困难的不同活动中，都很好完成了任务。我们还发现，每一名儿童至少在一种活动中，表现出了明显的自信。这 5 人中一名女童与同伴相比没有强项，然而却比别人在更多的领域中表现出“成就感”,这可能预言了她的学业将来会大大地进步。说“过分自信可能会妨碍在各个领域内的成功”，可能是不确实的。在那 5 名儿童中，与同伴相比弱项最多的女孩，可以说毫无强项可言，但很自信，从不表现出踌躇。而另外三名儿童在面对各自的问题时，都至少表现过一次信心不足而迟疑不决。

有一名儿童对“多彩光谱”的每一项活动，都有自己的主意。尽管他的主意很不错，但由于他不大喜欢参加这些活动，因此他的表现很不理想。如在音乐感觉活动中，他最感兴趣的是为什么看似相同的金属铃铛，却发出不同的声音。为了弄清这一原因，他用一个棒槌敲击铃铛以后观察它的振动。他还为恐龙游戏发明了新的规则，在机械组装活动中用两个食品粉碎机的零件制造工具。因为他对自己的念头过分感兴趣，所以拒绝别人的思路和提醒。当他在活动中遇到困难的时候，就变得困惑，继而用小幽默吸引正在工作的大人。

我们同样发现，活动的组织（有时没有组织）也可能妨碍某些儿童的表现。在缺乏组织的教室环境里，上述男孩就表现了出色的实验能力，对周围的事物不断提出各种假设并加以验证。雅各布是另外一个不需要组织的孩子，因此他完全沉浸在材料中。不幸的是，他只注意提供的材料，不理会任何大人和孩子，这可能会给他将来的学业带来问题。

家长、教师和“多彩光谱”三者观点的比较

“多彩光谱”的评估能够确认儿童在特定领域的强项，这一点似乎已经清楚了。接下来需要明确的重要问题是，我们能否发现老师和父母都没有觉察到的能力？为了探讨这一问题，我们请儿童家长和老师每人填写一份问答卷，指出每名儿童在各个领域的能力及其达到的水平。我们还给儿童家长寄去反馈表，请他们谈谈对“多彩光谱”评估结果的看法。

20 名儿童中有 17 名儿童的家长寄回了完整的答卷。一般来说，家长在确认自己孩子的杰出能力时都很积极。在 30 个领域中，平均每名儿童有 8 个领域被他的家长认为有天赋。另一方面，老师则与此相反，很少评定一名儿童在某一领域具有特别杰出的天赋。教师与家长的这种差异从何而来？可能是因为教师的根据更广泛和充分，他们的评价来源于儿童在班级中的表现以及和其他同伴的比较。家长的偏见是可以理解的，他们很少有机会观察到除自己孩子以外大批儿童的才能。这些因素在做以下比较时应

牢记。

在“多彩光谱”的评估中，只有当儿童在某个领域活动的成绩至少高出平均成绩一个标准偏差以上，才被认为具有明显的优势。比较结果显示，17 名儿童中有 8 名儿童的显著天赋未被家长和老师发现，却被“多彩光谱”检测出来了。在实验中，“多彩光谱”总共确认了 12 种老师和家长都没能觉察到的天赋或才能，包括在科学、视觉艺术、音乐、社会认知等领域的天赋。还有 7 名儿童被家长和老师认为具有出色的天赋，却被“多彩光谱”否决。在大多数情况下，虽然“多彩光谱项目”也承认这几名儿童相对较为出色，但和整个群体相比，还算不上天赋特别突出者。“多彩光谱”还辨认出多名儿童接近（或略低于）一个标准偏差且未被其家长、老师发现的天赋。通过比较，17 名儿童中的 9 名，在对其能力突出的领域中强项的辨认过程中，家长、老师和“多彩光谱”得出的结论一致。

儿童在语言、数学等方面的天赋，无论在家庭和学校里，都很容易得到确认。儿童在乐感、机械技能、社会分析等方面的天赋，就不那么容易确认。事实上，家长和老师没有发现的儿童在语言和数字方面的才能，“多彩光谱”也没能检测出来。但是即使在被普遍认可的能力领域中，如语言，“多彩光谱”能将其分解为更细致的技能组分（如词汇、句子结构、描述性语言的使用等），并分析这些微细技能结构在实际活动（如讲故事）中的表现。

毫无疑问，即使是能力很强的学龄前教师，也不可能在所有的领域里都给予儿童指导。在他们不太熟悉的领域如乐感、逻辑推理等方面，更是如此。机械装配活动特别有利于破除性别偏见，因为这项活动为女童提供了机会，可以在传统上被认为是男子领域的行业中一显身手。家长对“多彩光谱”评估结果的反馈显示，他们对孩子拥有音乐感知、机械组装能力和创造性运动方面的才能，最感到惊讶。因为这些智能状况中的信息，是在家庭以外的情境化活动中观察出来的，可能有助于家长今后在将这些信息变成有意义的活动时参考。

◎“多彩光谱”与斯坦福-比内智力量表结果的比较◎

一名受过训练的专家,对“多彩光谱”某个实验班里20名儿童中的19名,进行了斯坦福-比内智力量表（第4版）的测试。其中有两人没有完成全部测试，这里对其结果不进行分析。虽然其他人的成绩可以作为两种评估方法的一般性比较，但需要在头脑中记住以下的说明。

首先，“多彩光谱”评估通过15项活动，确定了儿童在7个领域内的才能，这里我们只分析其中的10项活动。而斯坦福-比内智力量表则通过8个二级测试，集中关注4个领域或要素（如语言推理、抽象/视觉推理、定量推理和瞬间记忆）。其次，“多彩光谱”评估的各项活动在一年中完成，而斯坦福-比内智力量表测试则在一两个小时内完成。最后，斯坦福-比内智力量表测试是标准化的，而“多彩光谱”的评估则是非标准化的。

完成斯坦福-比内智力量表测试的17名儿童，成绩为86~133分，高低不等，相差悬殊，平均为113分。如前所述，在“多彩光谱”的评估中，只有成绩高于或低于每组平均值一个标准偏差以上或以下的，才被视为这项活动是儿童的强项或弱项。

为了分析斯坦福-比内智力量表测试的得分，是否能预测儿童在“多彩光谱”评估中的表现，让我们考察并排列总分最高的5名学生（125~133分）和最低的5名学生（86~105分）在“多彩光谱”评估时的情况。5名在斯坦福-比内智力量表测试中得高分的儿童，在10项“多彩光谱”的活动里，有1名在3项中表现出色，3名在2项中表现出色，1名只在

1 项中表现出色。“多彩光谱”在这些孩子身上所确认的才能强项是：2 名在叙述性语言领域、4 名在音乐感觉和音乐创作领域、2 名在视觉艺术领域、1 名在社会理解领域、1 名在科学（逻辑推理）领域里表现出色。

这 5 名儿童中，没有人在运动、数字和科学领域里的机械零件组装活动中表现突出。事实是，运动和数字反而是其中 2 名儿童的弱项。在“多彩光谱”评估中显示出有 3 项以上天赋的 3 名儿童中，只有 1 名排在斯坦福 - 比内智力量表测试中的前 5 位。“多彩光谱”评估获得 3 个最好成绩的儿童中，有一个在斯坦福–比内智力量表测试的综合数学活动中，也得了最高分。

从以上结果看起来，斯坦福–比内智力量表似乎无法预言儿童在“多彩光谱”评估中的表现。唯一的例外是在斯坦福–比内智力量表的分数与“多彩光谱”的评估中，儿童在音乐方面的表现似乎有一定的相关性。从那些在斯坦福–比内智力量表中得到高分的儿童身上，我们检出了 5 项音乐技能中的 4 项。然而总的来说，斯坦福–比内智力量表与“多彩光谱”评估的结果没有太大的相关性。当然，在没有进行更大规模的实验之前，还不能下非常肯定的结论。

斯坦福–比内智力量表虽然确认了 3 名分数最低的儿童（没有强项，却有 0~5 个弱项），但似乎无法预言这些儿童会在哪些“多彩光谱”活动中表现不佳。在斯坦福–比内智力量表中得分最低的 5 名孩子中，有一名在“多彩光谱”活动中表现出一方面的强项（社会理解）和一方面的弱项（音乐感觉），另一名没有表现出弱项，却在 3 个方面表现出强项（机械能力、语言、音乐感觉）。其他 3 名则没有强项的领域，分别有 0~5 个弱项的领域。

斯坦福–比内智力量表测试得分最低（86 分）的儿童，在“多彩光谱”评估中的各项活动中成绩也最差：在众多领域中没有强项，却有 5 个弱项（比其他任何儿童都多 2 项）。不过“多彩光谱”评估发现，这名儿童在社会理解和创造性运动方面相对较强。她在斯坦福-比内智力量表中各个分项测试的成绩较为分散，词语推理和句子记忆分别为百分制的 53 分和 49 分，短期记忆和句型分析分别为百分制的 39 分和 40 分。

这些资料表明，尽管斯坦福-比内智力量表的测试成绩跨越的幅度很大，儿童所得分数在各个子测试中的高低很明显，但“多彩光谱”的活动更能显出儿童智能的较大差异。这种差异的部分原因，归因于两种测试或评估方法所测领域的数目不同。斯坦福-比内智力量表测量 4 个领域中 8 项的成绩，而“多彩光谱”评估 7 个领域中的 15 项活动（目前只分析其中 10 项）。“多彩光谱”评估的优越性，不仅仅是比斯坦福-比内智力量表所测试的领域要多。虽然对于一般智力因子来说，所有斯坦福-比内智力量表中的子测试，都是适用的或公正的，但“多彩光谱项目”并不认为这一一般智力因子一定会在各种心理能力之中起作用，它也不能解释儿童在不同领域中的表现。与此相反，“多彩光谱”模式认为智力参差不齐的状况，表示了儿童的能力随领域不同而不同。而这正是在真实世界里，在有意义的活动中，解决各种问题能力的反映。如一个人在所处社会环境里，从事问题分析、机械零件组装、故事讲述等活动的能力。因此，从“多彩光谱”的发明所获得的信息，在设计适当的儿童教育机制时，更为有效，更具潜力。

“多彩光谱项目”的某些局限性和应用前景

写到这里，也许有必要谈谈读者心中可能会出现的疑问。很清楚，目前的研究有其局限性。因为参加“多彩光谱”研究实验的儿童数目较少，本研究产生的只是假说而不是任何意义上的结论。不过，与斯坦福-比内智力量表的测试相比，我们可以发现“多彩光谱”评估潜在的优点。首先，“多彩光谱”为儿童提供了更积极地参加评估的机会，使他们能够有机会思考自己过去的经验，并认识自己的兴趣和强项。在“多彩光谱”评估的模式中，孩子们积极地、主动地协助搜集、记录“多彩光谱”活动中他们自己的材料，如将艺术作品整理成集，为故事、歌曲录音，带来自然科学活动所需的标本。此种主动参与的好处，是可以给他们一种感觉，并体会到应该严肃认真地看待自己的“作品”。这使他们意识到已经加入了监督自己成长的过程。

对于那些对成绩表现得格外敏感的孩子来说，“多彩光谱”提供的资料可能是一次性的、缺乏场景的、仅仅用语言表达的测试所无法提供的（参见第 10 章）。例如，作为社会分析活动中自我认知的一部分，“多彩光谱”展出各种活动的照片，然后询问儿童哪一种活动是他们最喜爱的，哪一种活动是他们认为最好的，哪一种是他们认为最困难的。有 1 名男孩无法参加“多彩光谱”活动和斯坦福-比内智力测试的子测试（因为他对自己成绩过分在意和焦虑，斯坦福-比内智力的子测试不得不中断）。但他在回答对“多彩光谱”不同活动的反应时，则表现出惊人的兴趣，似乎很清楚自己感兴趣和擅长的领域。他指出，按照故事板讲故事是自己擅长的活动，而这恰恰是他所完成的 8 项活动中成绩唯一高于平均值的活动。他还挑选出自己最喜爱的活动是有关水的活动。虽然他不愿意在这项活动中做自己设计的下沉和上浮实验，但有一次他对自己的发现非常激动，还将老师叫过来看这个发现，表现出从未有过的兴奋。

当然，斯坦福-比内智力量表也有自己的优点。它具有极好的内部一致性，是一种可信度很高的标准化评估，使用简便，效率高，所评估的领域正好与学校的标准化课程相对应。我们还不知道“多彩光谱”评估能否预测儿童在学业上的成功与否，也不知道它是否具有标准化评估工具的可信度，但它确实能够辨认儿童的智能强项，并且能马上指出其未来在校内和校外发展的途径。“多彩光谱”的评估还让家长和老师认识到，在许多不同领域中儿童之间存在着差异。而从传统的观点看来，那些所有的人都拥有相同认知和发展过程的领域，才是重要的领域，或者只有反映普遍智能的领域，才是重要的领域。

不过“多彩光谱”的方法也有自己的风险。首先，将儿童过早地分流，具有一定的危险性。但为每一名儿童提供机会，以使教育更有效，又很诱人。对此，必须认真衡量它们各自的利弊。其次，那些热切望子成龙的家长不仅仅力促自己的子女在传统的学业领域里出类拔萃，还希望他们在各个领域都表现突出，使儿童原本承受的压力更加沉重。此外，主流文化以外的家庭，可能多数不重视儿童在视觉艺术与音乐领域里的表现，而更注意那些被权威人士所看重的领域，即语言和数理逻辑的领域。

很明显，“多彩光谱”分析所得到的信息是否有用，部分地取决于儿童的家庭环境。正如一位家长所说的，因为她的家庭成员中要么对音乐不感兴趣，要么没有音乐细胞，若不是“多彩光谱”活动的评估，孩子的音乐天赋就无法表现出来。即使表现出来，家长也不敢确认。这一事例可与另一位母亲的事例做比较。另一位母亲认为音乐是她儿子生活中重要的一部分，鼓励孩子对音乐发生兴趣。“多彩光谱”评估后的一年中，她报告说自己的儿子已经很喜欢看音乐表演和歌剧，能够专心致志地从头看到尾。虽然没有人能真正评估早期天赋和日后成就的确切关系，但智力强项的早期识别，有可能成为实现自我价值的序幕。

“多彩光谱”的观察能否促成幼儿早期课程的合理安排？我们的资料显示，环境的结构对于儿童的特征有潜在的影响。这些资料也指出，在不同领域内的教学中，为儿童持续不断地提供大量丰富且具启发性的素材，是十分重要的。在没有提供创造性运动与机械技能课程的幼儿园里，儿童这类天赋不可能被发现。同样的，从小学一年级开始，很多学校就外请专家，为孩子们每周上一两次艺术、音乐、体育课和科学课。但如果这些专家和教师不来进行交流，教师可能就不会意识到儿童在某一特别领域内的能力。教师还会发现，无论在他们的观察记录上，还是在因材施教上，如果按照“多彩光谱”的框架，他们成为一个好的教师并非难事。

对于“最终状态”的重视，可能为智能强项的识别以及识别之后的决定之间，提供了更直接的联系，因此师徒制模式成了特别吸引人的学习方法。一旦最终目标确定之后，为此目标实现而设计的教育方法就会出现。师徒制模式的教育方法是在既有社会的场景化，又有实用性的前提下学习技能，而且各阶段的教学目的明确。我们认为，师徒制模式使学生在高度结构化的环境里，频繁地获得自身发展情况的非正式反馈，因此是很有希望的教育方法。对于像雅各布那样的孩子，我们建议：如果他继续对自己所选择的领域感兴趣，在专家指导下，参与各种亲自动手的活动，一定会获益匪浅。

最后，虽然“多彩光谱”部分反映了美国中产阶级的多元主义价值观，但对中等以下阶层的儿童也会有参考价值。“多彩光谱”评估系统在揭示人们预想不到的强项领域方面，极具潜力，能够为被评估者带来自信和自尊。这一点，特别有利于在标准化的学校课程中表现不佳的儿童。

对未来的初步展望

观察儿童在“多彩光谱项目”第二年活动中的表现，加上对于家长和教师的采访，结果显示，儿童在第一年里表现出的智能强项会在第二年中继续发展。他们的行事风格也变得更加稳固。儿童的一个强项是否能够再次显现，取决于以下几个条件：家庭对于这种能力的价值观，学生因此在同伴中是否获得声望，学生的兴趣和自己的强项之间是否吻合。

在对某种能力的发展轨迹的看法上，教师和家长的态度发生分歧。例如社会活动领域，就是一个教师、家长和“多彩光谱”的评价存在很大差异的领域。教师们通常倾向给予自己学生的社会活动能力以较低的评价，相反，“多彩光谱”和家长往往确认这是儿童的强项。对于社会活动领域中的能力的评价，似乎特别受到某种因素的影响，这个因素就是能力的种类。

家长们的反馈表明，最受他们赞许和鼓励的，是儿童的戏剧表演和想象力的展示。人们似乎认为，如果想把讲故事、社会活动与运动领域中的表现结合起来，这类活动十分有效。

有些时候，儿童的行事风格和他们的强项领域之间是否有特殊的对应关系，决定了他们的强项能否再度表现出来。例如，一名在教师眼中害羞的女孩，与一起参加活动的同组孩子相比，在写作的桌子上和书籍阅读的区域里，并没有特别出色的表现。可是，在她经常单独光顾的教室中的“艺术角”和“建筑角”，很可能会表现得非常突出。这是因为，在声望相对已经固定的环境和同伴中间，她原先已经被确认的能力，较少有机会重现并得到发展。

此外，如果一名儿童的兴趣与他的强项不匹配，或者他选择仅仅关注某一组素材，或者选择探索新的技艺区域，那么观察这名儿童在其他领域才能的机会，就会大大减少。一名在艺术领域既表现出兴趣又展示出自己能力的女孩，后来变得对学习怎样在幼儿园阅读更感兴趣。这种兴趣的改变，可能是她后来为什么离开了艺术活动区域的原因。

“多彩光谱项目”方法的延伸

到目前为止，我们所介绍的都是初期“多彩光谱项目”的有关内容。当时它是为美国中产阶级的幼儿园所设计的，因此所描述的活动和分析的资料，都反映这一特殊的环境和历史背景。

这样一来，“多彩光谱”能否扩展到其他环境背景中去的问题，就自然而然地产生了。我们回答这个问题的第一个做法，就是在马萨诸塞州的萨默维尔市的多所托儿所、幼儿园、小学一年级实施“多彩光谱”的方法。这些园所和学校位于波士顿郊区工人居住的地带，这些地带经常发生社会和经济问题。结果表明，“多彩光谱”的素材对孩子极具吸引力，他们都热切地盼望轮到自己参加它的有关活动。我们起初对于“多彩光谱”在这里是否可行的疑虑，因此而大大减轻了。实际上对“多彩光谱”不放心的是家长和老师，这可能是因为他们担心学生不能适应如此开放型的教学，或者是因为他们自己对学校教育持过分保守的观点。

在我们所描述的环境里，“多彩光谱”显然能够辨认出在那些规范的学校里通常无法辨认，并常常被忽略的天赋与倾向。东尼是一个 6 岁的男孩，面临着学业不及格的严重局面。他来自单亲家庭，生长在充满暴力、辱骂的环境之中。他对一年级的功课感到十分困难，以至于开学后的第 2 个月，老师就不得不认为他肯定留级。

但是进入到“多彩光谱项目”的场景后，东尼在机械组装的活动中表现优秀。在拆卸、组装食物粉碎机和门把手时，他比同年龄的孩子更为成功（事实上就这些机械活动而言，大部分教师和研究人员都不如东尼技艺娴熟）。我们将东尼的表现录了像，给他的老师看。那位老师是一个善于思考而且很有敬业精神的人，看了录像后十分吃惊。她很难相信这名对学校功课感到十分困难的儿童，在生活的实际操作中做得和大人一样好。她后来告诉我，自己曾因此 3 个晚上睡不着觉，为自己当初对东尼失去信心而内疚，现在急切地想与他接触。我很高兴地告诉读者，东尼后来在学校里的表现有了长足的进步，可能是因为他知道了自己的长处，因为知道自己拥有大人看重的才能而树立了自信心。

“多彩光谱”除了能确认儿童意料之外的智力强项，还能发现他们意料之外的智力弱项。格雷戈里是一名优秀的一年级学生，谁都认为他的学业前途光明。他虽然擅长学习与符号和概念有关的知识，但在“多彩光谱”的许多活动中表现得都很差。老师感觉到，只在有正确答案或者有权威人士告诉他可能的答案的情况下，他才表现得很好。“多彩光谱”的素材使他遇到了困难，因为很多活动的结尾都是开放式的，没有固定的正确答案，他因此而受挫，不得不向老师和其他同学求教应该怎么办。作为参加“多彩光谱项目”的一个结果，格雷戈里的老师开始想办法鼓励他冒险，尝试新的方法，并使他认识并非事事都有统一的正确答案，而且任何答案都有它的可取之处和代价。

在过去的几年里，“多彩光谱”已经从一种评估智能强项的工具，演变为一种独特氛围的教育环境。通过与学校教师的合作，我们已经开发出以相关主题为形式的整套教材，如“黑夜与白天”“关于我自己”等，用以激发儿童各方面的智能。对于较小的儿童，这些教材起初只作为探索的模式。对于较大的儿童，这些教材与学校的传统目标有较为紧密的联系，用以提高和加强他们对文字的兴趣，掌握其方法和技能。这样一来，儿童就在他们感兴趣并且具备初步知识的主题中，接触读、写、算的基本要素。例如，当他们精通纸板游戏之后，就可从事数字记录体系的工作；当他们在故事板上编冒险故事的时候，就能开始将故事写下来，然后背诵或表演。

“多彩光谱”的广泛适用性是它最令人激动的特点。美国几个地区的教师、研究人员都开始应用它，作为达到各种教育目标的出发点。“多彩光谱”的方法被用于4~8岁的儿童，目的分别为判断、分类和教学。它被分别用于一般学生、超常儿童、残疾儿童和学校里存在学业不及格危险的儿童。其方案还被用于教育的研究、补偿并充实教育的不足之处。最近，“多彩光谱”又成立了“家教辅导中心”，儿童在这里可以和他们所在社区的成年人一起工作学习，而这些成年人的职业使他们具有不同的智能组合。我很高兴自己从研究工作者变为参加者，能够坐下来，和那些过去互不认识、现在为不同目的采用“多彩光谱”方法的人们讨论问题。从我们的讨论中可以发现，“多彩光谱”方法中学校与博物馆的组合，适用于不同兴趣、文化背景和年龄的儿童。

我们自己的研究工作，特别注意加强与儿童博物馆的联系。在与波士顿儿童博物馆合作的过程中，我们改变了以主题为基础的成套方案，使之在家庭、博物馆和学校里都能应用。家庭和学校激发儿童的兴趣，博物馆则使他们在兴奋的情绪中接触有关的展览，如在天文馆里观看星星和月亮。我们希望儿童在不同的环境中接触相似的主题、素材和技能，以便掌握它们。我们重视不同环境之间的共鸣，最终导致儿童自己的理解，此点非常重要。

这种交叉培育法自然只有在儿童定期参观博物馆的前提下，才会有最好的效果。我们很高兴能在华盛顿特区首都儿童博物馆内，直接建立具有“多彩光谱”精神的“早期教育模式学前班”，这是学校与博物馆结合的模式，前景十分光明。即使不能频繁地参观博物馆，只要让学生经过充分的准备之后，有机会在儿童博物馆与专家交流，也会有很大收获。特别是如果他们有机会在家里和学校中轻松地重温有关内容时，更是如此。

我们当年的同事陈杰琦，在从事生活条件较差儿童的教育工作中，发展了“多彩光谱”的方法。她考察了“多彩光谱”以外的其他一些关于幼儿的研究资料，这些研究的每一项，都强调了儿童参差不齐的认知模式的存在，特别是存在学习障碍的儿童。她还证明了对于这些具有挑战性的群体，实施个性化教育的必要与威力。在名为“教学评估的桥梁”的项目中，陈和她的同事们为幼年的儿童设置了课程系列，这些课程特别针对他们的智能强项。在辨认儿童表现出的认知模式之后，这个“桥梁”项目组确定了课程和教育方法，这些课程和方法能更好地适合一个特定的孩子或者一组孩子。例如，在算术能力方面，一个孩子在数字感、空间关系、部分和整体的关系、数学的理解等方面所得到的分数，被用来描述孩子显性的行为模式。从这样一组信息中，教师就可以确定组织课堂教学和练习的最佳切入点。

在很多方面，“多彩光谱项目”集中体现了多元智能理论实施有效的教育干预的方式。当然，此处仅就幼儿而言。起因于对幼儿天赋的存在和确认的学术兴趣，经过10年的时间，我们已经看到“多彩光谱”发展成为全方位的儿童早期教育方法。此方法虽然受多元智能理论启发而来，但多元智能理论并没有明确地为“多彩光谱”提供教学内容和实施步骤。实际上在过去的10年里，我们的计划有了很大的改变。根据我们的观察和来自家长、教师、研究人员以及学生的反馈，再加上我们按照条件的改变而对不同方法的尝试，变化是难免的。此外，在美国不同地区，研究者与使用者根据“多彩光谱”的思想，在实际操作中已经发展出更加多彩的“多彩光谱”了。这个项目起源于对幼儿个体差异的探索，最后自己产生出一套高度个性化的教育方法，这是很正常的。

第7章 小学阶段的项目教学法

大约在我的《智能的结构》一书出版两年以后，我准备在宾夕法尼亚州的库兹镇作一次演讲。在将要离开波士顿动身上路之前，我接到印第安纳波利斯一位老师打来的电话，说她和她的同事已经读过《智能的结构》，很想和我谈谈有关这本书的想法，问我能不能前往库兹镇与她们会面。

我简直不敢相信，印第安纳波利斯市公立小学系统的八位老师，与我素不相识，竟然驱车14个小时来到库兹镇，只是为了与我进行短暂的会面和交谈。在那次重要的会面中，他们将自己近期制作的录像带放给我看，告诉我他们打算创建包括幼儿园在内的六年制小学。他们还说，这么做的原因部分是受到多元智能理论的启发。听了他们的话，我真是又惊又喜。

虽然当时对于多元智能理论在教育上的应用，我是越来越有兴趣，却没有想到有人会如此重视它，居然想以它为基础建立一所学校。我很直率地告诉“印第安纳波利斯八教师”，我很乐意帮助她们，但我对学校知道的很少，坚持说：“你们是学校的行家，办学校应以你们为主。”

一所多元智能学校

无论在哪里，都很少有人能像“印第安纳波利斯八教师”一样，在以后的两年里如此忘我地工作。他们的领头人，就是后来成为校长的精力充沛的帕特丽夏·伯兰诺斯（Patricia Bolanos）。这些教师在她远见卓识的领导下，筹集资金、四处游说、设计课程，经历过多次悬念和失望之后，终于被批准在印第安纳波利斯市内，成立一所他们自己“可自由选择”的学校，称为“重点学校”。对于这个项目的建立，我并没有多大功劳，只不过定期和他们商量该怎么办。但公众媒体却对此给予过分的渲染，说我是这所“重点学校”的灵魂。

这所多元智能理论实验的“重点学校”，现在更名为“重点学习社区”，已被证明在许多方面成绩斐然。它创建的宗旨之一，就是每天都要激发每一名学生的多元智能。因此除了读、写、算等一般标准的学校主课以外，每一名学生都要参加计算机、音乐以及体育等活动。

除了“多元智能课程”是这个学习社区最具创新之处以外，从许多其他方面也能看出老师们致力于提供一种不同理解形式的教育。他们的三个做法如下祥述。

第一，每一名学生每天都要参加一个类似师徒制的小组。在这个小组里，不同年龄的学生和一名有经验的老师一起，学习掌握一门他们感兴趣的手工艺或学科。因为小组内学生的年龄不同，他们可以在活动中按照自己知识的水平，从容地互相学习从而掌握它们。又因为有一位知识面更广的老师和他们一起活动，所以他们还拥有难得的机会看到专家是怎样工作的。这样的小组有 10 多个，包括的内容也十分广泛，从建筑到园艺，从烹调到“挣钱”，样样俱全。因为在师徒形式的学习环境中，小组将重点放在学习社会中具有实用价值的技能上，所以大大增强了学生对所从事活动的理解。

第二，这些学习小组与更加广泛的社区团体紧密相连。学校每周都要请一位专家，向学生介绍一种职业或一门技能。这些专家通常是学生的家长。谈论的题目和内容，一般配合学校当时的主题（例如学校当时的主题是环境保护，来校的专家可能就会谈污水处理、森林管理或与此有关的政治事件）。学校希望学生不仅仅参加社区的各种活动，还能在专家的引导下就某一领域做深入的探索。实现这个目标的办法之一，就是参加印第安纳波利斯市儿童博物馆“探索中心”的活动。学生作为长达数月的见习学徒，在那儿从事动画片制作、造船、新闻报道和气象观测等活动。

第三，也是我认为多元智能理论实验的“重点学习社区”在培育儿童成长时最值得介绍的，就是对学生开展的项目教学法。对于指定的每一个学年，学校有三个主题，每个主题持续 10 周。这些主题的范围可以很广，如“形态”或“联系”，也可以较为集中，如“文艺复兴以来”或“墨西哥文化传统”。项目依主题需要而设计。学生学会并掌握阅读、写作及有关概念，则是在主题的探讨过程中自然而然实现的。

学校要求每个学生都必须完成一个与主题有关的项目，因此每个学生每年都要完成三个项目。每一个项目结束时，这些项目成果的报告要拿出来展示，在学生中进行交流（他们对此很感兴趣），每个学生都把自己研究的项目介绍给别的同学，包括题目的产生、目的、问题以及对未来的影响，然后回答老师和同学的提问。

有一点特别重要，那就是每个专题作业的报告都录了像，因此每个学生都积累了一系列项目成果的录像集。这些录像集可以看作是在多元智能理论重点学习社区成长过程中，学生的认知和发展变化的模型。我们与该校的合作，就以研究这些录像资料为重点。

项目成果的评估

当今美国的大多数学生在自己的学习生涯中都要身经数百次甚至数千次考试。在这个过程中，他们都练出了高精确度的应试本领和技能。但一进入社会，他们就会发现这些本领和技能立刻变得毫无用处。相反，以社会生活的标准来检验，上述项目研究中的技能则很有用。有些项目是针对个人所需设计的，而大多数项目结合个人与社区的需求。虽然学校采用项目教学法已有许多年，而且已经成了教育改革的一种方式，但多年来从学生成长的记录中，却看不到这种方法的介入。

这正是我们的研究小组希望能做出贡献的地方。我们认为，如果以更合理、更方便、更有效的方法评定项目研究成果，那么这种方法将会为更多的学生、老师、家长以及更大范围的社会团体所接受。我们因此设计了直接的评估方法，以评价学生项目成果的复杂发展过程和个性。目前，我们正从五个方面评估学生的项目成果录像集。

个人的智能特征

这个特征指的是学生在项目成果中表现出来的认知智能上的强项、弱项及其发展倾向，包括学生对待事物的态度和倾向（如有无冒险精神），以及学生个人的智能特征（语言智能、逻辑智能、空间智能、人际智能等）。

对事实、技能和概念的把握

项目研究可能很精彩，也可能与学校所教的内容毫不相干，或者相互矛盾。从这一方面的评估，人们可以看出学生判断事物的能力、对概念的掌握以及运用标准课程所学到的能力。习惯上学生可以和老师协商，老师也可以要求学生根据在学校里对所学知识的掌握和理解，自己提出一个项目。学生还有机会挑选他希望包含在一个项目之中的事实、技能和概念。

项目作业的质量

每个项目的成果，实际上都由某一类作业来体现，如喜剧、壁画、科学实验、历史叙述等。它们有各自的评价标准，例如，滑稽剧就不能用演讲的标准来衡量。常用的质量标准包括以下几个方面：创新与想象力、美学判断力与技巧、为突出独特的概念而对项目的发展、实施当中的表现等。当学生持续创作某一类作品时，他会逐渐熟悉其评价标准，并学会在这一领域内进行思考。

交流

项目为学生提供了与广大观众，如自己同伴中的合作者、老师及其他成年人交流的机会。有时候这种交流是公开的，如在戏剧和音乐演出中的交流。即使在科学或历史的项目中，学生也需要与他人交流有关发现和发明的技巧。因为这种交流过程与做实验、在图书馆查资料完全不同。

深入思考

智力增长非常重要的也是最容易被忽视的特征是，回顾已经进行的工作、把握既定的目标、评估进展、提出改进方案，以及应用在教室里或从他人身上学到知识的能力。项目为这种“元认知的”或思考的活动，提供了绝好的机会。老师可以和学生一起思考、检查作业，并根据长期的目标、行事风格和它与过去作业的相关性，同时进行下一步工作的构想。同样重要的是，学生能够将这种回顾与检查内部化，从而在没有外界帮助的情况下，对自己的作业进行评价。

必须强调的是，以上几个方面的设计没有什么神奇之处，也非一成不变。它是我们讨论的结果，并将随时间的推移而不断发展。尽管我们相信这些评估方式是评估学生成绩的有力工具，但绝不认为它只能简单地应用于学校和学校系统。我们相信，只要老师（和学生）学会从整体上审视这些项目，并研究其质量以及质量随时间的进展，这种评估就会自然地受到人们的重视。

不过研究小组还需要做另一方面的努力。作为研究人员，我们能够为教师提供丰富的实例来讨论，能够指导讨论沿正确的方向进行，例如帮助他们避免因术语混乱走入死胡同。最后，我们相信，认真评估学生的教师们，终将提出与以上所述非常相近的评价方式。因此，这5种方式可以称为“超级矩阵”，或者叫做我们曾幽默地为之起的名字：“评估系统之母”。如果将来真的如此，学校就可以逐一比较学生的成绩。如果评价系统在美国评价体系中的地位能够长久保持的话，将是令人称道的。

当然，评价学生项目成果的重点是其质量。但我们对另外两个方面也感兴趣：一是项目成果中所表现出来的学生自身状况，如他独特的智能强项、局限性、气质和认知的全面特征等。二是在完成项目研究的过程中，学生与同学、老师和校外专家合作的情况，以及运用资料如图书馆、计算机数据库的情况。

项目是独立完成还是与人合作，并不影响评价的结果。更确切地说，我们之所以用这种方式来描述项目的成果，是因为这些特点代表了学生将要参加的项目研究的重要特点，不应被忽视。学生在与人合作的时候，特别容易感受到完成项目的不同方法。此外，在回顾他们自己独特的做事风格和贡献时，学生会预见到完成学业之后，将要参加什么样的项目和活动。

项目教学法的“脚手架”

作为研究人员，我们也介入了项目教学法的准备工作之中。一开始，不少研究人员和老师有些天真地认为，学生自己能够独立完成并展示他们的项目。但实际上在没有提供帮助的情况下，大部分项目作业要么由家长代劳，要么就是模仿过去做过的，或者在什么地方见过的题目。这种情况最常发生在作读书报告或者作其他报告的时候，学生们会模仿电视节目中气象预报员的神态。若希望学生的项目探究从概念的形成、项目的实施到报告的提交都能达到要求，必须对他们进行不同方面和不同程度的指导，即所谓的搭“脚手架”。这种帮助不但不会减轻学生完成项目面临的挑战性，反而有助于他们参加到项目中去，培养他们完成项目作业的能力。正像学生在读写、手工、学科或小组的学习过程中，受益于师徒制学习方式一样，在项目的形成和完成过程中，这种学习方式也同样有益。有些幸运的学生或许有机会在家庭里或社区中，接受过这种方式的训练或学习，例如有组织的体育活动或音乐课，但大多数学生过去没有这种机会。除非他们15年以后进入研究生院学习，否则学生只能在小学的项目中体验师徒制的训练方式。

这类项目的课程构建过程有助于新的理解。项目研究为学生提供了新的机会，那就是将过去学过的概念和技能加以汇集整理，并服务于新目标。怎样运用知识和面对新的挑战，是一门学问。从项目的设计、资料的搜集、排列、组合，成为最终结果并回答提问，直到批判地观看录像带，都能帮助学生深入了解项目的内容以及自己对完成项目作业的贡献。

多元智能理论“重点学习社区”的这些特点，强调了有效的儿童中期教育的两个方面：一是在教学设备精良的环境中，增加或多或少的正式师徒制的训练和学习方式；二是在不同领域选用各自合适的方法学习技能，并使学习者明确这些技能的用途。同时，各门学科不是孤立的（那样提供的学习动力极为有限），而是组合在一起并持续贯穿在学校课程的始终：学生设计对自己、对家庭或对社区有意义的项目研究，并在完成的过程中调动自己已经拥有的知识和技能。对这些技能和项目成果的评价，尽量在学校的日常活动中进行。对于这些技能和项目成果做出评估的人，不但有老师、同学，还有学生自己。当学生向不同的听众报告时，可以从不同的角度审视有关项目的进展。

如果将项目教学法当作医治教育百病的灵丹妙药，或是把它当作通往知识天堂的阳光大道，那就错了。有些知识的学习是非常严格的，需要死记硬背，需要演算。而有些项目研究，学生容易浑水摸鱼，有些项目则只能对某些重要的基本学科，进行肤浅或表面化的探讨。然而在最佳的状态下，项目教学法能够很好地实现某些目标。它能使学生度过一段重要时刻，激励他们设计草案、复习并修改已完成的作业；它积极鼓励合作，使每个学生都能做出自己的贡献；它还为学生走出学校后，在更广泛的社区中从事有益的工作建立了模式；它能让学生发现自己擅长的领域并全力以赴继续发展；它能使学生有深入的参与感，从而用内在的动力代替外在的动力。此外，最重要的是在项目研究的完成过程中，学生可以展示他们对课堂上所学知识的理解。

虽然在美国的教育界之内，项目教学法已有很长的历史；尽管在过去20年中，“重点学习社区”对于这种方法的可行性，也给予了有力的证明；但是许多同时代的人和我一样，还是缺乏对“重点学习社区”所做工作重要性的认识。很遗憾，项目教学法无论在当今的美国教育界，还是在世界上的其他地方，仍然不受欢迎，甚至受到排挤。原因非常简单，各种各样的全国统一考试，乃至世界性的统一考试，几乎占据了所有教育体制的中心位置。的确，我敢说，在各国之间教育的竞争态势下，出于为了国家的教育声望的提高（或者换句话说是保持这种声望）的原因，造成了各地课程和教育的雷同。在此范围内，分数主导着整个教育体制，要实施全面的项目教学法，十分困难。

第 8 章 学科理解的多元切入点

在过去的十年里，公众的注意力极大地集中在美国和世界各地的教育改革上。但令人惊讶的是，几乎没有人讨论为什么要教育我们的孩子，为什么我们要教育自己。这种“对教育目的的沉默”，准确地描述了本书第一部分的特征。在那一部分中，我专注于人类智力潜能的研究。

在本章中，我试图弥补这种不平衡。我特别的关注在于教育的主要目的以及最有希望的、最有效的教育体制。

理解：教育的一个直接目标

对于教育应该循循善诱，从而使学生最后对所学知识实现真正的理解，恐怕没有人反对。如果一旦有人问:“什么是理解?我们怎样知道实现了理解?”回答这类问题就会感到困难。的确,我敢说,教育界的大多数人并不明确理解的含义,也不知道怎样了解这一目的是实现了,还是没有实现。

在《未受教育的心理》(*The Unschooled Mind*)一书中,我给出了理解的定义。我认为如果一个人能把在任何教育背景下所获得的知识、概念和技能(此后合并简称为知识),应用到与这些知识确实相关的新的事件中,或新的领域内,那么他就实现了理解。同样,如果他不会应用所学知识或选择了不恰当的知识,来解释变化了的新形势,那这个人就没有实现真正的理解。

为了举例说明,让我谈谈1991年短暂的海湾战争。当时美国率领着多个国家,努力从伊拉克的手中解放科威特,给那个地区带来了新的平衡。“理解”该地区政治、历史的人,应该能够预测战争结束后,哪些结果是可能的,哪些结果是不可能的,这其中包括永久改变战前状况的不可能性。一个“理解”物理学原理的人,能够指出怎样发射爱国者导弹,才能成功地拦截飞行中的飞毛腿导弹。还能做出一定的预测,说明飞毛腿被炸碎之后的残骸可能散落在地面的什么地方。最后,一个对于经济学原理真正理解的人,能够预料大量计划外的财政支出对美国经济(以及其他地区经济)的影响。

过去数十年里,在认知领域内相当多的研究工作,使我们知道了这样一个令人十分不安的事实:在美国和目前为止我们所知道的一些工业化国家中,大部分学生并不能真正理解他们在学校里所学的教材或知识。也就是说遇到不熟悉的情况时,他们一般不能恰当地运用在学校所学到的概念,甚至好学生也是如此。在物理学的学习上表现得最明显。在不容置疑的名牌大学如麻省理工学院和约翰·霍普金斯大学物理学课程得过高分的学生,常常不能将课堂上学到的知识应用于校外遇到的游戏和示范上。

遗憾的是,正如《未受教育的心理》一书所记载的,这个问题并不仅仅存在于硬科学之中。实际上，学统计、数学、心理学、文学、历史或艺术的学生，基本上都有这类问题。学生在教室里表现得似乎理解了，因为能把记住的事实和法则反馈给教师。可是一旦需要由他们自己独立挑选在学校学过的概念、事实或技巧，应用于眼前出现的新情况，就表现得不能真正理解，而且经常展现出和 5 岁的儿童一样的水平。

毋庸讳言，这种状况是令人沮丧的。虽然我们的一些好的学校在教会学生读、写、算等基本能力上是有成绩的，但它们却无法通过更严格的，或者可能说是更基本的检验。大体上说，甚至我们较好的学生，也不能理解科学、数学、人文与艺术的有关领域。下面的说法也许并不过分，那就是近 10 年甚至 20 年以来，教育并没有达到人们对于这个系统预期的合理目标。

◎ 如何实现真正的理解 ◎

我提议，在美国教育体制的主流学术领域内，“理解”应该成为一个主要的目标，甚至是第一位的目标。不幸的是，除非“理解”成为我们整个教育事业的中心目标，否则就几乎不可能实现。在希望学生具有哪一种“理解”的认识上，作为实现“理解”的开拓者，教育家们应该达成共识。我建议召开一个全国性的甚至国际性的研讨会讨论这个问题，那将会有很大收获。虽然每个学校都需要处理“理解”的问题，但是让每个学校或学区都从零开始，安排自己认为合适的“理解”的目标，是没有什么意义的。让我列出一些在几个学科内似乎可能的“理解”的目标：

◎ 学习物理的学生应该能够解释日常生活中遇到的各种物体的运动和现象，并且无论出于何种目的，也能够在物理实验室中解释上述物理现象的演示。

◎ 学习数学的学生应该能够测算他们日常生活中有关数量的问题，做出合理的短期投资计划，弄清抵押贷款和保险的各项规则，并且能够填写他们的退税单。

◎ 学习历史的学生应该能够阅读日报和周刊，能够引用相关的历史规则，解释当前发生的事件，并能大致合理地预测未来可能发生的事情。

◎ 学习文学和艺术的学生应该至少能够创作简单的有关风格的作品，并且能够从自身文化和异国文化的视角出发，理解和欣赏艺术作品的内涵。还应该像将个人的生活体验带到自己创作或欣赏的作品中一样，他们能够将创作或欣赏的作品，与自己的生活以及所关心的事物，联系在一起。

我不认为这些目标会引起特别的争议，也不认为它们很难达到。但值得一提的是，极少有学校真正明确地提出类似的"理解"的目标，更少有学校要求它们的学生，最后能够表现出"理解"。

有时将"成果展示"和"理解"这两个概念加以对比，是很方便的。我在《打开视野》（*To Open Minds*）一书中，就使用了这种两分法。有些教育体制非常强调并重视"成果展示"：即首先由教师讲解一系列程式化、记忆类型的知识，然后要求学生越来越精确地模仿或背诵。很多传统的教育体制，如中国的教育体制，常常被当作强调"成果展示"的例子。相反，西方教育被认为更重视"理解"。在西方社会，"理解"是一种能力，即通过表面进一步深入挖掘深层问题的能力、分析艺术作品或教科书，并说明其创作法则的能力。人们可以将孔子看成是注重"成果展示"的典型，而苏格拉底则是注重"理解"的代表。

然而进一步的分析发现，只有在学生表现出"理解"之后，才能感觉到它的存在，这一点是很明显的。除非某个学生有相关的表现，否则我们不知道他是否理解了一个物理学原理。这类表现可能包括安装或修理仪器，正确运用表示两个物理变量之间关系的公式，或者预测当两个物体在一定条件下发生碰撞的结果。这些都是“理解”的表现。同样，除非某个学生给出与此相关的成绩，我们无法知道他是否理解了某一个阶段的历史。对不熟悉历史的人解释美国某一阶段历史的能力，或解释先后接连发生的历史事件的能力，或用重要的历史事件解释当前发生的事件，以及运用历史事件和人物解释艺术作品的能力，都是“理解”的表现。

我现在与哈佛的蒂娜·布莱斯（Tina Blythe）、维朗妮卡·博克斯曼西利亚（Veronica Boix-Mansilla）、洛伊丝·赫特兰（Lois Hetland）、大卫·帕金斯（Davis Perkins）、维托·佩龙（Vito Perrone）、斯通·威斯克（Stone Wiske）以及其他几个人的合作研究表明，虽然由教师来为这些“学习成果”下定义决非一件容易的事，但却是可能的。给出定义之后，下一步就是由教师向学生解释，使之明白人们希望他们最终能够单独完成的、或与同学合作完成的“成果展示”是什么。不仅仅在一门课程或单元结束时才开始，学生应该在上第一次课时就开始“实践”这些“成果展示”。出于同样的原因，学生在评估过程中应该尽快进入角色，直接参与其中。评估不应该在一天结束时才由教师和校外检查人员进行，而应该是双方参与的一项活动。在这项活动中，学生主要负责不断定期地思考自己的“成果展示”和改进这些“成果展示”的方法。

对课程的启示

若是想得到“为‘理解’而教育”的结果，最认真的决定就是彻底缩减课程。如果有人希望拥有保证获得“理解”的机会，就必须放弃教学“覆盖一切”的错误做法。过分广泛的覆盖面就会导致肤浅：学生学到的只能是曾经在脑中装满，但在考试一结束就会马上忘光的东西，也就是那些考试中的多项选择题，或者只需要简短答案的试题。所以，应该转向“不覆盖一切”，或者套用另一句流行的口号，应该奉行“少就是多”的原则。

根据我的“为‘理解’而教育”的看法，在开始时就应要求学生明白“理解”的概念，给出清楚的定义，并明确提出当学生离开学校的时候，对学生“成果展示”的要求，这是很重要的。一旦这么做，这些“最终状态”和“最后展示”就成为课程设计和评估程序的基础。在可能的条件下，应尽早向学生介绍这些概念以及“成果展示”的要求，使之有机会在学校多次接触时重温它们。下面打个比方：如果“真正理解民主制度”是历史学和社会学课程学习的主要目的，那么第一学年的课程和评估，就应朝着这种理解的目标而设置。同样，如果理解进化过程和原理是生物学课程的主要目标，小学生就应该参与能熟悉进化现象的活动，并实现教师要求的那些“成果展示”。总而言之，为培养理解而实施的教育，应采用“螺旋式的课程”，这样学生在学校里就能够多次接触丰富的、具有启发性的思想。

人们马上就会意识到，这样的过程需要教师之间的密切交流，也需要学生学习的连贯性。我很惊讶地发现，某一年级的老师常常不知道他的学生上一学年学了些什么，也不知道这些学生下一个学年将学些什么，好像年级与年级之间互相神圣不可侵犯，每年秋季开学时，一切都得从头开始。学生和家长对此同样无知和无能。相当典型的，就是他们都不关注学年、学期甚至课堂的连续性。上一个学年数学和英语课程所学的内容，似乎与下一学年的相同课程无关；历史课的写作练习，似乎很少考虑到与英语课或科学课的写作有什么关系。从这里可以看出，学校之间（甚至可能在全国范围内）不同课程某种形式的协调，显得相当必要。

通过上述讨论可以清楚地看出，我倾向于某种形式的“核心知识”，也就是所有学生都应掌握的内容。但要注意，这种倾向并不意味着提出一套犹如圣经般经典的著作和原理的清单，我并不认为那种指令是合适的或到处可行的。其实我所追求的，是进化论和民主论这样一些丰富和具有启发意义的概念之间的一致性，是能够表现理解方式的“成果展示”。例如将上述进化论和民主论的概念，应用于新的生物物种的发现和政治事件中，就是我说的这类“学习成果”。我们有理由希望，美国的每一名毕业生，都能够理解生物领域某一个发现的重要意义，都能预料每一次经济危机和每一个重要的司法判决可能产生的政治后果。

专业知识与通用知识之间的平衡

在“理解一个社会所需要的通用知识”和“承认个人的兴趣和天分”之间，怎样才能寻求平衡呢？其实这是多元智能理论关注的中心。我相信，部分答案就在于能够敏锐地觉察到在人的不同的发展阶段和发展水平上，什么样的教育是有意义的。

儿童时期

全世界各国的儿童大约 7 岁的时候，都盼望着上学，并不是出于偶然或者一种巧合。依我之见，大部分儿童在这个年纪的时候，开始能够运用天生的学习能力认识物质、社会和符号世界。对于某些教育目标来说，这种未经教化的学习模式可能就够了。的确，在一些还未工业化的社会里，人们已经将这些儿童当作年轻的成人。

然而，在文明和工业化的社会里，儿童的能力与善于思考的干练的成年人相比，仍然相距遥远。他们还需要能够阅读并掌握所处文化背景中许许多多的符号系统，如数学记号、科学记号、图形记号（如地图和图表）。

说不定还包括其他特定的符号系统，如音乐、舞蹈或特殊职业所需的记号等。教育的任务和实质，就是在10年左右的时间里，将这些记号的知识全部传授给儿童。

进入学龄的儿童与比他们更小的同伴相比，有着明显的差异。学龄前儿童的思路倾向于自由翱翔，他们热衷于幻想和进行有限的尝试。他们的语言类似比喻，极易产生联想。但是到八九岁的时候，绝大部分儿童就会有明显的变化。在童年的这一时期，儿童想掌握自身文化以及特定的职业或业余爱好的规律；想准确地运用语言，而不是仅仅通过比喻；想画出像摄影照片一样清晰的美术作品，而不满足于幻想的和抽象的绘画。在衣着、行为举止、游戏、道德规范和其他与文化有关的活动中，他们都希望能符合一定的准则，不能再容忍偏差。

这些感情和注意力的转变，为教育提供了机会。入学后的头几年，绝对是掌握自身文化中符号系统的重要时期。在大多数情况下，儿童不可能自己掌握这些符号系统，这就是为什么在全世界的范围内，儿童在六七岁都要上学的原因。现在人们已经认识到，符号系统的学习比原先想象的要困难得多。因为不可能在知识真空的情况下掌握符号系统。相反，这种教育必须建立在学龄前形成的对常识理解的基础之上，并与之相联系才能办得到。如书面写作必须与口头语言技巧相连；音乐符号系统必须与儿童对音乐的直觉或图解式认识相关联；科学概念必须与他们关于物质世界的常识和对它的理解相关联。想实现这些联系，就会面临着一个严峻的挑战。否则，孩子将背着学习两个互相游离的知识体系的沉重负担，可他们自身的知识系统又不够用，无法完成两个体系的连接。

此外，这个年龄的儿童已经准备好并渴望着掌握某些领域的技能。他们希望能够画出具有透视感的图画，写出押韵的诗歌，做好化学实验，设计出满意的计算机程序等。让所有的孩子都能至少参与上述活动中的一种，当然是世上最理想的事。然而，人类的局限性证明这个目标是理想化的。试图使孩子们学会所有的艺术形式、所有的运动种类和全部学习活动，最好的情况也不过是使他们仅仅获得知识的皮毛，弄不好则会失败。

基于这些理由，我主张在童年中期（大约 8~14 岁）的教育，应有一定程度的专门化。在儿童学习掌握重要读写能力的同时，他们也应该有机会在少数领域内，获取相当水平或一般程度的技能，如一种艺术形式、一种运动项目、一两个科目的知识。那样 10 岁的儿童可以选择音乐或艺术课，下课后投身于运动、体操、跳舞等活动的一种，或继续某一学科如历史、生物或数学课的学习。

我提倡这种早期的专门化，有两个理由。第一，我认为以每日的活动为基础，让少年儿童及早了解学科的意义，掌握学科的内容和有关技巧，如练习、实践、监控、思考自己的进展，与同伴在同一领域内的进展进行比较等，是重要的。缺乏这种机会，将来这些能力在工作中一旦变得非常重要时，再想弥补就会感到为时已晚。没有任何地方像当代美国这样，渴望一下子就掌握所有有关事物。这里拥有太多的文化迹象，表明了美国人对“立竿见影”的偏爱，而没人喜欢长期师徒式的学习。

第二个理由与儿童成年后的事业发展有更加直接的关系。按照我的观点，如果一个人找到了适合自己的行业或职业，他就可能获得满意的人生，为社会做出贡献并实现自己有价值的人生。如果一名儿童在生命的早期充分接触各种专业领域和智能，就有理由相信他将在童年的中期，把注意力缩小到一定的范围。最好的情况是，儿童已经开始得到今后生活中所需要的专业技能，起码他将拥有获得某种能力和控制这一过程的经验。

怎样选择这些领域呢？在多元化的和民主的社会里，这个选择应该由儿童和他们的家长，通过从各种途径获得的证据和建议做出。我相信，如果在童年的中期，能够合理地评估出儿童的智能强项，就能够找到与他今后事业发展相匹配的领域。这种匹配即使是随机或偶然得到的，其最终结果并不一定就令人沮丧。在中国，我观察到这种早期的能力与领域的搭配，是通过相对不系统的方式进行的。但是这些儿童后来渐渐变得与被指定的领域关系相当密切，并且能够专注于其中，后来也能持续不懈地努力学习与此有关的技能。

谈论儿童需要找到某些专业的领域，并经过师徒制的学习获得该领域中特定的技能，似乎是危险的，因为这可能意味着严肃和痛苦的经历。但是，专业的分化没有必要搞得像定量配置调味品一样。一个有悟性的教师、一门生动的课程、一个被信任的导师、一群意气相投的同学，都能使人在早期的学习过程中，获得美好的愉悦体验。实际上我极力主张在专业化的初期，都应有一段相对无序的“探照灯”式的发展时期，让儿童广泛试验各种媒介和符号系统,判断它们对于自己的可能性。更严格限制的“激光式”的训练，则应该建立在前期探索的基础上。当儿童在某个领域初步入门后，能够开始以较为个性化、较为自信的方式处理媒介时再开始。

对要做的任何事，都没有必要提出唯一的正确答案或指定的方式。因为这个年龄段的儿童，大约已能做出无穷多的假设，他们的长辈强调方法和答案的多元化是重要的。

青少年时期

与童年中期的孩子相比，青春期少年的世界至少有三个变化，即更加宽广、高级、深入。首先，这个世界变得更加开阔，青年人的舞台不仅仅局限于家庭或当地社区，还有更广阔的天地，甚至是整个世界；其次，青春期少年的世界变得更加高级，青年能够以更加抽象的思维方式推理、思考，提出假设和理论；再次，他们的世界变得更加深入，青年人更加持续地探索自己的生活，比几年前能更全面地对待自己的感觉、恐惧和理想。

虽然皮亚杰的“形式运算”思想（formal operational thought）的特征，已不再以它的原始形式为人们所接受，但如果将青年看成能够自由自在地面对整个思想体系的人，皮亚杰的上述思想还是很有用的。青春期前，孩子们只对事实、规则和纯粹的技巧感兴趣，而处于我们文化中的青年，则开始深入地接触到价值观、更广泛领域内的规则、更有意义的设想和技能运用的正确性。他们开始关心不同知识体系和不同观点之间的联系，关心人在其中更具有创造性的不同领域之间的联系。而他则会试图将这些联系和对个人生活的关切联系起来。在对个人生活的关切内容之中，有自我意识，有对职业和教育的选择，有与异性和其他不同背景下生活的人的关系，等等。

在我们的文化背景下，青春期是接受更高一级教育的时期，即接受高中教育和大学教育的时期。在世界上许多地方，无论是发展中国家还是发达国家，都认为这一时期是增加专业知识的时期。我认为从发展的观点看，这种倾向是不妥的。因为处于这个年龄段的青少年，正通过范围更广阔的活动来确定自己的人生坐标，所以我认为他们此时继续（或开始）接触广泛的话题、主题、学科、价值体系，并且同时思考横跨这些领域的问题，是很重要的。

因此，不同于童年的中期，也不同于很多地方的教育实践，我认为在14~20岁青少年的教育中，应该重视更加综合性的知识的学习。用一句老话来说，就是文理综合（liberal arts）[①]的教育。这里所指的“文理科”，包括科学、技术、希腊古典文学和人文科学。此外，课程中也应关注伦理问题、

① 也可译为“通艺”教育，即包括自然科学、人文科学和社会科学基本知识的教育，与通识教育（general education）含义类似，只不过“liberal arts”是历史名词，通识教育是19世纪出现的新名词。——译者注

时事政治、社区与全世界的问题。还应该鼓励学生参加丰富多彩的研究课题或项目，以使他们获得更广泛的经验，培养他们多方面联想的能力。

当然，童年中期的那些强制性教育，不会在青春期神秘地消失。如果儿童在 7~14 岁的年龄段学不会观察世界，那么很显然，他在以后的 7 年里也不可能做到。无论如何，我仍然呼吁对这一段时期要加强重视，原因有三：第一，这一年龄段的课程的拓宽和课程之间的联系，与这个年龄段青年人自己对于信息处理的倾向相一致；第二，有必要让每一个成长中的青少年，都至少接触到我们这个星球上的基本学科和被关注的问题；第三，这个年龄段的青少年极愿意超越束缚，甚至冒险进行跨学科的思维。

几乎所有的教育家都在为如何实施这种教育而绞尽脑汁。他们在寻找实施这种教育的捷径，例如核心课程，主修（major）和辅修（minor）学科，以及那些从基础开始的课程。这些课程的目的是探求概念和思维方法，而不是提供所有的信息。有些教育家，竟然提出每个受教育者都必须知道的事实和术语的明确清单。

即使我得到了这类整个宇宙通用的课程清单，我也找不到向青少年介绍它们的地方。我也不认为，每个学生都需要学习所有的学科或相同的一组学科。我所赞赏的，是对于大多数学生来说，生命的第三个 7 年应和出生的前几年一样，最好鼓励他们进行较广范围内的探索，而将较小范围的专业知识的掌握暂时放在一边。还应该鼓励他们综合各项活动之间的联系，把课堂上学到的知识应用于课堂以外的地方。

到目前为止，我已经说明了“理解”是教育的恰当的目标，简单介绍了学生可以努力表现出自己实现“理解”的方法，并提出了可供选择的一些课程。很明显，目前在美国和世界上多数国家，人们在教室里并不鼓励和支持这种教育，当然也不可能单独实现这一目标。如果坚持目前这种一个教室里有 20~50 名学生，都坐在课桌前听老师讲课，按预先设定的时间间隔，被武断地从一门课程转移到另一门课程的教学方式，要实现为“理解”而教育的目标，事实上是不可能的。

展现“理解”的博物馆

很遗憾，目前没有实现“理解”的药方，却有可能存在无数阻碍实现“理解”的措施。但是，更有效地实现理解教育的线索，却存在于人们略有所知的两种制度或机构内。一个是古老的师徒制教育作坊，另一个是非常现代化的儿童博物馆。

请想象一下七八岁儿童的下列教育环境。除了进正规的学校学习之外，他们还有机会去儿童博物馆、科学博物馆或某种发明探测中心。作为在以上场所进行情境化教学的一部分，成年人在现场实际操作各种展品，以展示学科或者技能。程序设计工程师在技术中心工作，动物管理员和动物学家在动物园管理照料动物，自行车工厂的工人当着儿童的面组装自行车，日本母亲在本民族的房间里烹调食物并表演茶道。甚至展览会的设计者和安装工人，都在学生面前进行自己的工作。

在这样的教育过程中，儿童就进入了和许多成年人一起的师徒制学习阶段。每一个师徒制学习的小组，拥有年龄不同的学生和该领域不同水平的专家。作为师徒制学习的一部分，学生要应用各种文化工具，如和程序设计人员一起时，应用数字及计算机语言；和日本家庭一起活动时，使用学到的日语；和自行车工人一起时，阅读组装说明书；和展览设计者一起时，准备墙壁上的装饰等。在师徒制教育中应该有意地包含多方面的学习目标，如艺术活动，需要反复练习肢体灵活性的活动，以及倾向于学术性的活动。总的说来，这些活动都与一切文化活动中所需要的读、写等基本能力（一种或多种语言的读、写能力）、数学与计算机操作能力、不同行业与职业记号的运用能力有关。

大多数的学习和评估都以合作的方式完成，即学生们一起工作，完成需要具有不同程度技能的一组人才能完成的任务，而且这组人的技能应是互补的。如自行车组装小组共有 6 名成员，他们的工作从寻找零件、装配零件开始，一直到检查新装好的自行车，并修改说明书或设计销售广告。学习的评估也采用多种形式。从学生自我监督学习过程的日记，直到“马路测试”，即组装好的自行车，能否为自行车找到买主？小组中的成年人或“教练”是技术熟练的专业人员，他们认为自己是在训练本行业的接班人，很清楚参与这些活动的原因，要求的标准很高。学生只有工作完成得好，才能让他们满意。因为这是学生第一次参加富有意义和挑战性的活动，所以看到自己和伙伴们的努力换来的成果，会感到非常快乐。

对于儿童宁可放弃公立学校的学习（或者除了在公立学校的学习之外），参加这样一个强化的博物馆学习项目，读者的第一个念头可能是不相信。学校和博物馆的内涵差距实在是太大了。博物馆意味着偶尔的、随便的、娱乐性的、快乐的“郊游”。正像旧金山探索馆（San Francisco's Exploratorium）的创始人弗兰克·奥本海默（Frank Oppenheimer）最爱说的一样：“没有人会在博物馆这门课上不及格。”与此相反，学校则是一个严肃的、规矩的、正式的、有意非情境化的地方。如果我们让学生不去学校而去博物馆求学，是否会误人子弟？

我认为结果恰恰完全相反：送孩子到当今的大多数学校去才有这个危险。在我们的社会里，去学校上学，对于大多数儿童来说，曾经是有益的，但今日对他们中的多数人来说已经不同了。大多数学生以及很多家长和老师说不出必须上学的理由。他们既无法从在学校的经历中找出这个理由，也不相信在学校获得的知识将来一定有用。这一点，只要请一名城市的高中生或者他的父母，论证一下学到的 2 次方程或拿破仑战争将来有什么用就清楚了。真实的世界实际上在其他地方：在媒体、在市场、在频繁地充满毒品、暴力和犯罪的地方。今日在学校里所发生的一切，即使不是大多数，也有不少是因为传自老一代，而不是因为有令人信服的理由才保留下来的。常常听到“教育基本上是监管学生而不是教育学生”的说法，使人觉得倒有几分真实感。

当然，也存在着一些示范样板学校，就像同样存在着那些设计拙劣、管理不善的博物馆一样。但是作为教育机构，学校越来越不能满足时代的需求，而博物馆则一直很有潜力。它们吸引学生，教育学生，激发学生的理解能力。而且最重要的是能够提供举行活动的场所，成功地扮演着在那些领域里的示范角色，对儿童有很大吸引力。最重要的是，博物馆承担起为学生设计自己未来的学习的责任。

学校和博物馆之间这种角色的戏剧性转换，有两个主要原因。一方面，今天的少年儿童生活在极为不平静的、令人兴奋的年代。他们没有选择的权利，面前展示的是诱人的媒体和技术。这些媒体和技术从电子游戏到宇宙探险，从高速火车到直接或间接手段的全球通信，十分诱人。在很多情况下，以上媒体和技术可以被用来生产引人注目的声讯产品。与这些产品有关的活动，完全可能吸引在教室里上阅读课的学生。而教师枯燥乏味的课堂教学，更不能激起他们的兴趣。另一方面，科学博物馆与儿童博物馆成为有关学科展览、活动、展示的场所，这些都吸引着孩子们。与某些学科有关的展品、活动和角色，代表着当代的职业、技能与爱好，理所当然地鼓舞并激励了学生的学习兴趣。

对一些学生表现出来的在理解学校教育的内容方面出现的困难，我做出过评述。虽然学生不可能在博物馆这一门课上不及格，但不理解所参观的展览的意义和启示，却是有可能的。我确实怀疑这种“仅此一次”式参观博物馆的效果。由此造成儿童不能理解或错误理解的情况经常发生，是不足为奇的。

然而，积极地、持久地运用师徒制，将会为“理解”提供更好的机会。在这种长期的相互交流中，初学者有机会通过每天的观察，了解众多技巧、过程、概念、符号或符号系统的原理。他们能够因此观察到有能力的成年人自由自在地遨游于其中的知识海洋，将亲自体验错误导向和错误观点造成的后果，也能够享受在正确的思路下获得成功的乐趣。他们将经历一个转变，即从开始时完全以成年人的模式为基础，变为在师傅的指导和帮助下，尝试运用自己的方法。就像他们能够为新参加的同学提供帮助一样，他们能够与更老练的同伴一起讨论并交换意见。照我的看法，所有这些举措都增强了学生的能力，即让他们表现出以正确的方式，运用技巧和概念的能力，这就是实现理解的证明。

如果我们想勾画出“为理解的教育”的轮廓，使之不但适合今天的学生，也适合明日的世界，我们就必须严肃地对待博物馆的和师徒制的教育方式。我们的目的可能并不是将每个博物馆都变成学校，把每位教师都变成师傅，但应考虑那些做法，将博物馆的氛围、师徒学习方式及引人入胜的专题的长处，都融入家庭、学校和工作场所等教育环境之中。儿童博物馆启发式和开放式的学习方法，需要与师徒制中的严谨、规范和纪律相结合。我刚才列出的教育环境的假设，在横跨学前教育到老年教育的范围内，在所有的学科教育中，都有重要作用。

◎ 实现理解的多元切入点 ◎

在专门论述多元智能理论对教育的启示的本书中，这一章却很少提到学生所表现出来的不同的才能和智能强项，看起来似乎有些奇怪。其实这个忽略是有意而为的。我认为，我们在提出教育目标和设计教育过程的时候，需要知道对学生的期望值和学生实际情况之间的关系，这样才能较为准确地了解他们选择的技能。

现在是弥补上述忽略的时候了。前几章已经提供了足够的例子和证据，说明每个儿童都以不同的方式学习，表现出不同的智能的结构和倾向。毫无疑问，如果我们忽略这些差异，坚持要所有的学生用同样的方法学习相同的内容，就整个摧毁了多元智能理论这栋大厦。

首先要考虑的，就是多元智能理论似乎使得教育本来就艰巨的任务更加困难。假如所有的人都表现出相同的能力，都采用相同的方法学习，那多好啊！的确，对于一个每天上四五个班级的课，而且每班有 30 名学生的教师来说，因材施教的前景显得非常渺茫。但既然这些差别确实存在，每个人的独特智能组合，就一定会在他生命的发展轨迹和所获得的成就中表现出来，因此忽略学生智能轮廓的差别就是有害的。

只要试图在学校的教学中包含尽可能多的大量内容，根据多元智能理论的观点，实现教育的细微改变几乎都是不可能的。可是一旦决定了将为理解而教，并且在相当长的时间里，深入地探寻有益的主题，那么在认知层面上的个体差异，就完全可能存在。

我的研究表明，任何丰富的、有益的主题，即任何值得教给学生的课程内容，都至少可以通过 7 种不同的方式来切入。这 7 个方式差不多与多元智能相一致。我们可以将值得交给学生的议题设想成有 7 个切入点（入口）的房间。对于学生来说，哪一个切入点最合适，入门之后走哪一条路线最顺利，都因人而异。知道这些切入点或方法，可以帮助教师采用易于为大范围学生所接受的方式，介绍新的内容，讲授新的教材。这样当学生探索其他切入点或方式的时候，就有机会摆脱陈腐刻板的思维方式，深化多元的观念。

现在让我们逐个研究这 7 个切入点或方式。先考虑用两个例子说明每个切入点怎样用于处理所要教学的主题或概念。一个是自然科学的进化论，另一个是社会科学的民主制度。

第一，运用叙述切入点（narrational entry point）或方式的时候，教师首先介绍与所要学习的概念有关的故事，结合叙述进行讲解。以进化论的教学为例，可以追溯生物演化系统图的一个分支，甚至一个特定生物的世代进化过程。在民主制度的教学中，可以讲述教师和学生的教学实践，古希腊民主的出现和美国宪法政府的起源。

第二，运用逻辑切入点（logical entry point）或方式的时候，学生可以通过有组织的讨论，学习有关概念。例如，达尔文根据在过分拥挤的、因维持人类生存而资源枯竭的地球上发生的一切，通过类推的方法，提出了进化论的观点。又例如说“民主”是管理民众的政府的一种形式，或者是民众在做出决定时适时地选出的代表。

第三，量化切入点（quantitative entry point）或方式处理与数字有关的量和关系。例如达尔文因为在加拉帕戈斯群岛观察到不同雀类种属的不同数量，才开始思考进化论的问题。对于议会选举模式的考察，能够搞清民主政体是怎样运作的，或者是怎样陷入困境的。

第四，基本原理或存在切入点（foundational or existential entry point）检验某一概念的哲学或术语的内涵。这种方法被证明非常适合喜欢提出最基本的问题的人，如儿童和哲学家，却不适合较为务实的中年人。此方法应用于进化论教学时，可让学生思考进化和革命之间的差异，寻找物种起源和进化的理由，目的论和终结论在认识论中的地位，等等。基本原理入门法用于民主政治的教学时，可以思索民主这个字眼本质上的意义、相对于其他制度的民主制度与政府的关系、人们放弃专制而选择民主制度的原因等问题。哲学家马修·李普曼（Matthew Lipman）已经开发出许多吸引人的教材，向中等年龄的儿童介绍基本原理入门法。

第五，让我们再来看审美途径（aesthetic approach）。有些学生喜欢以艺术的方法来对待生活体验。这种方法强调的重点在于吸引这些学生敏感的和表面的特征。此方法用于进化论的教学时，可检查不同进化系统结构，或者研究生物随时间的形态变化，这都可以激起学生的审美联想。在与此相对照的民主政治教育中，可以让学生聆听不同特征的音乐演奏，如将合作演出的四重奏和由一个人指挥的管弦乐队进行对比。另一个较为平常的方法，是介绍在不同党派议员集团选举时，表现出的平衡或不平衡的投票形势。

第六个切入点就是经验途径（experiential approach）。一些学生，无论是年轻的或是年长的，极擅长采用动手的方式学习，喜欢直接接触那些能够体现或表达某一种观念的信息或素材。可以让愿意研究进化论的学生，繁殖培育无数代的果蝇，观察它们发生的物种突变。当然，今天这种果蝇生物的繁殖也可以在计算机上模拟进行。对于学习社会科学的学生，可以将一个班的学生分组，模仿不同的政府机构制定决策的过程，通过和其他形式政府的比较，从正面和反面观察典型的民主体制。

第七个也是最后一个是学生之间的协作途径（collaborative approach）。近来，精心设计的小组学习的优越性逐渐显现。那些愿意与其他同学一起学习的学生，特别适合于以下形式的学习方法，那就是集体研究的课题、分组讨论或辩论、角色扮演和“竖锯”（jigsaw）类型的活动[①]——在这种活动中，组内每个孩子都做出独特的、与众不同的贡献。喜欢辩论的学生，可以重现当年赫胥黎（T. H. Huxley）和萨缪尔·威尔伯福斯（Samuel

① 根据加德纳应邀来信的解释，“竖锯”活动类似七巧板游戏，由每个学生做出自己独特的贡献，组合在一起完成整个任务。——译者注

Wilberforce）之间的争论[①]。就像记录的那样，学生可以模仿不同形式的民主——直接的、典型的、市镇议会的，然后观察每一种选项的优点和局限性。

根据以上模式，优秀的教师应该是能就一个概念打开多扇窗户的人。在我们的例子中，这种教师不能仅仅靠定义、靠举例，按照数字的分析来介绍进化论和民主制度。他们应该能够在一段时间里提出若干不同的入门学习方法。优秀教师的作用就好像“学生与课程的中间人”一样，能够根据学生个人表现出来的独特的学习模式，经常注意到那些能更有效地传达有关教学内容的辅助器材，如课文、影片、计算机软件等，并能尽量采用既有趣又有效的方法来运用它们。

很明显，以上多种切入点及方式的运用是转变学生错误观念、偏见和陈旧学习方法的有力武器。几乎可以肯定，如果仅仅采用单一的观点或方针来看待某一概念或问题，学生对它们的理解是片面的、僵化的。与此相反，采取多种不同的观念和立场来看待同一现象，则可以促使学生以一种以上的方式理解它、表现它并寻求这些理解、表现方式之间的联系。

以上教学的多元切入点或方式具有两个重要的优点。第一，教师能运用不止一种方式切入某一命题，这能吸引更多的学生。一些学生适合接受叙述的方式，而另一些学生则可能适合接受艺术创作的方式。与基本原理的方式比起来，一些学生可能更适合接受量化的方式或者诗歌的形式来学习科学。多元的切入点或方式，是使人了解专家拥有什么知识的最好方法。专家是什么人？专家是能够运用多种方式思考并展示自己专业领域的人。这些多种方法有语言描述、线性图表、具体动作、幽默表演等。在需要表达关键的概念时，在遇到用多种方式思考这些概念的机会时，学生就会带

---

① 托马斯·亨利·赫胥黎（1825—1895），英国博物学家、教育家，著作《天演论》（*Evolution and Ethics*）对中国近现代的思想产生过重大影响。萨缪尔·威尔伯福斯（1805—1873），英国国教的主教。1859 年达尔文发表《物种起源》一书后，两人对此爆发了激烈的争论。——译者注

着专家的头脑完成那些任务。

关于特殊群体的话题

上述回顾表明，即使对于要求所有学生都必须掌握的核心课程，也能有针对性地设计出开发多元智能的教育体系。但是，教育必须超越固有的观念。让学生知道本国的文学和历史、知道统治自然世界的重要生物学和物理学原理，当然是重要的。但让学生学会找到自己的强项，追寻他们自己喜欢并有可能成功的领域，其重要性至少不亚于前者。

我自己的观察表明，人不能决定自己命运的情况是很少的。人们的生活轨迹，极可能是由他们自身发展的能力和技巧所决定的。这些技能的大部分，取决于他们与生俱来的或者幼年时期被培育出来的智能。人类历史上很多最有创造性的天才，都曾经存在明显的学习上的问题。爱迪生、丘吉尔、毕加索，甚至爱因斯坦都是这样的。可他们不但没有被这些困难吓倒，反而发挥了自己的强项，在各自所从事的领域里，取得了巨大的成就，做出了非凡的贡献。因此，那些承担教育重任的人，应该特别关注自己学生的强项，鼓励他们的创造性。

我的研究工作很早就引起了专业人士对特殊群体的关注，这恐怕并非出于偶然。这些特殊群体包括超常儿童和天才儿童、学习困难儿童以及在某一种智能或几种智能上表现出色或残疾的儿童。这些儿童的特征，就是他们不以一般的平常方式学习学校的功课。因此这些儿童的教师们所面临着的选择就是，要么一笔抹杀他们与一般学生的差异，要么寻找针对他们的有效的教育方案（附带提一下，按照现行的教育标准，这个问题对于超常儿童和弱智儿童来说都一样尖锐）。

多元智能理论对此大有裨益。它不但提出一个明确的智能种类和结构，提供了一组服务于智能的判断和训练的定义，而且的确提出一些非常有用的步骤和措施，适合于那些具有一种或多种异常学习类型的学生。

现在以表现出阅读障碍的儿童为例加以说明。许多事实证明，这些儿童在视觉或者空间的活动上，表现出很强的能力。这些智能的优势可以调动起来，帮助学生在需要视觉和空间能力的行业或职业的领域中表现优秀。起码在某些时候，这些智能强项能够用于弥补语言表达的不足。我当然不希望大家都是残疾人，但治疗和克服残疾的过程和体验本身，确实有助于人类迎接今后面临的挑战。也许这就是为什么从发明家爱迪生到政治家纳尔逊·洛克菲勒（Nelson Rockefeller），再到思科系统公司（Cisco Systems）的首席执行官约翰·钱伯斯（John Chambers），许多存在阅读障碍的人都能取得杰出成就的原因。

再以母语为非英语的人为例。一般认为对他们的教育，仅仅是以一种语言代替另一种语言而已，这未免过于简单化。不同的文化和亚文化之间的区别，不仅仅是运用语言的方式不同（如某一个族群侧重讲故事、幻想，另一个族群则倾向实话实说，第三个族群喜欢简明扼要等），还有语言与其他的交流方式，如手势、歌唱、表情等相互作用的差别。对于多元智能的敏锐感觉，不但可以帮助教师确定采用什么样的模式对于引入一种新的语言是最有效的，而且能够让他们知道在交流的过程中，语言智能是怎样以最佳的方式，与可能参与交流的其他智能相互作用的。

智能强项的辨认对于教育成就的作用，还远不止于此。有时可以运用强项领域作为通往弱项领域的“桥梁”。例如上面提到的对于特别具有语言叙述天分的儿童，可以通过他们感到惬意的讲故事方法，将他们引入过去感到困难的数学、音乐或科学领域，去理解那些学科的概念。

最具有启发意义的是，儿童身上拥有天赋的领域和表现障碍的领域之间，往往存在着结构上的相似性。例如，数学和音乐具有共同的“数”的结构，几何学和艺术具有共同的空间结构。如果能够敏感地完成领域的“转换”，则通过一般人认为不同领域之间结构上的对比，说不定能使拥有艺术或音乐天赋的儿童，在传统的科目上学得更好一些。

即使漠不关心地办教育，它也是一个非常复杂的过程。要想办好高水平的教育更是存在惊人的复杂、困难和微妙。仅仅列出与此有利害相关的群体和关心教育的机构和人员名单，就足以摧垮我们的信息处理能力。这些有关的群体是教师、学生、家长、学生会领导人、学校董事会成员、教育行政管理者、教育顾问、社会各界公众以及教材、考试、课程、方针、课表、教学计划、教学大纲、校舍、操场和后勤供应等。这两个名单还可以扩展！

通过强调以下四个要素，我想在一定程度上提出的重点是：

◎ 教育的目标是实现学生的“理解”。
◎ 教育的重点是培养“理解”的表现，对于“理解”的评估主要在情境中进行。
◎ 承认不同受教育个体的强项存在差异。
◎ 在对每个儿童的教育中，承担激发他们智能强项的责任。

将这些不同的要素组成一个天衣无缝的教育计划，可不是一件容易的事。但目前已经有取得进展的迹象，表明我们能够拥有一种教育方式，来继承人类的共同遗产，特别是我们各自独特的文化背景和我们每个人独一无二的生活方式。

第9章

高中学科的探索："艺术推进"评估法

在20世纪90年代早期，我就注意到人们对艺术教育的兴趣开始复苏。的确，20世纪80年代出于多方面的原因，艺术在美国的课程表上，拥有了或者说再次获得了自己的一席之地。遗憾的是，那样的日子似乎正在远去。在21世纪的第一个10年里，由于对考试的高度重视占据了教育的主导地位，除了在资源最丰富的公立学校以外，艺术素质教育似乎在所有的学校里都遭到了反对。尽管如此,我们这些认为没有艺术的教育是"半脑"教育的人，仍将继续鼓吹和提倡艺术教育，而且将以可靠的论据和高质量的课程为基础，继续努力尝试。[1]

---

① 很多研究者参与了"艺术推进"评估法的工作，其中包括 Lyle Davidson, Larry Scripp, Steven Seidel, Eleen Winner, and Dennie Wolf。我感谢 Reineke Zessoules 对本章写作的帮助。——作者注

从表面上看，全国范围内艺术教育复苏运动的参加者们意见是一致的。几乎所有的人都呼吁：增加艺术课的学时，增加受过良好培训的艺术师资，学生毕业的时候在艺术上应该达到一定的要求。在这种表面的一致下，却潜藏着尖锐的矛盾和分歧。

有些问题本身很实际。如：艺术课需要专业教师还是仅仅训练普通课堂上的教师就可以了？应该专注于一种或两种艺术形式，还是应该提供所有的艺术形式用于教育？不同的州和市是否应该采用统一的课程设置？是否应该采用标准化的考试？但人们很快就遇到了另一些不那么“实际”又不好回答的问题，如：艺术课达到什么程度才能用于培养创造力？艺术教育应该单独授课还是融入所有的课程之中？西方艺术是否具有特殊的地位，还是仅仅在同样值得称赞的传统中占有一席之地？艺术训练应当侧重鉴赏能力的培养，还是侧重艺术技能的训练？艺术是一种实际的知识呢，还是认知和元认知的独特形式？

这些问题对于艺术教育工作者来说都不陌生。但当回顾教育资源的分配时，在做出（或者避免做出）有关决定时，这些问题可能就有特殊的重要性了。

在本章中，我将要介绍一种新的艺术课程及其评估方法，叫做“艺术推进”（Arts PROPEL），它主要是为高中程度的学生设计的。虽然“艺术推进”有许多特征和当代的其他早期艺术教育项目的方法相同，但在智能的来源和特定组合这两点上有差别。本文将简单介绍哈佛大学教育研究生院“零点项目”（Project Zero）过去 40 年为艺术教育所设计的方法，也将介绍此方法目前实际应用的形式。

在过去的几十年里，已经有数百位研究人员参加了“零点项目”的工作。他们在人文科学和社会科学的许多领域中，做出了自己的贡献。许多出版物综述了我们研究工作的主要成果。这些成果还曾经是《审美教育学报》（*Journal of Aesthetic Education*）其中一期的主题。因此不需要在这里重复我们主要研究工作的发现。

但是，我觉得仍然应该介绍一下分析的线索。因为这是导致“艺术推进”项目组成立的主要原因。在早期的工作中，我们采用了让·皮亚杰开创的“途径突破调查法”（path-breaking methods of investigation）。皮亚杰是在研究后来被纳尔逊·古德曼（Nelson Goodman）描述的儿童应用符号的能力时，设计这一研究方法的。我们研究的重心最后集中在三个方面。首先，我们进行了特殊能力（如行为方式的敏感程度或运用比喻的能力）的横向研究，以确定这些重要技能的“自然”发展轨迹。

其次，对于拥有使用符号能力的孩子们在童年早期的发展，我们进行了自然主义的纵向研究。

最后，在科学的本质上与此相关的研究工作中，我们调查了脑损伤后人类大脑运用符号的技能受破坏的情况，这一课题我们过去曾长期研究过。在这些早期研究中，我们有了一些重要的、意想不到的发现。

◎ 儿童在大部分领域里的发展，都随着年龄的增长而自然向前。然而研究结果显示，在几个艺术领域内，幼儿具有惊人的高水平，但到了童年的中期，却有可能出现明显的退步。这种锯齿型或 U 型的发展曲线，尽管在知觉的一些领域可能会出现，但在艺术创作的特定领域表现得最为明显。

◎ 虽然学龄前儿童在艺术的表现上还有缺陷，但他们已经具备了相当的艺术知识和能力。这种艺术知识和能力的获得和母语的学习一样，可能并没有来源于父母和老师明确的指导。儿童绘画能力的进步，就是天生的自我学习和发展的生动例子。从这方面看，艺术学习的规律与其他学校的传统科目截然不同。

◎ 几乎在所有的领域中，一个人的感知或理解能力都比创作能力发展得早。但是，艺术领域内的情形却要复杂得多。至少在某些艺术领域内，理解能力要落后于表演能力和创作能力。这一发现有力地表明，给儿童以充分的机会，让他们通过表演、制作或者“行动”来学习是非常重要的。

◎ 根据传统的发展心理学理论，儿童在某一认知领域的能力，应该能够预测他们在其他领域的能力和水平。但我们和其他研究者都发现，各领域的发展速度不一。这个结果可以很容易地应用多元智能理论给予解释。事实上，儿童完全可能在一两个领域内能力很强，如雕塑；在其他领域很一般或低于平均水平，如绘画。

◎ 在过去几十年里，人们曾经一直认为大脑的各个部分在促进人类的能力方面，潜力是相同的，但神经心理学的研究对此提出了疑问。更详尽的阐述表明，大脑皮层不同的特定部位，各有不同的独特认知功能。尤其在幼儿期以后，神经系统所表现出来的认知能力，已经不具有可变的性质。

可能会造成一种误解，那就是我们现在对于艺术心理发展的了解，已经达到研究人员对科学心理发展或语言能力发展的认识水平。就像我们用“零点项目”的名称提醒自己一样，这方面的研究仍然处于婴儿阶段。我们的工作表明，艺术心理的发展是复杂的，具有多种意义，想加以概括是很困难的，弄不好常常半途而废。不过对于我们来说，力图将自己关于艺术心理发展的主要发现综合起来，仍然是重要的，我们已对此做过不少尝试。

◎ 多元智能理论 ◎

我的研究工作中的各种观点可以说都来自特定的多元智能理论（参见第 1 章和第 2 章）。谈到智能多元化的观点，立刻会出现一个问题，即是否存在单独的艺术智能。按照我的分析，答案是没有。更确切地说，多元智能理论中每一种形式的智能都能导向艺术的结果。也就是说，表现每一种形式的智能的符号都能（但不一定必须）按照美学的方式排列。因此，语言智能既可以用于日常交谈，也可以用于发布法律诉讼文件。无论是以上哪种情况，语言的运用都与美学的原则无关。同样也是语言智能，如果用于写诗歌和小说，就可以充分表现美学的原则。同样的原因，空间智能可以同时被航海水手和雕塑艺术家应用，身体-动觉智能可以同时被舞蹈家、哑剧演员、运动员或外科医生所应用。甚至音乐智能也可能被运用得毫无美学韵味（如以军号表达的信息系统），就像数学智能的运用也能体现出美的规律一样（如一种证明方法比另一种更优雅从容）。一种智能运用得是否导致合乎美学的结果，取决于不同的人或者文化环境。

艺术教育侧重点的选择

历史上人类智能的训练，有两种截然不同的方式。一种方式是儿童从幼年起，就参加那些能够运用和拓展他们智能的活动。传统的师徒传授，以观察、示范和现场教练为特征的非正规学校里的学习活动，都属于这种形式。另一种方式是，人类智能也可以在更加正规的学校环境中得到训练。运用这种方式，学生在课堂上学习各门课程，老师要求他们掌握课堂讲授的和自己从课本上学到的这些学科的知识。此外还要求他们记忆和理解所学内容，并用于完成作业、考试和"将来的生活"中去。根据我的分析，后一种学校的训练方式主导了我们关于学习的思考，并在一定程度上束缚了学校的活动。当然，人们仍然可以通过非正规的学校甚至非学校的方式开发智能，甚至包括概念范围更广的一组智能。

这两种智能训练方式的差别，在任何领域里都不会像在艺术领域里那样明显。没有几千年也有几百年，学生们总是通过师徒传授的方法学习艺术。

学生们先观察艺术大师的工作，渐渐地参与到有关的活动之中。开始他们在细心的指导下，只介入活动或创作的皮毛，然后逐渐开始接触难一些的题目。来自教练和师傅的指导，也将逐渐减少。当然，这是文艺复兴时期艺术家们在工作室选择的学习程序。可直到今日，家庭的艺术传授和音乐课教学，仍然沿袭此种方式。近来，“学校艺术家规划”项目就是力图运用这些传统的学习方法，而不是通过习惯采用的强化的语言、逻辑或记号的干预，来直接开发某些特定的智能。

不过，在过去几百年里，人们开辟了艺术教育的“第二战场”。随着艺术史、艺术评论、美学、传播学、记号学等领域的出现，学术界日益重视对于艺术从整体上的理解。不过这些“艺术外围的”知识的获得，与学习历史学、经济学、社会学知识一样，不是通过观察、示范和师徒传授的方法，而主要是通过传统的学习方法实现。

今天在艺术形式和教学模式之间，并没有特定的联系。艺术史可以通过观察和示范来教学，甚至通过绘画和提琴演奏，也可以通过讲授或阅读教科书来学习（如果不一定要求学会的话）。但我们认为，有明显的理由表明，每一个门类的艺术都有其最适当的教育形式。

艺术教育的现状

美国教育界在过去十年中各种调查的结果展示了大致相同的画面。在小学的低年级，艺术教育的情况在各校都很相似。通常情况下，艺术训练由正规的教师提供指导，一般注重艺术作品的创作。孩子们画图、着色、用黏土制作模型、唱歌、参加打击乐队，或者演奏乐器、跳舞、讲故事。如果老师具备天赋或灵感，上述活动或作品能达到很高的水平。但在大多数情况下，这些作品没有什么价值。对于年龄适中的儿童，艺术教育的质量急剧下降。到高中阶段，艺术教育由专业人士担任了，却只有少数学生参加。除去少数例外，一般高中的艺术课程仍然侧重于创作。虽然课堂的过程实际上经常是师徒传授的过程，高年级时尤其如此，但创作的原始构想，几乎全部出自学生之手。

有少数学校试图通过艺术史或艺术欣赏这类“艺术外围”的活动，来训练儿童。虽然传统的艺术教育人士并不支持这类活动，但在 20 世纪 80 年代的前期，盖蒂基金会（Getty Trust）开创的以学科为基础的艺术教育出现后，培养创作以外的艺术能力的呼声就越来越高了。

其实，艺术教育的专业人士几十年来一直认为，仅仅关注创作的艺术教育是远远不够的。虽然艺术教育工作者对艺术创作的重要性及其与创造力的关系，存在着不同的观点，但是大家一致认为，片面强调创作对于大多数人来说，是没有意义的。因此几乎上面提到的所有艺术教育改革的努力，都倡导增加艺术作品的分析和创作时期文化背景的介绍。

“零点项目”的艺术教育方法

“零点项目”采用认知的方法进行艺术教育，自然很赞同这种普遍认可的倾向（不谦虚地说，事实上对于近来艺术教育的重新定位，我们自认为做过卓有成效的工作）。我们相信，应该向学生介绍在艺术作品中表现出来的艺术家个人的思维方式，包括实践艺术家、艺术评论家、艺术作品文化背景研究专家的思维方式。

然而，我们的主张和抱持“以学科为基础的艺术教育”观点的人不同。这个差别导致我们提出了自己的不同艺术形式的教育的方法。虽然我并不想充当“零点项目”全体成员过去和现在的代言人，但提醒大家注意以下几点：

◎ 特别是在童年的早期（如 10 岁以下），创作活动应该是任何形式的艺术学习过程的中心。当儿童积极主动地介入有关主题时，学习效果最好。他们希望有机会直接与素材和媒介打交道。在艺术学习中，这些长处必然导致作品的产生。年幼的儿童在艺术作品的构图上很有天赋，应该让他们有机会“出成果”。这种特征是从“革新时代”而来的遗产，即使在纯学科教育的时代，也值得长期珍存。

◎ 有关艺术的感知、史论以及其他“艺术外围”的活动，都应该尽可能来源于儿童的创作并与之紧密相连。也就是说，与其向儿童们介绍别人创作的、背景差别较大的艺术作品，不如向他们介绍与自己创作有关的作品和问题，而且应尽可能和孩子们的作品紧密联系起来。（这种对于“艺术外围”活动场景化的介绍，同样有益于年长的儿童和成年人。）

◎ 艺术课程的教学，需要由精通如何运用艺术媒介思维的教师或其他人士担任。音乐教师必须能够运用音乐媒介思维，不能仅仅依靠语言和逻辑的表达来诠释音乐。同样的原因，视觉艺术的教育，必须交给那些善于用“视觉或空间”方式思维的人，通过他们的眼睛来进行。教师如果还未具备这些能力，应该参加能提高此种认知能力的培训班。

◎ 可能的话，艺术学习应尽可能围绕有意义的项目来进行。这些项目的完成时间应该相对长一些，以便有充分的机会反馈、讨论、思考（参见第 7 章）。这种项目极可能引起学生的兴趣，增加学习动力，鼓励他们开发技能，同时也有可能对他们的各方面能力以及对艺术的理解，产生深远的影响。“仅此一回”式的学习体验，应该尽量避免。

◎ 在大多数艺术领域里，制定从幼儿园直到高中的连续教学计划，没有任何益处（我这里指的是简单低级的、频繁出现的教学目标，如能说出四种色彩的名字、唱出三个音阶、背诵两首 14 行诗）。这样的计划似乎很诱人，但在采用全方位的、敏感的情境化教学方式学习艺术技巧或学科时，功效甚微。艺术修养的培育，要靠在不同的发展阶段持续接触艺术风格、艺术创作、艺术流派等核心概念。还要完成一些不断重复的学习任务，如感情投入地演奏一首乐曲，创作出深具魅力的艺术形象等。艺术教育的课程，必须以螺旋式发展的特点为基础。课程的连续，意味着以越来越复杂的方式重复讨论相同的概念和问题，而不意味着二年级时学习一系列问题、概念和术语，三四年级时学习另外一系列问题、概念和术语等。

◎"评估"在艺术的学习中很重要。艺术教学计划的成功与否，不能仅靠自信而断定。评估必须重视其中所包含的特定智能，即音乐技能必须用音乐的手段去评估，而不能透过语言或逻辑的"屏幕"断定。评估应该探寻对于艺术来说最重要的、最核心的能力和关键。与其调整课程以适应评估，我们不如设计能够公正地评价每一种艺术形式中关键能力的评估方法。

◎ 艺术的学习，仅仅掌握一套技巧和概念是不够的。艺术是一种深度个性化的领域，学生在这个领域中将进入自己和他人的感情世界。学生需要接受教育来进行这种对情感的探索。他们应当懂得，个人的思考是一种应当受到尊重并且非常重要的活动。他们还应该懂得，隐私权是神圣不容侵犯的。

◎ 一般来说，在任何情况下直接向学生讲授如何判断艺术的品位和价值是危险的，也没有这个必要。但是，必须让学生知道，艺术作品的传播与流行的艺术品位和价值观，有着密切的关系，而且深受认真地投入艺术事业人士的关注。传播艺术品位和价值观的最佳方法，是与关心这一状况的人士交流。条件是他们愿意介绍并为自己的观点辩护，同意进行公开的讨论，并允许反对意见的存在。

◎ 艺术教育非常重要，以至于无法将这项工作交给单一团体来做。即使这一团体的成员都是艺术教育家也不行。相反，艺术教育需要由艺术家、教师、行政管理者、研究人员和学生自己通力合作才行。

◎ 让每个学生都学习所有的艺术形式，仅仅是一种理想的状态，这种意见很难实现。实际上有太多的学科——依我的说法是有太多的智能，正在争先恐后地列入学校的课程表。学校的一个学习日，已经被超负荷地分割了。按照我的观点，没有任何一种艺术形式拥有优先权。为此我情愿冒着得罪视觉艺术教育家的追随者（还有许多别的人）的风险，坚决主张所有的学生都应深入地接触一种艺术形式，却不一定非得是视觉艺术。的确，我宁愿学生精通音乐、舞蹈或戏剧等艺术形式中的任一种，也不主张他们一知半解地学习多种艺术形式。前一种学生起码知道一种艺术形式的思维方法，具有今后对其他艺术形式举一反三的能力。而后一种学生若不退出艺术领域的学习并从头开始，就永远是艺术世界的“半瓶醋”。

◎ “艺术推进”评估法 ◎

以上观点可能产生无数艺术教育的计划，但对于参与“零点项目”的我们来说，它们应用于称为“艺术推进”这一新的教育评估法。1985 年，在洛克菲勒基金会的艺术与人文学科部的鼓励和支持下，哈佛大学“零点项目”和教育考试服务社（the Education Test Service）、匹兹堡公立学校（the Pittsburgh Public Schools）一起，进行了为期 5 年的项目研究。我们的目的是设计一套评估方法，以记录小学高年级学生和中学学生的艺术学习状况。“艺术推进”评估法中的思想，就是在我以上提到的几家机构的合作中得到了实践的机会。

任何参加过教育实验的人都很容易理解的是，介绍我们的目标，与实践比起来它要容易得多。由于我们想对学生进行评估的是他们的能力，我们就将描述这些能力作为起点。我们确定了三种艺术形式，那就是音乐、视觉艺术和富有想象力的写作。我们决定评估三种能力：创作能力[①]、感知能力[②]、思考能力[③]。"艺术推进" 简要地在以上三种艺术形式中捕捉到了以上三种能力，并且最终配合了我们对于学习的关注。

理论上，我们只要设计出合适的评估方法，并将其应用于要评估的一定年龄的学生身上就可以了。但是我们很快就发现了一个简单却又重要的事实：除非学生对于相关的艺术媒介拥有直接的、丰富的经验，否则我们无法评估他们的能力，甚至也无法评估他们潜在的能力。就像棒球星探观察正在打棒球的学生一样，教育评估专家必须评估正在从事艺术活动的学生。同时也像棒球新手需要接受良好的训练、技艺精湛的教练一样，学习艺术的学生也需要充分了解教育计划的目标，并能在理解的基础上得到教师必不可少的艺术技巧的示范。

为了实现这一目的，我们选择性地设计了课程模式和与其相对应的评估方法。对每一套 "课程和评估法" 的开发，我们都依照谨慎的步骤而行事。就每一种艺术形式而言，我们都组织了跨学科小组，共同确定什么是该艺术形式的关键能力。对于写作这种艺术形式，我们考察了学生创作不同作品，如写诗、编剧本时撰写会话的能力。对于音乐这种艺术形式，我们通过排练检查学生的学习情况。对于视觉艺术形式（我的大部分例子来自这个领域），要评估的能力包括对于艺术风格的敏感性，对于不同构图类型的鉴赏力，构思和创作塑像或描绘静物的能力。

---

① 创作能力（production），作曲、演奏、绘画或素描、从事富于想象力和创造力的写作。——作者注

② 感知能力（perception），即能有效地辨别一种艺术形式内部的差异，从而进行 "艺术式思维"（thinking artistically）。——作者注

③ 思考能力（reflection），能从自己或其他艺术家的感知和作品出发，寻求领会感知，领会作品的目的、方法、难点和达到的效果。——作者注

两种艺术教育的方法

第一种方法：领域专题

我们针对以上谈到的每一种能力，开发出一套练习，称为“领域专题”，其特征包括感知、创作和思考三种元素。领域专题本身并不构成完整的课程体系，但必须与课程体系相融合，即必须较好地与某一标准的艺术课程体系相匹配。

这些领域专题先由教师研究审查之后，再交给学生进行试验，最后由教师提出初步的评估方案。如此反复，直到每一个师生都认为合适为止。一旦专题的架构确定以后，教师即可采用或以不同的方式加以改进，以便适应特定的课程或教师特定的教学风格与教学目标。评估过程的各个部分是很粗略的，仅让学生和教师感觉到学生在学什么。然而，也可以进行更加细致的分析（出于研究目的），得出一个大致的分数，供中心学校的管理部门参考。

以下我简单地介绍一下这个领域专题，作为一个例子加以说明。此专题已经广泛地应用于“艺术推进”项目之中，目的是帮助学生注意到，画面上物体形状的安排和彼此之间的关系，是如何影响到艺术作品效果的。学生在完成这类专题时，有机会决定如何构图，思考这种构图的决定对于他们自己的作品和著名艺术大师作品，会产生什么影响。

在“构图”专题的第一单元，交给学生 10 个奇特的黑色几何图形，要求他们将这些图形简单地随便放在一张白纸上。然后重复这个练习，但是第二次教师要求学生将他们自己喜欢的图形放在一起。之后，教师请学生思考“随机”摆放和“刻意”摆放的区别。在笔记本上，学生记录他们所看出的差异，并说明他们第二次有选择地摆放的动机。虽然起初学生们可能不知道自己在做什么，但大多数人觉得这个练习很有意思。

在专题的第二单元里，学生开始非正式地接触构图的一些原理。教师首先介绍一些不同风格和不同时期的艺术作品，这些作品所概括或破坏的对称与平衡感，存在着很大的差异。其次学生把所看到的作品的差异描述出来，自己创造一套能够准确抓住这些差异的词汇，并有效地传达给他人。其中和谐的创作（或破坏）、会聚、重叠、主导力量、放射状、出其不意、张力等词汇被包括在内。在单元的结论部分，教师要求学生在笔记本上，记下一组互为对比的幻灯片之间的异同之处，同时留家庭作业。学生要在未来一周内，从其日常生活环境中，找出不同构图方式的例子，这些构图的例子既可以是艺术家的，也可以是学生自己描绘自然静物的。

在专题的第三单元里，学生汇报他们在日常生活中观察到的图形，并参考艺术课堂上看到的构图进行讨论。然后学生再回到第一单元中"刻意"的构图活动中，但这次要求他们完成"最终作品"。不过在此之前，他们必须首先说出自己的构想，然后才开始动手。如果需要的话，还可以对已经完成的构图进行修改。学生最后要在练习本上，写下自己构图中最为出色之处，并且说明将来构图时，可能会做出哪些改变。

除去学生自己的构图、知觉上的辨认和思考以外，教师也有他自己的评估表格。教师根据学生希望或完成的构图进行评价。其他种类的学习，如学生在日常生活环境里发现有趣的构图的能力、将自己的构图与著名艺术家的构图相比较的能力，也能得到评估。这个领域专题可以用它的原始形式和修正后的形式重复使用，以便确定在教学过程中掌握构图的程度。

"构图"领域专题需要处理的是视觉艺术的一个传统要素，即形态的排布，并将其与学生自己的创作和感知的经验相联系。第二个领域专题采用了完全不同的方法，目标要广泛得多，称为"作品小传"。实际上，我们想帮助学生综合他们在构图、风格、表现手法上所学到的东西，通过追踪一件已完成的作品的发展过程来开展这个专题。

在“作品小传”这个专题中，学生观看安德鲁·韦斯（Andrew Wyeth）在完成《棕色瑞士人》（*Brown Swiss*）这幅画之前的一组素描，然后再看毕加索完成《格尔尼卡》（*Guernica*）这幅名作之前的素描和草图。从感知的角度探讨大师的作品之后，教师提供纸、铅笔、木炭、钢笔、墨水等工具和一些图画资料如杂志、幻灯片。在第一单元里，要求学生挑选出他们房间里的任何要素，也可以添加能够表现个人特色的任何道具和物品，画出初步的草图。虽然画草图的重点在于构图，但教师仍然鼓励学生思考的，是怎样安排艺术要素才能更好地表现他们自己，而不仅仅是着重于画面上画的是什么。教师还举出几个例子，以说明形态的安排是怎样通过暗示的手法，表现人物的个性的。

在第二单元里，学生从观看幻灯片开始。这些幻灯片显示艺术家如何在他们的作品中，运用隐喻手法表现客观事物，显示特定的物体或要素，以及是如何表现多重含义的。教师还让学生观看艺术家工作室或房间的幻灯片，然后向学生提出问题，如这些工作室或房间是怎样表现出艺术家独特内心世界的？然后学生回到他们自己的原始草稿上来，对于采用什么样的工具、风格、色彩、线条、结构，做出初步决定。如同前一单元一样，学生在纸上写明做出这些选择的理由及其预期的美学效果。

在第三单元里，学生回顾全部原始草稿和“练习的痕迹”，认真思考一下自己是否满意，再开始最后的工作。学生在这个工作过程中先与同学讨论自己的作品，然后在下一周最后一个单元里，完成这些作品，评论彼此所做的尝试，并再次回顾原始的草稿和“练习的痕迹”。最后这一周的活动可以作为思考的模式，这种模式也用于学生艺术作品的编辑（对此以后还要介绍）。

在“艺术推进”项目中，我们为每一种艺术形式开发出整套的领域专题。这套专题应该包含有这种艺术形式的大多数重要概念。我们还希望能开发出领域专题的"通用理论"：（1）哪种练习的组合可以用做领域专题？（2）人们能够预期产生什么样的学习的方法？（3）如何以最佳方式评估学生在单一专题或跨专题的表现？

第二种教育方式：过程作品集

除了整套领域专题的开发外，我们还推出了第二种教育方式，常被称为"艺术夹"或"作品集"，而我比较愿意叫它"过程作品集"。大部分的作品集，只收入一个艺术家的最佳作品和准备参展或参赛的作品，而我们的过程作品集与此相反，收集艺术学习进展过程中所有的作品。在学生的"过程作品集"中，除收录他们最后的作品外，还收集原始素描、中间草稿、学生自己和别人的评论。与此同时，还收集与他们进行的专题有关的、他们自己欣赏或不喜欢的艺术作品。有时要求学生提交、展示作品集中的全部资料，有时只要求他们选出对于自身的智能发展特别关键性的、特别能说明问题的重要材料。

始终坚持高标准，是任何艺术教育方案成功的关键。开始时，对于高标准的坚持程度，取决于教师对于艺术表现和创作的态度和立场。随着创作过程的进行，同学之间的相互影响可能会成为传播和维护这种标准的主要方式。教师在"过程作品集"中所扮演的角色和传统师徒制中师傅的角色不同。区别体现在没有单一的教学模式，没有列入教学计划的明确进度。但从另一方面看，教师是艺术创作的榜样，是周围环境中艺术标准的体现，也可以说"艺术推进"课程的教室的确很像传统的画室。

针对最初所承担的责任，我们在"艺术推进"项目上的大部分精力，都用于开发评估系统上。各个领域专题的特征，就是一套自我评估的步骤，可以用于整个专题进行的过程中。在构图专题中，学生有机会回过头来思考每一种构图的优点和缺点、表达效果以及这些效果是怎样实现（或没能实现）的。在“作品集”专题里，学生们反思他们曾经做过的修改、这样修改的原因和动机、最初的草稿和最后定型的草稿之间的关系。对于学生的草稿和最终作品，与他们的反思一起，都将进行定性的评估。这些定性评估包括投入程度、技术技巧、想象力、评论能力等多个方面。领域专题的初步评估在教室内进行，也可能在其他地方进行。在教育考试服务机构的帮助下，我们曾邀请外单位的艺术教育家一起评估，结果相当成功。

领域专题可以采用多种人们熟悉的方式来评估，而“过程作品集”的评估则是一项更具挑战性和需要精心操作的工作。“过程作品集”的评估可以从多个方面进行。有些是直截了当的，如定期记录的完整性等。其余的则比较复杂，主观性强，但仍是我们所熟悉的，如从对技术和想象力的判断上，评估最后作品的整体质量。我们较为感兴趣的，是能够显示“过程作品集”独特潜力的内容，如学生对自己的长处及弱点的认识和准确地思考的能力、运用自我批评和对待他人评论的能力、对于自身发展过程中的里程碑的敏感程度、有效地利用领域专题中所学的能力发现并解决新问题的能力、将眼前所做的专题与过去做过的及将来想做的专题进行对比的能力、游刃有余地运用不同美学观点的能力，等等。这样做的目的，不仅仅是从各种可能互相独立的方面评估学生的能力，而且鼓励他们发展这些方面的能力。这样的评估体系，具有改变课堂上一贯受到重视的内容的潜在功能。

“艺术推进”项目小组在埃伦·温纳①的指导下（1991—1993年），已经尝试推出了评估的四个方面，即创作、感知、思考及工作方法，应用于学生“过程作品集”或包括在“领域专题”中。表9-1简要地列出了这四个方面。虽然这个分类只是尝试性的，且将会根据学校的具体情况有所改变，

① 埃伦·温纳（Ellen Winner）：本书作者霍华德·加德纳的夫人、“零点项目”心理学家、波士顿学院教授。——译者注

但较好地包含了我们最重要的考虑。

即使仅仅列出这些方面，也能明白评估工作的难度和它所做的突破。我们并不想让大家认为我们已经解决了评估的各方面问题，因为实际上就像我们有时开玩笑那样，我们仅仅是比别人早几年觉察到过去的评估方法根本行不通！我们应该清醒地认识到，标准化考试经过一个世纪才发展到现在的样子，希望“领域专题”和“过程作品集”的评估方法只有几年的历史就很成熟，是不合理的。特别是在我们的资源有限的条件下，更是如此。但是，根据目前的进展，我们认定这是有价值的评估方法，这个信念鼓励着我们继续这项研究。

表 9-1“过程作品集”评估系统

（目前只评估艺术、音乐和写作，可以扩展至其他领域）

1. 创作：在领域内思考

依据：评估作品的依据就是作品本身。因此在以下方面，可由校外专家和任课教师根据草图和最终作品给分。

A. 技巧（Craft）：学生是否能够掌握此领域的基本技术和原则。

B. 追求（Pursuit）：学生经过认真思考，对作品进行创造性的修改，可作为他们持之以恒从事这项工作能力的证据。学生深入探索问题，从多个不同角度重复思考某个问题和主题的能力。

C. 创新（Invention）：学生以创造性的方式解决问题、进行试验和运用工具冒险的能力；自己提出问题并解决它的能力。

D. 表达（Expression）：学生在作品（或音乐演奏中）表达思想或感情的能力。

2. 思考：关于领域的思考

依据：评估思考能力的依据，包括学生的日记、素描本和他们自己在课堂上所做观察的评论。因此下列各方面需由了解学生的、从事课堂教学的教师评分。

A. 评估自己作品的能力与倾向：学生可以评价自己的作品；可以指出自己作品的优缺点并为之辩护。他能对自己的作品以“行家”的口气加以评论。

B. 作为评论家的能力与倾向：学生已经发展起来的评论他人（同学、有作品发表的艺术家）作品的能力。他对领域内作品的质量标准有判断力，能够以“行家”的口吻讨论他人的作品。

续前表

C. 采纳他人批评和建议的能力和倾向：学生能考虑有关他的作品的批评意见，能够在作品中适当地采纳他人的建议。
D. 从领域内的其他艺术作品中学习的能力：学生能从其他艺术家的作品中寻求思想和灵感。
E. 表达艺术目标的能力：学生意识到自己是一个艺术家。其证据就是表达一件特定作品的目的或更一般性艺术目的的能力。
3. 感知：感知领域内的事物
依据：评估感知能力的依据是学生的日志以及课堂上所做的评论，所以只有任课教师才能评估学生这方面的能力。
A. 精细地鉴别领域内作品的能力：学生能鉴别各种不同风格、文化时期和历史时期的作品。
B. 体验敏感意识的觉醒（awareness of sensuous aspects of experience）：学生对于讨论中的领域有关环境的自然特性，表示出高度的敏感（如学生对于阴影形成的视觉图案、汽车不同音高的喇叭声、购物清单上文字的形状，都有反应）。
C. 材料的质量和物理特性的意识：学生对自己在完成一件作品时所使用的材料（如不同纸张的质地、乐器的木质、文字的发音等）的敏感性。
4. 工作方法
依据：学生工作方法的评估取决于学生在教室里的行为以及他们的工作日志，因此只能由任课教师进行评估。
A. 投入程度：学生对自己的专题很认真、很有兴趣，且项目都能在指定的期限之前完成。在展示最后的设计时，谨慎而注重细节。
B. 独立作业的能力：学生在适当的时候能独立作业。
C. 合作的能力：学生在适当的时候能与人合作。
D. 运用文化资料的能力：学生知道从什么地方能得到书籍、博物馆、工具和他人的帮助。

我们的目标是开发出合适的心理评估工具，以评估“过程作品集”。即使失败了，我们的努力也仍然是有用的。正像前面说过的，艺术学习过程中的重要一环，就是学生有机会参与有意义的专题。这样做，他的理解能力才能得到提高。我们已经很清楚，学生和教师都感到这些“过程作品集”的活动很吸引人，令人感到兴奋，而且很实用。他们的教室也因此而充满活力。通过鼓励“过程作品集”的开发，并且系统而全面和谐地看待它们，我们说不定能够在学校里扩大这些材料和活动的应用范围。我们不可能期

待大学有一天主要以"过程作品集"作为录取新生的依据，但是可以期待将来会用这种教育方法，展示学生认知方面的强项。

教育家和教育批评家经常为理论和实践之间的鸿沟，也就是理论家和实践工作者之间的鸿沟感到悲伤。毫无疑问，这两种人的职业目标是不同的。理论工作者的成就，往往与实际工作脱节；而使教学实践第一线教师们感到快乐的事，理论工作者也不感兴趣。有一个阶段，批评"零点项目"和教育实践之间相距遥远是件很时髦的事。所谓相距遥远有两层含义：第一，我们的研究注重"自然"的发展，而不明确地指出课堂上应该教些什么；第二，我们的教育思想，无论是否被认为有吸引力，对于未来课堂教学的场景，几乎没有直接的帮助。

这些批评使我们感觉受到了指责。当我们为自己做一些辩护的时候，从整体上看，我们坚信自己所从事的以上研究适合青少年。我们认为，在探讨教育介入之前，应该首先研究"自然"的发展；我们还认为重要的是，应该首先弄清心理学的事实并确立自己的教育哲学观念，然后再去尝试影响教育实践。这是因为如果不成熟的理论急于影响实践，却往往把事情弄得更糟！

过去我们曾"奢侈"地待在"象牙塔"内研究艺术教育，现在到了直接投身于教育实践的时候了。从目前的情况看，艺术教育的实践正在被人们广泛地讨论着，我们更有必要"下水一游"。"艺术推进"项目就代表了我们从事教育实践的努力。谈论我们的努力是否成功，目前还为时过早。即使在"温室"里成功了，"移植"到更遥远的土壤中去，不一定能同样地成功。不过我们可以说，如果研究人员将他们的想法应用于学校实践，一定能够学到更多的东西。只要我们对于随时可能出现的混乱保持警惕，理论与实践的结合就一定会给所有卷入艺术教育的人带来益处。

20 世纪 90 年代初期，《新闻周刊》在世界范围内评选模范教育项目，美国只有我们的“艺术推进”和加州理工学院的“研究生的科学教育”项目当选。那一段时间里，“艺术推进”项目受到了广泛的称赞。从“艺术推进”项目的工作正式结束到现在，好多年已经过去了，目前需要知道的是，它现在有无立足之地。无论在美国还是世界的其他地方，“艺术推进”都经受着削减艺术教育所带来的逆境。因为这个项目的实施，需要经过训练的教师和足够的资源。尽管如此，我仍然很高兴地向各位读者报告，无论在美国还是其他国家，我经常遇到一些视觉艺术教师和音乐教师，他们不但知道“艺术推进”，而且运用了其中的一些方法。

更令人惊讶和欣慰的是，支持“艺术推进”项目的思想也吸引了其他学科的教育家。虽然“专题”和“过程作品集”的概念在艺术史上已有很长的历史，但现在从历史到数学的各个学科的教师和督学，仍然都很赞赏丰富、引人入胜的专题的用途。他们对系统地反思自己的作品和定期记日记的设计，也表示非常推崇。作为一个长期从事艺术教育的专家，已经习惯于看到这个领域死气沉沉的我，对于最近的形势感到特别满意，因为我的想法和实践，竟然能够对于其他在传统上教育享有更高声誉的课程，提供真正的灵感。

第10章 情境化评估：标准化考试的替代方案

下面是今日美国到处可见的、人人熟悉的景象：几百个学生陆续涌进一个大考场，坐下来焦急地等待密封试卷拆封。指定时间一到，试卷立刻发下去，经过考官简短的考试说明，考试就正式开始。考场上十分安静，学生埋头用数支铅笔在答卷上画圆圈。几个小时以后，考试结束，考卷被收回。几个星期之后，记载着一组分数的成绩单，分别被寄到每个学生的家中和他们所申请的大学。一个早晨的考试结果，就这样变为决定每个学生未来最强有力的因素。

同样熟悉的情境发生在几个世纪前尚未工业化的社会里：10岁或11岁左右的少年，来到一名精通某种行业的师傅家里。起初这个孩子做仆人的工作，如帮助师傅做准备工作，或者在下班时打扫作坊。初始阶段，少年有机会观察师傅操作，而师傅则在一旁监督少年干活，以发现他的特殊天赋或严重的缺陷。几个月以后，徒弟开始参与该行业的业务。起初他只介入工作的外围，然后渐渐熟悉工作的全过程和全部技术。师傅根据传统的做法和少年的特殊才能及其愿望给予指导，使其从生手变成熟练工匠。最后，经过数年的督导和训练，少年就准备自立门户独自操作了。

虽然这只是两幕理想化的情境，但关注年轻人培训和评估的人士，都能很容易地辨认出来。事实上，它们可以说代表了两个极端。第一个场景里的“正规考试”模式，建立在客观的、无情境的评估方式基础之上，可以广泛地采用，并保证能得到类似的结果。第二个“师徒制”模式，则几乎只能在自然发生的、包含一种技艺的特殊情境下才能实现。师傅对学徒的评估，除去根据该行业的技术加以分析外，也可能受到主观因素的影响，如师傅对学徒的个人看法、师傅和其他师傅之间的关系，或师傅所需要的其他服务等。

很明显，这两种评估形式满足各自不同的需要。当手工业实习是城市少年的主要就业形式时，师徒制评估是有意义的。正规考试则是现代的评估工具，用来比较成千上万接受学校教育的学生的表现。不过评估并不局限于以上两种典型的方式。中国尽管在很大程度上是农业社会，但用正规考试来选拔政府官员，却已经有 2 000 多年的历史。在我们这样高度工业化的社会里，在很多艺术行业、体育行业和科学研究领域中，一向采用的方式，也都是师徒制及其相伴随着的、依据情境来进行的评估。

因此，“正规考试”或“师徒制”的选择，并不完全由时代因素或社会生产方式决定。在我们今天的社会里，同样可以比目前更多地运用师徒制来评估。今天大多数观察家（包括我在内），对于那种往往过于极端且带有性别歧视的、强迫性的师徒制时代的一去不返，并不怀有惋惜之情。从多个方面看起来，现代的正规考试代表了公正的、更易于判断的评估形式。

但是，师徒制模式的某些方面，和当今关于人们怎样学习的知识，如何才能更好地评估学习成绩的知识，是相当一致的。

我们的社会一向过分地支持正规考试的模式。但我坚信师徒制模式的学习和评估方式，即我称为“情境化学习”（contextualized learning）的方式，应该适当地再次引进到我们的教育体制中。以下先介绍标准化考试的起源，以及这种考试方式往往暗含着的典型的智能一元观。然后我将提出建议：对人类的智能心理和人类的学习，应持有比以往形成的概念和视野更开阔的观点。我在这里的任务，是切切实实地根据目前科学研究的发现，提出有助于实现启发式教育目标的教育形式和评估模式。本章的后半部分，将简略地谈谈“评估社会”的性质。

比内、考试社会和学校教育的统一观念

正规测验或考试的广泛运用，可以追溯到本世纪之初的巴黎，阿尔弗莱德·比内和他的同事从事的智力测验的工作（参见第1章）。比内的方法具有如此巨大的吸引力，以至于不久就主宰了美国的教育界和评估领域。确切地说，某些标准化考试，从加州成绩测验（California Achievement Test）[①] 到学业评估测验（SAT），并非从形形色色的智力测验衍生而来。但是，若不是斯坦福-比内智力测验、军队阿尔法测试（Army Alpha）和各种韦克斯勒智力测验（Wechsler intelligence instruments）备受推崇，很难想象短短的几十年里，竟然涌现出这么多考试评估工具。

特别注重量化指标、信奉教育效率的美国，简直狂热到要为每一种可能存在的社会目标，制造出考试的方法。除了用于学生的标准化考试以

① 简称CAT，是美国加州中学的一种会考。美国大学招生时，有可能参考报名者的SAT或CAT考试的成绩。——译者注

外，我们还有用于评估教师、督学或导师、士兵和警官的考试。我们不仅仅将这些考试改头换面，用于评估学生的标准课程能力，还用于评估他们的公民能力和艺术能力。我们仅仅依靠简短的问答方式，评估人的性格、独裁倾向，甚至是否适合为其安排两性约会等等。美国已经快要变成“完全考试化的社会”了。我们可以这样概括它的特征：如果某一件事是重要的，就值得对此进行考试；如果某一件事无法通过考试得出结果，那么它可能就是不重要的。但是，后来极少数人开始对此表示怀疑，认为这种评估方式对于某些领域来说可能并不合适，或者不是最佳的办法。但大多数人忘记了，在智力测验出现之前，人们所乐意采用的评估方法，说不定能给我们一些启示。

对于《心理测量年鉴》（*Mental Measurements Yearbooks*）所描述的几千种正规测试方法试图加以综述，是相当冒险的事。但是为了指出这些测试评估方法的典型特征，冒这个险还是值得的。

美国的考试行业十分相信来源于基因、与生俱来的“原始潜能”。智商测试和学业评估测验等最受推崇的考试，都是用来测试这种现实的能力或潜在的能力及其表现。没有理由认为这些测试不能评估学到的技能，很多“成绩”测试的目的，就是检验这些技能。但对于评估原始的或潜在能力的测试来说，重要的是成绩很难通过它们得到提高，另外，这些测试结果也不是潜在能力的有效指标。大多数考试行业的权威人士认为，在能力和成绩测试中的表现，反映了人与生俱来的能力。

信奉测试的人士还倾向于接受一种关于人类心理发展的观点，即认为虽然年幼的个体比成熟的个体具备较少的知识和技能，但人类的心理行为却无法随着时间和人的成长，发生实质上的改变。这种观点使得测试的设计者对于不同年龄的人，都使用相同的测试方法。不但如此，他还理直气壮地声明，在某一个年龄发展阶段得到的数据，可以应用于后续年龄。这是因为参加测试者所要处理的，是相同范围和性质的心理或行为的问题。

大多数测试的设计者都偏爱高效、简单、容易操作的方法，这在一定程度上反映了美国所承受的科技压力，以及对简单化和节约经济的追求。早期的测试采用个别进行的方法，而且要花费好几个小时。现在则较为流行集体测试的方法。事实上现在每一种受到欢迎而广为采用的测试方法，都有其“简化”版。的确，一些正规智能测试最坚定的支持者，甚至希望进一步简化它们。如阿瑟·詹森支持“反应时间”（reaction time）的测量，迈克尔·安德森（Michael Anderson）注重感官的辨别能力，汉斯·艾森克（Hans Eysenk）则希望只检查脑电波的类型就能得出结果。受到遗传学革命影响的很多人，则希望通过鉴别关键的遗传基因或者染色体，控制人的潜在能力。

与对正规考试的坚定信念相伴随的，是我称为“学校教育统一观”（uniform view of schooling）的教育思想。按照这种观念，学生在学校里学习成绩的进步，应该由频繁的正规考试来评估。这些考试应该在统一的条件下进行，学生、教师和家长，都应得到表明学生进步或退步情况的量化的成绩单。这些考试必须是全国统一规范化的，以便具有最大范围的可比性。因此最重要的学科就是那些适合采用这种考试方法评估的学科，如数学、科学等。而其他学科受到重视的知识，仅仅是那些能够有效地评估出来的内容（如在写作课上，注重的是语法而不是表达能力，在历史课上，重视的是对历史事件的记忆而不是对于历史事件的解释）。那些正规考试难以驾驭和控制的学科和课程，例如艺术，在持这种观点的学校里，最不受重视。

在描绘了比内的智力测验、考试社会和学校教育统一观念的画面之后，我明白自己在一定程度上过分强调了某种倾向，将观念和态度混为一谈，以至于对某些与正规考试有密切关系的人，显得有些不那么公平。因为有些深深地参与或介入考试的人士，对此也曾表示过同样的关切。的确，如果我在四分之一世纪以前描绘同样的情景，可能就成了一幅人们无法容忍的讽刺画。然而，从 20 世纪 80 年代初以来，美国教育界出现的倾向，与我刚刚叙述过的现象极为相似。对于我在本章后面提出的情境化和个别化的评估教育，这些现象至少可以作为必要的对立物而存在，我们应该秉持宽容对立面的精神来对待它们。

评估替代方法的来源

虽然考试社会是应实际需要，而不是根据科学原则产生的，但确实反映了某种关于人类本质的观点。考试社会依据的科学思想，来自于行为主义者的、学习理论派的、认知与发展的联想主义者等几种观点盛行的早期。根据这些观点，人们相信“与生俱来”的人类能力，相信人类自婴儿到老年，有一条平稳的而且可能是线性的学习曲线，相信学科是分等级的，相信评估潜在能力和成就，必须在小心翼翼的、控制下的、非情境化的条件下进行。

但是在过去的几十年里，构成这座考试大厦基础的许多假设，已经渐渐地被心理发展、认知和教育研究所做的工作动摇，完全不同的观点出现了。虽然想在这一章里回顾导致这种心理观念转变的全部证据，恐怕是不可能的，但正是由于以新出现的人类发展的观点为基础，我提出了旧有评估的替代方案，因此强调这些新观点的主要特征，表明它们与标准化考试的对立是很重要的。

发展观点的必要性

由于皮亚杰开创性的研究工作，儿童不是袖珍成人或微缩成人的观念，已经被广泛地接受了。婴儿或初学走路的幼儿，以始终一致的方式想象或猜测这个世界。但在一些特别重要的情况下，这种想象或猜测距成熟的概念显然相距甚远。儿童的心理发展，经历着性质不同的一系列时期，即感觉运动阶段（sensorimotor stage）、前运算阶段（preoperational stage）、具体运算阶段（concrete operational stage）和形式运算阶段（formal operational stage）。儿童在某个领域一定时期所拥有的知识，必然与其他领域内的经验处于统一的发展阶段。目前已经很少有研究者再坚持原始的“整体结构阶段”（structure-stage）的观点，因为已经有许多新的研究发现，不利于这种观点的成立。但是大多数发展心理学家仍然认为，婴儿或幼儿的世界有其独特的结构。许多发展心理学家相信，需要经验的某些特殊领域（如语言、道德判断、因果关系的理解），是有阶段顺序的。几乎所有的发展心理学家，都强调考虑儿童的观点和理解水平的必要。

这种观点的另一个特征，就是假设发展过程不是一个平稳、非线性、不受干扰的过程。虽然理论心理学家们在细节上有所不同，但大部分研究者相信，可能存在关键的或敏感的时期，在这样的时期特别容易（或特别难）掌握特定的内容。同样，尽管幼儿对大部分领域的理解随着年龄的增加而发展，但有些时期成长得快一些，有些阶段则停滞不前。少数研究者认为，在某些领域内，可能真的存在退化或“U”字形的情形。因为与处在童年中期的学生相比，幼儿和青年表现得更为复杂和一体化。

近来关于发展心理学的知识在自然地增加，设计出反映这些知识的测量方法是可能的。事实上，已经有特别依据皮亚杰或有关理论设计而成的评估方法。但是大体上看，美国的考试一向缺少对发展心理学的思考。

符号系统学派的出现

在行为学派的鼎盛时期，根本不需要提出任何类型的心理实体，如概念、思考、信念或象征等。只要简单地辨认有重要意义的行为或动作，并尽可能审慎观察就可以了。所谓的思考，只不过是简单的肌肉的“无声”运动罢了。

然而，过去的几十年里，心理学家们越来越认识到：人类在认知过程中运用各种符号或符号系统的能力是非常重要的。人类是被视为具有卓越沟通能力的生物，人能通过文字、图画、手势、数字、音乐形式及其他许多象征性的符号，来表达自己的思想。这些符号的表现形式是开放式的，所有的人都能看到书面语言、数字系统、图画、图表、手势语言等符号。但是，运用这些符号所需要的心理过程，必须通过人在不同种类的活动中的表现来推断。由于计算机的发明和普及，内在的符号操作理论，意外地得到了强有力的支持。如果人类发明的机器，能够具备使用和转化符号的功能，那么认为人类本身不具备这种能力的观点，就显得很可笑。

有关的一些学科长期以来投入了很大的精力，来探索人类运用符号能力的发展。目前已经被广泛接受（虽然并非被全部接受）的观点是：初生的婴儿不能使用符号，或者说没有表现出内在符号处理能力。出生后的第二年，婴儿开始表现出运用符号的能力，这是人类认知的重要标志。两岁以后，婴儿开始快速地学会符号或符号系统的使用，而这些符号或符号系统，带有他们所处文化背景的特征。五六岁时，一部分幼儿已经初步知道怎样编故事并理解其中的情节，学会从事音乐活动、画画以及进行简单的科学解释。

在有文字的文化环境中，还有符号使用的第二个层次。儿童必须学会他所处的文化社会所发明的符号（或记号）系统，如书写和数字系统等。除极少数例外，这方面的学习基本上局限在缺乏情境化的学校内进行。在我们的社会里，对于许多学生来说，包括那些已经毫无问题地掌握实用知识和“一级符号系统”的学生，要学会符号系统，也将是困难的。即使是那些轻而易举地学会了符号系统的学生，还会面临着一个严峻的挑战：他们必须将没有上学时已经拥有的“实用的”和“一级符号系统”的知识，与刚刚学到的“二级符号系统”的知识紧密地结合起来。

几乎所有的正规考试，都预先假定应试者已经具备运用特定文化中第二层次符号系统的能力。因此，对于在学习第二层次符号中遇到困难的学生，或者那些无法把这级符号的知识与早期的心理特征联系起来的学生，以上考试有其特殊的难处。此外，我认为那些已经充分地掌握了第二层次符号系统技巧的学生，因为能经常“猜出”这些考试的题目，即使他们对于考试表面上所要评估的学科只达到中等程度，也能够获得高分。无论如何，实用的知识与“一级”“二级”符号知识之间确切的联系是什么？最好的评估方式是什么？这些都是有待解决的困难问题。

多元智能观念的出现

最初发明智力测验的时候，很少有人注意到其中暗含着的智能理论。但是很快人们就接受了这样一个观点，即智力测验所测量的各种不同能力，全部反映了单一的“一般智能”。虽然这种观点一直为大多数智能的研究者所接受，但是也有少数人对智能的“心理向量”（vectors of mind）或“产品、内容和运算”等不同观点表示宽容。少数派的观点，来自对智商测试结果的分析。然而后来人们发现，得出智能一元化还是多元的结论，取决于在分析过程中，教师采用何种特定因素的分析方法。

近些年来，人们对于多元智能的观念再度表示出了兴趣。研究人员认为新发现的心理现象，可以解释为若干“心理模式”存在的证据。他们所说的“心理模式”，包括快速运算（fast-operation）、类反射（reflexlike）、信息处理等行为。这些模式似乎不受其他模式的影响。这些模式的发现产生了新的观点，即认为在完成语法分析、语调识别、面部表情等感知任务中，可能存在着各自不同的分析方法。

对学生回答智力测验时所经历的心理过程进行精细的分析，是智能多元化的第二个证据。这些分析的结果表明，智能的不同组成部分，都对任何标准的智能评估中的成功表现，做出了贡献。不同的人，在不同种类的智能组分的运作上，可能表现出差异。不同任务的完成，也可能需要运用不同的智能的组分、亚组分（metacomponent）和次级组分（subcomponent）（参见第 1 章、第 2 章）。多元智能的每一种观点，包括我自己的，都建立在以下见解之上：与人类个体能够按照一元化智能的强弱顺序排列的观点相反，我们认为人不但在自己的智能强项和弱项上，存在着极大的差异，在认知的方式上也存在不同。我们自己的证据表明，这些差异甚至在学龄前儿童身上，就已经出现了。

有关人的不同智能强项的文献和形形色色认知方式的发现，对于教育有极大的启示作用。首先，在童年的早期辨识他们的智能强项和弱项，以便在制定因材施教方案时加以考虑，是很重要的。其次，儿童个体之间的显著差异，使人有理由怀疑，是否应该让所有的孩子学习相同的课程；即使学习相同的课程，是否应该用相同的方法教授所有的学生。

正规的考试可能有助于识别不同的认知特征。但是考试的设计，目的一定是发现这些特征而不是掩盖它们。特别重要的是，那些用于人生“入门”的考试（如大学的入学考试），一定要设计得能让学生发挥出他们的长处、表现出他们的最佳水平。到目前为止，这方面的努力很少，考试往往用来发现人的弱点而非人的长处。

探寻人类的创造力

在正规智力测验发明后第一个世纪的大部分时间里，引起人们广泛兴趣的，就是对人类个体智能的评估，同时很少有人关心其他认知能力的评估。到后斯巴特尼克时代（post-Sputnik era）[①]，科学的创造性突然受到重视。美国的教育家开始相信想象力、发明能力和创造能力的重要，呼吁考

① 斯巴特尼克：1957 年苏联成功发射人类第一颗人造卫星的名字。——译者注

试设计出能够评估创造力和创造潜能的方法。令人遗憾的是（按照我的看法），在寻找创造性的测量工具时，教育界重蹈覆辙，犯了他们在整个智力测验历史上犯过的错误。那就是他们试图设计的，是在有限的时间里能够完成的简短问答型的考试方法，用以评估他们自己心目中创造性中最重要的能力。如针对一个问题得出各种不同答案的能力，即发散思维的能力。或是针对一个激发因素，产生大量不同寻常的联想的能力，即流畅构思的能力等。

尽管目前在对智力测验的看法上，还有许多不同的意见，但它对于创造力的测试未能达到预期目标，观点却是相当一致的。虽然这些测试方法是可靠的，而且与智能的心理学测量方法相比，的确能够测量出后者测量不出的能力，但它们不能根据人在某个领域里的作品，预测出他将来是否会拥有创造力。研究人员现在已经不再试图设计出更多更好的“创造力测试”（creativity test），而是开始进一步研究，当一个人从事发现问题或解决问题的活动时，究竟发生了些什么。

近来这方面的研究有两个主要的发现。第一，具有创造力的人，自己并无独特的心理运算方式。他们运用的认知过程与其他人相同，但他们以更有效、更灵活的方式运用它们。他们野心勃勃，设定的目标常常具有很大的冒险性。第二，具有高度创造力的人所过的生活，与其他大多数人不同。他们对所从事的工作极为热情，全身心地投入其中。他们表现出对新事物的强烈需求，而且对自己要达到的眼前目标和最终目标，有强烈的主观意识。他们极其善于思考自己的行动、时间的使用和自己作品的质量。

不管嘴上怎样说，对培养创造能力的追求从来就不是美国教育制度的主要目标。但是，在一定程度上，培养具有创造性的人才，又是教育机构的目标之一。所以为了符合当今对创造性的分析结果，追求这一目标是很重要的。

情境化学习评估的优点

当标准化考试和作为范例的实验设计，初次介绍到非西方文化的社会里时，产生的唯一结果，就是无论是否先前具有阅读和写作能力，非西方社会的人在技巧和智能上，表现得都比西方人差。后来人们发现了一个有趣的现象：只要稍稍改变考试的内容、考试的环境和考试的指令方式，他们的考试成绩就能频频地发生戏剧性的提高。只要采用受试者熟悉的题材，雇用知识丰富、语言流利的监考人员，再加上修改应试指令，或者用对于非西方文化较为公平的形式，来测试同样的认知能力，则来自其他文化和西方文化受试者的成绩差别，就会明显缩小，甚至消失。

目前已有大量的研究证据显示，为某一文化背景下的对象所设计的评估材料，不能直接应用于另外一种文化环境之中。实际上根本没有纯粹文化公平和无文化的材料，每一种评估方法都反映了各自的文化来源。正规考试在西方社会之所以盛行，是因为学生已经习惯于在脱离日常实际应用的环境中学习书本。但是，在校外和学校影响较小的环境中，学习都是在相关的情境中进行的，因此评估也应该在类似的情境中进行才有意义。

建立在跨文化研究的基础上，研究者对于传统科学领域内的专家们的认知能力有了新的发现。这些发现表明，专家们往往在评估计算或推理能力的考试中失败，但是他们在日常活动中，如缝补衣物、在超级市场购物、往卡车上装牛奶箱、在争端中维护自己的权利，等等，却能准确地表现出上述考试中需要的能力。在以上这些事例中，失败的不是参加考试的个人，而是声称要记录参试者能力水平的评估方法。

在人的大脑之外寻找能力和技巧

以上所回顾的研究结果，产生了另外一个新奇的概念。在很多情况下，断定“完成一项任务所需要的知识，会全部储存在单一人类个体的大脑中”，是错误的。所需的知识可能是“分散”的，即成功地完成某项任务可能需要依靠集体的力量。任何单独的个人，都不可能具备所有必需的专业知识。但他们一起合作，就能可靠地完成这项任务。同样，认为某个人具备或不具备必要的知识的说法，过于简单。经过适当的人或物的“触发”，这些必要的知识就有可能在某人的身上表现出来。否则，就可能完全检验不出这些知识。

认为“人类的认知能力是在三个不同的要素交汇时才能显示的一种能力”，是有道理的。第一个要素是拥有技能、知识和目标的人，第二个要素是能够产生有关技能的“领域知识结构”，第三个要素是围绕有关研究领域的一组机构或权威人物，它们能够判断出某项特定的表现是可以被接受的，还是实现了创造性的突破，或者是没有达到预期的标准。知识的获取与传递，取决于这三种要素之间的相互作用。特别在童年的中期，判断他今后能否获得成就，取决于是否了解自身文化环境中的各种知识领域，是否了解将会影响其发展机遇的有关行业和权威机构，这些行业和机构对成就有权认可。正规的考试因为只专注于人的大脑在某一瞬间存在的知识，有可能扭曲、夸大或明显地低估了一个人在更广泛的社会背景下，所能做出的贡献。

以上的研究导致了差别化、细微化的评估观点。其中之一至少在一定方式上，比正规的考试更接近于传统的师徒制评估。今日，根据这些研究发现所设计的新评估方法，应该能够敏锐地反映心理发展的阶段和轨迹。这样一个创新，应该在人的婴儿期之后，以适当的方式调查人类掌握符号的能力，调查实用知识与第一级、第二级符号、技巧之间的关系。它应该辨别出不同种类的智能和不同认知方式的存在，并将对这些差异的认识融会到评估之中。这样一个创新的评估，还应该弄清在不同领域内拥有创造性的人类个体的特征。最后，这种评估应该承认情境对人的表现的影响，提供对评估能力来说最为恰当的情境，包括与接受评估的人表面上无关的情境。

要达到所有这些要求和愿望，确实是很困难的事。实际上，正规考试的吸引人之处就是使用者可以不考虑或尽量忽略我刚才概括的评估需要具备的大部分特征。但是，如果我们寻求的，是能够反映出受试者个体真实情况的评估方法，体现出我们对于人类认知本质的最佳认识，我们就不能忽视以上特征。

评估新方法的一般特征

如果有人今日想勾画出评估的最新方式，可能要尝试列出以下 8 个主要特征。

1. 重视评估胜于重视考试

美国对考试的偏爱已经走得太远。有些考试虽然能够达到一定的目的，但在一个善于思考的社会看起来，考试机构是在用一种毫无意义的方式编制考试的方法。许多人想了解和证明这些考试效度的内在理论或概念的基础，结果都是失望的。似乎很多考试都被设计出来为了创造需要，而不是满足需要。

虽然我对考试有相当矛盾的心理，但对评估却一点儿没有这种心理。在我看来，受过教育的人以及他们所负责的所有的人，都应该承担以下评估的使命，那就是定期地、恰当地思考他们所要达到的目标，思考实现这一目标所需要的不同方法，思考在实现目标过程中所经历的成功和失败，思考评估的意义。

我将评估定义为：获得有关人类个体拥有的技能和潜力等信息的过程。它可以达到两个目的：一个目的是为其提供有益的反馈，另一个目的是为这个人周围的社区提供有用的资料。评估与考试的差别，在于前者偏爱从日常表现中获取信息的技术，对中立的、非情境化的考试方法不以为然。

我认为，在心理学界和教育界负责评估工作的人，应该努力促成这种评估方式的实现。我们应该设计出有益于经常的、系统的、有用的评估方法和工具。我希望在某些情况下,结束“正规考试”层出不穷的现状。当然，在多数情况下，我们不必如此。

2. 简单、自然而且定期的评估

评估应该是自然的学习环境中的一部分，而不是在一年学习剩余的时间里强制附加进去的内容。评估应在人参与学习的情境中“轻松地”进行。起初可能需要明确地介绍有关评估的事，但过后大多数评估项目就将在学生和教师中自然进行。这两部分人，都不需要明确地意识到自己正在进行评估。

专家认知能力的评估模式，与以上方式有相关之处。我们假设专家很少在外界监督下从事自己的工作。除非在竞争的情况下，一般专家不需要由其他人来评估。但是事实上，专家在日常工作中的每时每刻，都处在接受评估的过程之中。这种评估是自然的、在毫无意识的情况下进行的。当我初次撰写学术论文时，对老师和编辑的详细批改有高度的依赖性。现在当我坐在办公桌前在初稿上修改、打字或编辑早期的文稿时，必要的评估多半已经在此之前无意识的状态下发生了。

当评估渐渐地成为学校景观的一部分，就不需要再将它从其他的教室活动中分离出来。就像在良好的师徒制中一样，教师和学生无时无刻不在互相评估。因为评估是无所不在的，所以同样也不需要“为评估而教”。这样一来，对正规考试的需求就会萎缩。

3. 生态学的效度

大多数正规考试都存在的一个问题，就是它们的效度（validity），也就是这些考试与一些已知标准的相关性。众所周知，对创造能力的测试已经不再广泛地为人们所使用，原因就是一直没有恰当地建立起它们的效度。由于预测下一个学年以后的学习表现时的准确性十分有限，智力测验和学业评估测验的预测效度也很让人怀疑。

回到我们关于师徒制的例子，发现没有任何理由怀疑师傅判断的效度。因为他和徒弟的关系是这样密切，以至于他能够高度准确地预测徒弟的表现。如果这个预测不可靠，将来一定有麻烦。我认为，现今我们使用的评估方法，已经大大地偏离了这些方法应该涵盖的范畴。如果对人类个体的评估是在更接近他们的实际工作情况条件下进行的，就可能对他们的最终表现做出较好的预测。大多数美国的学龄儿童在他们的学习生涯中，都要花费数百小时从事一种单调的练习——正规考试。但当他们离开学校以后，几乎没有人再遇到类似的考试，这真是一件很奇怪的事。

4. “智能展示”的评估手段

如前文所述，大部分智力测验手段严重地偏重两种智能：语言智能和逻辑智能。具备这两种智能强项特殊组合的幸运儿，即使对于所要评估的领域并不特别擅长，也可能在大多数正规考试中成绩良好。由于同样的原因，在语言智能和逻辑智能两者或其中之一有问题的人，在其他领域的考试中可能也会失败，其原因仅仅是他们不能掌握大多数标准化考试手段的形式。

解决这一问题的办法（当然说比做容易）是设计“智能展示”的评估手段，不通过语言和逻辑的能力，而直接观察人在运作中的智能。如可以让一个人在不熟悉的地区航行，以确定他的空间智能；可以通过观察一个人怎样学会并牢记新的舞蹈或体育锻炼的动作，来评估他的身体-动觉智能；可以通过观察一个人如何处理与售货员的争执，或者观察他如何在一项困难的谈判中获得满意的协议，来评估这个人的人际智能。这些日常生活中的例子表明，设计“智能展示”的评估手段是可行的。但此类评估却不一定能在心理学实验室和考试的大厅中进行。

5. 多种测试方法的使用

仅从单一测试拼凑出来的分数，例如韦克斯勒[①]儿童智力量表(Wechsler Intelligence Scale for Children)，来制定广泛应用的教育措施，是最违反教育规律的事，即使单一的智力测验也包括几个分测验。在提出教育建议的时候，应该考虑总成绩在各个分测验的分布情况，分析被测试者在处理不同题目时所运用的策略。

更理想的做法是，对于一系列分别测量的各种能力的评估结果给予同样的关注。现在请考虑以下超常儿童教育项目入学标准的例子。保守地说，美国至少有75%这类项目的唯一入学标准是智商，只有IQ为131分才有资格入学，129分就被拒之门外，这是多么不幸啊！我并不反对把智商作为考虑录取与否的因素之一，但为什么不能同时参考这名儿童已经完成的作品、他对这一项目有关课程的目标和愿望、他和其他“超常儿童”一起参加一段实验的表现，以及其他并不那么引人注目的评估结果呢？如果美国的教育部长出现在电视摄像机前时，相伴的不是只有一维的背景图，而在他的背景上出现半打不同画面，每一种都代表完全不同的学习和创造方式，我感到美国的教育会很容易地取得巨大的进步。

---

① 大卫·韦克斯勒（David Wechsler，1896—1981）：美国临床心理学家，韦氏标准智力测验的编制者。经过早年的研究与施测，他认为斯坦福-比内测验只适用于儿童，对成人则无法使用，于是他从1934年开始制定成人智力量表，能够产生语言和表现两种智商。后又设计出儿童的智力测验，叫韦克斯勒儿童智力量表，也能测出语言智商和表现智商。——译者注

6. 对个人的差异、发展水平和知识形式的敏感度

评估方案如果没有考虑人与人之间的巨大差异、发展的不同阶段和专业知识的多样化，就会逐渐落后于时代的需要。正规考试在原则上能够加以修正，以便考虑到上述因素，但是首先必须摒弃标准化考试的一些重要假设和习惯。例如在一些关键问题上认为人均具有共同性（例如，在发展的水平上），或者偏爱较为经济的测试手段等。

在培训教师和评估工作人员时，还要强调被评估者之间的差异。因为不可能指望教师根据自己的经验，对此进行有效的分类，所以要向负责青少年评估工作的人员，郑重其事地介绍这些差异。这种正式的介绍应在教育学课程中或教学传、帮、带时进行。教师一旦认识了这些差异，并且有机会与不同智能状态的儿童在一起，再加上细致的观察，就会感到这些差异是活生生地存在着的。

这样一来，教师就有可能自然而然地考虑到这些差异。好的教师，无论他们是教小学二年级，还是教幼儿弹钢琴，甚至指导研究生的论文，都懂得对于不同类型的学生，只有运用不同的教学方法才有效。这种对于学生个体之间差异的敏感程度，应该成为教师能力的一部分，运用于正常的教学和对学生的评估之中。此外，或许更为理想的状态是教师根据自身心理，针对每个学生在不同季节表现出的差异，明智地选择评估的时间和安排学生实践的特定领域。

7. 有趣并具激发作用的素材的使用

正规考试最使人不快却又很少被指出的一个特征，就是用于考试的素材本身枯燥无味。有多少机会人们会因为一次考试或考试中的一个题目兴奋激动起来？大约只有作为《阳光法案》[①] 的一项成果，参加考试者才有可

①《阳光法案》（*Sunshine Legislation*）是美国禁止秘密会议的法案，特别应用于大学校长的选举。——译者注

能对考试机构使用的答案表示怀疑。对某些考试题目的讨论，也才有可能发表在公开出版的读物上。

考试的题目并不一定非枯燥不可，好的评估方法也可以是一种有趣的学习体验。不仅如此，在学生自然地投身于完成那些十分吸引他们的习题、专题和作品的背景下进行评估，才是最理想的评估。这种评估可能不像标准化选择题那样容易设计，但更有可能全面地发现学生的各种技能，并为他们今后的学习和安排提出有用的建议。

8. 为帮助学生而实施评估

正规考试还有一个令人十分遗憾的缺点，就是很少有人能答得出“考试成绩究竟有什么用”的问题。学生收到成绩单后，看看自己的百分比排序，即使不是全部，也能部分地对自己的学习优点做出结论。按照我的观点，心理学家们花费了太多时间给人排名次，几乎没有时间来帮助他们。评估的主要目的应该是帮助学生，评估人员有责任为学生提供有益的反馈，如识别他们的强项和弱项领域，提出应该继续学习或投身于有关领域的建议，指出哪种习惯是有创造性的，以及未来评估可以预期的结果是什么，等等。特别重要的是，有些反馈采用了切实可行的建议的形式，指出了学生的强项，这些强项独立于可相比较的这个学生在团体中的名次。

如果能够用人类关于认知和发展的研究与发现武装起来，加上对新评估手段的渴望，开始设计比当今流行的更适合的评估方式是可能的。虽然还没有伟大的设计创造出“正规考试的替代新方案”，但我和哈佛“零点项目”的同事们在过去几年里，一直投身于几个新评估方法的研究工作。在第 6 章至第 9 章中，我介绍了我们目前致力于以情境化的方式，评估学生智能强项的多项研究。这里，我想将这些成果放在学校评估的更广的范围内来讨论。

◎ 迈向评估社会 ◎

我提出的定期评估的方法，偏重于在整个教育系统和终生学习过程中，以自然的方式进行。我所回顾的大量证据，几乎全都指出以标准化考试作为唯一评估的方法，的确存在着许多问题。很多研究发现都认为，应该为学生创造出使评估自然进行的环境，即设计课程的实体，如领域专题、过程作品集等，以便在学生从事学习或创作活动的情境下参与评估。

如果认为我主张再度引进传统师徒制的评估方法，未免有些夸张，但我的确认为现今距离那种评估方法已经走得太远，现代的评估完全可以借鉴传统师徒制的概念和假设。的确，如果认为“正规考试”和“师徒制评估”是评估方式的两个极端，那么可以说美国今日已经过于偏向正规考试，而应当考虑这么做的代价和局限性了。即使是物质王国以外的世界也会物极必反，这就是为什么本章推崇更加自然的、对情境更敏感的、生态学上更可行的评估方式。标准化的正规考试自有其一席之地，比如可以用来初步筛选某些“处于危机”的人群。即使如此，使用者也应知道这种考试的局限性。

对于我所介绍的观点，可以预料会有反对意见。其中之一就是认为正规考试确如广告所言，非常客观，而我所倡导的却是回归主观的评估方式。我有两个理由反驳这种说法。首先，认为领域专题、过程作品集或“多彩光谱”等评估方法比起其他评估的方法来更加缺乏客观性，从理论上找不到根据。这些方法也可以得出可靠的信度。虽然信度的建立并不是以上这些方案的重点，但是对于研究这些评估方案信度的构想以及心理测量，我们已经有了一定的手段。

第二个反对意见，也与标准化的正规考试所宣称的客观性强并且没有偏差有关。从技术上看，这些考试手段中最好的一些，确实能够避免主观性和统计偏差的危险。但是，任何种类的考试手段必然会有利于某一类（或某几类）个体，有利于某一种（或某几种）智能和认知方式。那些拥有一定的语言和逻辑智能组合的人，善于在限定的时间里、没有人际接触的非情境化条件下接受测试，他们特别受惠于正规考试。与此相反，那些没有表现出语言和逻辑智能组合的人，那些只善于在需要较长时期的努力才能完成的课题中，或者在情境化的评估中才能更好地表现出智能强项的人，就很容易在正规考试中受挫。

我相信，特别是在教育资源有限的条件下，应为每个人提供展现自己智力强项的机会。没有理由反对取得高分的人在面对大学招生办公室的工作人员时，炫耀自己在入学考试中取得的满分。但是出于同样的原因，具有其他认知或行为方式上强项的人，也一样应该有他们的出头之日。

有一些人可能会赞成以上分析的思路，但出于成本和效率的考虑，仍然反对这样做。这种意见为正规考试辩解的理由是，在全国范围内提倡更能经受检验的评估方式，效率太低，花费太大。为此即使正规考试并非完美无缺，我们也应该接受它，只不过尽量加以改进就是了。

这种意见表面上似乎有道理，但我仍然持反对意见。的确，目前正规考试从成本上看确实效益不错。但是请想一想，过去几十年里人们已经花费了几百万，甚至说不定已经花费了几十亿美元，才使它发展到现在这种极不完善的状态。我有理由认为，即使花费更多的钱，也很难使目前的考试有什么本质上的改进。

在研究基金的支持下，我们的“零点项目”现在所进行的具有一些开拓性质的项目，以任何标准看起来，变革的力度都不算太大。我们相信，这些项目中评估方法的要点，可以很容易地教给老师们，并在有兴趣的学校或学区中推广使用。我们赞同西奥多·赛泽（Theodore Sizer）的估计，改革目前的教学方法，使其质量提高（可能还会导致教育质量的提高），大约只需要增加10%~15%的成本，而且不会更高。

我认为目前情境化评估的主要障碍，不在于缺乏费用，而在于缺乏愿望。在今日美国的统一教育形式下，用相同的教育方法对待所有的学生，对所有的人都采用一元化的评估方法，呼声是十分强烈的。这种倾向从科学的角度上说很不合理，从伦理学的观点上看起来令人十分反感。造成这种习惯的部分原因是可以理解的，就是对过去教育试验中的一些过分做法的不满。但另一部分原因，就是存在着对学生、教师和学习过程的普遍敌意，这在一定程度上令人感到不安。在更尊重教育过程的其他国家，已经证明了即使并不认同最糟糕的一元化教育思想和教育评估方法，也可能有高质量的教育。

目前全国一致认为，人们需要更多的考试和更加统一的教育，解释其原因并不困难。由于20世纪80年代早期学生的表现不佳，引起了人们普遍的不安，这是可以理解的。这些学生的不佳表现，导致了人们对当代教育的指责，并将众多的社会犯罪也归咎于教育。政府官员，特别是州政府官员和立法者，也卷入了这场争论。他们对数量日益增长的教育经费申请采取的处理方法很简单，那就是要求更多的考试和更可靠的考试结果。学生对这种诊断治疗式的考试根本不感兴趣，然而这一事实却不受重视。政府官员很少详细阅读有关资料，他们对以上社会问题的迅速反应就是，尽快寻找替罪羊，以求迅速稳定局面。

非常不幸，政府官员或社会领袖们对这些问题，绝少发表不同看法。如果美国的重要组织或利益集团，能够根据我介绍的上述评估方法和教育哲学，致力于实现另外一种不同的教育模式，我有足够的信心，他们一定会使新的模式获得成功，而且不会因此在银行里欠债。当然还需要更广范围内的人士参与这项工作，如大学教师需检查学生交上来的过程作品集，社区人士需提供导师式、师徒制或“特别小组”式的教育，家长应该知道他们的孩子在学校里做些什么，并且和孩子们一起（至少鼓励他们）完成专题作业。这些建议似乎有些教育革命的味道，但在美国和国外的一流教育场所，却是很平常的。的确，如果没有周边环境的这种合作，高质量的教育是很难想象的。

按照我的思维方式，对于教育方针最本质的、最核心的分歧是（至少应该是）教育的内涵和目的。正如我已经说过的，“正规的标准化考试”所支持的教育概念认为，教育就是将已经掌握的各种信息集中，然后回到或应用于非情境化的场合。按照这种“料斗”（bucket）式的观点，学生在获得足够数量的知识后，就有望成为社会的有用成员。

“评估观点”则看重对创造能力与思考能力的开发，这些能力的培养靠长期的项目来完成。此种观点令人鼓舞的原因，在于它试图架起在学校的活动和离开学校以后的活动之间的桥梁。这种观点认为，两种活动都需要相同的心理和训练习惯，尤其注重每个人的智能强项。根据这种观点，评估应该尽可能在日常活动的过程中不露痕迹地进行，并且应该以有益而且经济的方式，将评估过程中获得的信息提供给教育的决策人。

评估的观点与“以个人为中心的学校教育”的前景非常默契。有些观察者虽然赞同对评估的重视，但可能仍然反对以个人为中心的学校教育，认为那是一种不切实际的、过分浪漫的教育。他们宁可采用更加自然的评估方法，来配合要求严格的课程。对于这些人士，我的回答可能会使他们惊讶，因为我毫不含糊地承认严格要求的重要性。“以个人为中心的教育”方案与严格要求没有丝毫矛盾。其实任何良好的师徒制学习，都是对学生严格要求的。那种“多项选择题附带孤立知识”的考试，常常自以为是，其实是一知半解，为了表面上的整齐划一牺牲了真正的严格要求。我全力支持以个人为基础的学校对课程的严格要求，我所提倡的，仅仅是为学生准备范围更广的可供选择的课程。

卡尔·马克思希望有那么一天，国家的概念因失去为人们所需要的功能而消失，甚至很难被人想起。而我的千年梦想，就是将来有那么一天，智力测验的方法不再为人们所需要的时候，没有人为之惋惜。一小时的标准化考试，在历史的某一时刻里，或许能合理地表明谁在学校里将会学习得更好，谁是适合服兵役的人。但是当我们知道通过各种不同的方法，都可以获得学习和军事上的成就时，我们就需要更具鉴别力的、更敏锐的评估方式，用来判断什么人将会成功。在取代标准化考试方面，我希望能够开发出一种环境（甚至一种社会），使每个人先天或后天所拥有的智能强项得以显现。在这个环境里，人在日常问题的解决和作品的创作中，能够清楚地表明他们自己最适合担任的行业或职业的角色。

当我们朝着开辟这种环境的方向努力时，将不再需要正规的、脱离情境的评估。这是因为到了那个时候，学生在学校所做的和将来他们在社会上要做（或想做）的事情之间，差距会相应地缩小。我们目前没有一种考试能够确定谁将成为一个好的领袖。因为事实已经证明，领导能力只能在一定的环境中自然地产生。由于同样的原因，我们也没有这样的一些考试，能够评估异性之间互相吸引的能力、踢足球的能力、音乐演奏或立法的能力。但我们却有智能的测试，目的是测出这种在现实世界中难以观察到的、据称是普遍的能力。然而，之所以不易观察到，说不定就是因为智能从来就不是单一的、容易被测量的能力。

如果我阐述的那种自然发生的认知是可信的，那么只要审慎地观察人的日常生活环境，就能发现多种认知方式的明显迹象。从正规考试到此种自然评估的转变，根本不会使心理学家和心理测量学家失业，反而需要数量更多、受过更广泛训练的和更具有想象力的专家们的齐心协力。只要想一想当今社会只有一小部分人的才能受到重视，而大多数人的潜能却被浪费了，在这方面的投资是值得的。

与“考试社会”相比，我认为评估的方法和以个人为中心的学校这个崇高的理想，更符合美国的民主思想和多元价值观。我还认为，它与近几十年里科学在人的成长和学习方面获得的研究结果也是相当一致的。将来的学校必须精心操作，才能实现这一理想。在本章的最后我想说的是，无论“官方评估”的形式和影响如何，在学校里每天真正学到的知识，加上离开“正规学校”很久以后继续学到的知识，才是对学习本身最好的奖赏。

Multiple Intelligences

第三部分
最新展望

第11章

智能与社会文化背景

所有关于智能的定义，都是由时间、空间和孕育它的文化所确定的。尽管不同的社会对智能所下的定义不一样，但是我们相信这些定义的发展动力和过程受相同的几种因素影响：第一，某种特定文化延续所必需的知识领域，如农牧业、文学或艺术；第二，根植于特定文化背景之中的价值观，如尊敬长者、保护学术传统、实用主义的学习等；第三，教化或培育人多方面能力的教育体系。在本章里，我们不仅探讨人类心理较为熟悉的领域，也会涉及人类心理产生和运作的社会环境。[1]

与许多其他智能理论家不同，我们并不想将智能的概念简单化，以便设计出一种相关的考试来测量“它”。与此相反，我们希望能从文化的视角

---

① 本章与 Mindy Kornhaber、Mara Krechevsky 合著。——作者注

和跨文化的视角出发，对智能各种各样的表现形式给予解释。我们相信，这种关于智能的更为开阔的观念，将指明在什么时间和什么地点，我们能够寄希望于发现智能的多种表现形式，以及如何增加发现这些智能表现形式的机会。我们所欣赏的评估，以确定人认知的潜能或能力为目的。反过来，这些能力使人能够达到各种社会角色的“最终状态”。在过去的几千年里，这些最终状态是伴随着人类和社会的发展而出现的。我们还希望，这种评估帮助我们创造出一个能够促进个人和群体的潜能发挥的环境。

为建立一个跨越多种文化的智能理论，我们首先考察两种形式的社会——传统社会和工业社会。我们所要考察的，是人类生存和繁荣所需要的领域的知识。我们想知道这两种社会中的人是怎样被激励起来，将自己的能力投入到不同知识领域的应用中去的。对我们目前的理论做出更加准确的定位之后，我们将从这个视角出发，检验两个后工业化社会——日本和美国近来的发展轨迹。最后，我们以新评估方法的讨论结束本章。当然，这种新的评估方法应该与我们所扩展的智能概念相一致。

社会视角中的人类智能

根据概念，在传统的社会里，大部分人都从事确保供给足够食物的工作。在这样的社会里，获得食物的方法是典型的劳动力密集型行业，因此大多数人必须投身于渔业、农业、狩猎或者畜牧业。但即使在这样的社会里，食物也不是人们的唯一需求。虽然那里没有正规的学校，但某种形式的课程还是存在的。知识围绕着宗教、神学、音乐、舞蹈和视觉艺术等领域发展和进化。孩子们也不得不融入一定的社会价值体系、宗教伦理和社会规范之中，而社会的规范往往取决于他们的年龄和性别。

怎样获得这些主要课程科目的内容呢？在大多数情况下，儿童通过观察成年人并模仿他们，来学习他们所属文化崇尚的价值观念和技能。儿童在所处的环境中拥有丰富的实践机会，他们有条件运用学到的技能，因此这些技能在实践中被反复强化。实际上这些技能的实践，往往就是社会赖以生存的劳动形式。儿童从成人那里得到的指教，无论怎样实际，主要都是非正式的。指导教育和评估，都在该社会行业内发生的实际工作背景下进行。教育和评估所采取的形式，是鼓励、建议、批评或者有用技术的传授（参见第 10 章）。

在某些传统社会里，技巧性强的职业和精密手工艺的进步，需要结构更为严密的学习形式。最初这些手工艺传授给年轻人的途径，主要是通过师徒制的方式。这种师徒制往往与家族世代相传的职业有关，子女跟随父母学艺。或者年轻人另外拜师学艺，师傅扮演养父的角色。无论何种情况，多数教学和评估都是非正式的（尽管不一定是良好的）。孩子开始承担一些与师傅工作有关的简单任务，同时观察师傅是如何工作的。经过实践，学徒在各个工作步骤上的技能逐渐熟练，能够参与最终产品的制作。最后，学徒期满，能够在师傅的指导和监督下设计并制作产品。再积累几年的经验之后，当年的徒弟就有可能创造出足以通过考核的杰作，然后轮到自己成为一名师傅。

在更复杂的传统社会里，政治和宗教组织不断演变，贸易逐渐发展，人类的记忆仅仅保存社会生存必须依赖的知识和技能是远远不够的。简单社会使用的记号和图形，必须经过有组织的系统化。最初的文化系统，开始于用以记录财务账目的文字发明。最初提供的教科书，就是记载历史细节的书籍。后来，文字主要倡导传统社会所崇尚的美德，其中最著名的就是“传宗接代，孝敬父母”。

因为文字保证了复杂的传统社会的存在，加之它服务于强有力的统治集团，所以掌握文化的人在等级社会中，一般拥有他们所渴望的较高地位。

然而，在这种社会里，只有极少数人拥有较高的读写技能。在任何上述的社会里，都有许多不需要文化的工作岗位。事实上，这种社会不可能让很多人花费大量时间，学习高级文化和读写技能，以至造成农业劳动力的缺乏。因此除了少数例外，接受正规读写文化技能的教育机会，只留给那些统治阶级的子弟和表现出学习潜力的男孩子。学院或者学校的发展，主要目的是培养政治领袖和宗教领导人物（在很多社会里，这两种角色相互重叠）。

为距离今天遥远的历史上的文化社会中的智能下定义，可不是一件简单的事，也无法直截了当地完成。虽然在传统社会里，拥有读写能力的人可能受到崇敬，但是智能的定义并不一定取决于和读写有关的能力。与此相反，正像莱文（Le Vine）和怀特（White）所说的：

> 如果你的智力发达，你就要遵循社会的道德标准。不这么做，就会与那些和你有着长久关联的人发生冲突，这是任何聪明的人都不愿发生的事……那些遵循社会常规的人被认为是智力发达的人，这一点非常重要。尽管这里所说的是普通的智能而不是杰出的智能，但这些智力发达的人维持与社会的联系，意味着社会长期的稳定和安全。在社会上那些因道德高尚而受到尊敬的人，被认为是最聪明和最拥有智能的人。

从此我们可以看出，在传统社会里，智能包括维持与社会联系的能力。在一个衣食住行等生存的基本需求仍然依赖群体合作的社会里，能够维系这种合作的人，理所当然地被认为是高智能的人。

与传统型社会相对照，工业化社会的优点是科学和技术的发展，将人口中的大多数解放出来（当然不以人的意志为转移），不再从事与食物生产相关的体力劳动。在这样的社会里，出现了不少源于科技知识，反过来又进一步应用科技知识的职业。这样一来，煤矿工人和炼钢工人是新工业建设的支柱；工厂要求它的雇员努力成批生产大量的商品；而科学家和工程师则接受新的训练以开发新的设备和设计新的程序，提供新的信息和知识。对于新发明的需求和越来越复杂的经济活动，如贸易、银行、市场销售等，都需要更多的人具备读写能力。要想学会科学、数学和在这种社会里产生的其他知识，也必须首先具备读写能力。

尽管儿童仍然继续从长辈、父母那里学到很多知识，但在工业化社会里，家长很少能够自己为子女提供他们未来职业的教育。在传统社会里，人们一般子承父业。而在工业化社会里，家长可能不在家中工作，也可能不愿意让子女继续沿着自己的职业道路走下去，或者不允许子女这样做。此外，他们的职业道路也可能因为技术的进步被阻断了。由于以上原因以及其他的原因，工业化社会里的年轻人，主要通过学校来学习文化和有关领域的知识。因为让大多数人拥有读写能力，已经被视为对社会有益，所以政府通过教育立法，替代并强化了原来属于父母的责任。

在工业化社会里，学校的活动和传统社会里的学校一样，都与学校周围成人社会日常生活中的活动不同。在学校里，技能和知识的评估很少来自其他人。对于学生的评价更为正规，次数并不多。除此以外，在学校里学生所学习的内容，通常与学生在校外接触的环境和体验无关。工业化社会的学校教育和传统社会的学校教育相比，在几个重要的方面不一样。在传统社会里，即使青年人在学校里参加的活动，与社会日常的商业活动和农业生产没有多大关系，学校教育所重视的教学内容，也取决于学校所在社会的核心价值观念——通常是政治上的方针路线。工业化的社会则与传统社会的情况完全不同，学校教育和学校活动的非情境化，使得它们与周围的社会所持的价值观点可能有联系，也可能完全没有联系。其关联的程度，部分取决于受教育人口的比例，部分取决于社会的价值观。

随着教育立法和社会对于提高文化水平与日俱增的需求，智能的概念也在不断变化。起初，尽管“聪明的”和“睿智的”这类表示敬意的字眼，仅仅用于形容道德和精神高尚的人，而不管那个人受教育的程度如何。但在工业化的社会里，没有文化的人是不可能获得拥有权势和影响的职位的。因为社会逐渐变得较为松散，所以至少在某些社会里，智能对于保持社会凝聚力的作用，也就不那么重要的。举一个例子，在非洲肯尼亚的古斯部落（Gusii tribe），自西方的教育制度被引进之后，对于一个人智能的判断标准，就不再是道德和品质的高下，而是他在学校学习成绩的优良与否。

智能的新概念

以上对于社会背景的描述，说明定义智能有两种不同的方式。在传统的社会里，智能只和保持良好人际关系的技巧相连。然而在许多工业化的社会里，智能更多地以读、写、算三种优势的能力为核心。尽管存在着差别，但两个社会中智能的定义均以相同的方式导出。两者都与文化中的生存问题交织在一起：传统社会需要保持社会的凝聚力，而工业化社会需要提供成型的技术和发展工业的手段。

我们相信这些不同的智能定义对于它们各自所属的社会来说，都是有意义的。如同济廷（Keating）所说的那样，由于我们错误地看待形成智能概念的社会、历史和政治形势，所以我们关于智能的认识也是被扭曲了。如果在为智能下定义的时候，承认它是个人的倾向和社会需求之间相互作用的产物（而不是单纯的人类个体的特性），很明显我们就应该考虑到特殊的社会结构和经济结构，并将人的潜能和前面提到的文化的需求结合起来。我们认为，人在某个文化领域中获得并发展知识的能力，以及目标明确地运用这些知识的能力，与利用社会所提供的价值观和实践机会相比，与发挥存在于人头脑中的能力相比，是同等重要的。

因此，我们可以将智能主要定义为以下两个有关因素相结合的产物：（1）能够在不同的知识领域中运用自己能力的人；（2）通过本身所提供的机会、所支持的教育机构以及所倡导的价值观，来培育人类个体的社会。人的能力只代表了智能的一个方面，人类还需要社会组织和机构，来促进这些能力的发展。在这个框架之下，智能变为一个具有弹性的、与文化相关的概念。虽然人和社会对于智能都可能起主导作用，但智能的定义和发展需要二者同时参与。现在借用物理学的两个术语，来说明两种不同社会的区别。在日本那样集体观念较强的“场社会”（field society）里，社会对于智能的定义起主要作用。在美国这样的个人主义占统治地位“粒子社会”（particle society）里，个人在智能的概念中扮演更为重要的角色。

大约一个世纪以来，西方工业化的社会及其学校只开发出人口中一小部分人的智能。然而随着后工业时代经济的发展，仅仅依靠非情境化的学习来开发智能，已经不能满足人们的需求了。我们必须根据人的特点和文化的要素，考虑拓宽智能的概念。伴随着有关智能的新观念，需要新的教育和评估体制，以培养大多数人的能力。

人：多元智能的载体

后工业化社会将智能看作人类个体特征的观念，可能与20世纪初心理测试的发明有关。比内发明的心理智力量表，目的是辨认和预言在学校里成绩将会较差的学生，以便使他们从特殊的教育中获益。虽然比内并非有意地将智能概念具体化，也没有坚持智能具有单一的属性，但他的测试结果可以被归结为一个简单的分数，导致了智能是人的大脑中单一属性观念的形成。

然而，为了解释人所从事和创造出的不同知识领域内形形色色的能力，在最近几十年中，几种当代的新观点提出智能是多元化的。本书第1章详尽地论述过的多元智能理论，提出人在相对独立的几个领域内，拥有认知的功能。各种智能的不同特征、轨迹和发展速度，使人能够或多或少掌握使各种文化得以传播的符号系统。

虽然人类个体可以在一定范围内发展自己的能力，最后进入到各种各样的“最终状态”，但与社会隔绝时却办不到。即使像语言那样普遍的能力的发展，也只有通过儿童与成年人之间的交流才能实现。不仅语言的学习过程需要在儿童与社会的相互影响下进行，而且儿童两岁以后学习的大多数内容也是由社会所决定的。社会教育自己范围内的儿童的内容，从钓鱼一直到物理学等各种领域的现象、理论、技能和方法。我们坚持认为：只有通过在真正的领域（即社会承认其价值的学科）中的活动，才能最佳地发展和促进人类的认知能力。在这些学科中获得进步和知识，人需要通过长时间的努力，特别是需要经过在该学科中具有丰富知识的专家的反馈才能实现。

多元智能理论提供了一个有用的框架，在这个框架中，可以在更广泛的范围内考虑人的能力，这是我们所提出理论的第一个要素。但是要让我们的理论更加完整，还需要考虑人及其所处社会之间的相互作用，然后从该理论的文化视角出发，讨论现今的两个社会。在第一个社会里，智能是大量地表现出来的。而在第二个社会里，智能的表现似乎不那么明显。

◎ 当代后工业化社会的两个例子 ◎

根据我们的定义，智能代表人类个体及其所生活的社会之间的有效结合，就此我们想以日本为特例加以说明。

在日本，智能的开发是由被社会广泛接受和支持的价值观念所完成的。这些价值观念包括勤奋学习、成绩优良等。父母希望子女在教学质量高的学校里就学，对孩子们的期望值很高。他们相信，子女实现父母期望值的关键在于刻苦用功，而非儿童内在的潜能。因此，母亲会积极主动教导自己的孩子，教师拥有很高的社会地位。最大限度地开发日本儿童的潜能，不仅仅在口头上，而且在实际上会被看作是社会的责任。

日本教育制度的结构以及它与职业保证和成功之间的相关性，或多或少强化了人们对开发儿童智力潜能的关切。在美国，许多高等学校的声誉使它们的学生不但获得了职业生涯的终生保证，而且让这些职业拥有很高的社会地位。然而在日本，这样的学校很少。日本大多数雇主仅仅是在需要高级职员的时候，才会寻觅少数名牌大学的毕业生。进入这些大学的竞争之激烈，当然导致了高度的紧张状态，这是举世闻名的。

在日本，发挥出自己的最佳水平，不仅仅是为了穿越大学这座“独木桥”，从而获得职业上的成功。在重视人际关系的社会中，努力发挥个人潜能的目的是巩固自己在这个社会中的地位。不努力学习和不向社会奉献，都会损害这种人际关系。

从日本的雇用制度上，我们也可以明显地看出与社会的联系对于个人取得成就的影响。在工作单位，员工强烈地认同自己的企业，部分原因在于他们往往将终生的事业与自己所在的公司联系在一起。此外，员工感觉不到自己与同事之间存在着激烈的竞争。即使一个人具备公司需要的所有能力，也不能获得特别的奖励。实际上，日本的公司似乎承认人类智能的不同层面，并且接受以下观念：具有不同能力的人对企业所做的各自不同的贡献加在一起是企业成功的保证。

因此，日本似乎是我们的理论的规范化部分（与之相反的是理论的描述性部分）要素的例证。在个人和家庭、家庭和学校、学习和工作、雇主和雇员等多方面的关系上，人与社会的结合都得到了证明。此外，社会的价值观鼓励和支持学校教育，重视刻苦钻研，却并不强调与生俱来的能力。

承担开发人的能力职责的机构，拥有鼓励促进此种能力发展的环境。按照我们的分析，当所有这些因素结合在一起的时候，智能就显现出来了。

美国提供了一个与日本相反的有用的例子。我们现在已经习惯了这样的报道，即美国学龄儿童的标准化考试的分数，几乎低于任何其他西方国家、工业化国家，甚至未工业化的国家。我们看到的全国性研究指出：有很大比例的美国青少年学生，没有掌握学校基础课程的内容。没有理由认为在我们这个富裕的国度里，会在人口中存在不成比例的大量先天残障儿童。为了确定我们的社会怎样才能更好地开发智能，检查一下产生目前这种状况的原因，可能会有启迪作用。

在美国，由父母和子女之间广泛存在着的共同价值观所形成的社会纽带，从殖民时代的初期开始就已经受到了被拆解的威胁。虽然清教徒们竭尽全力教育自己的孩子，并维持传统的师徒制教育，培养男孩们成为牧师，但当时的环境破坏了他们的计划。与其他工业化社会不同，传统社会的黏合剂如尊敬长辈、人与人之间互相依赖等，在美国工业化以前就解体了。清教徒的领袖们害怕下一代变成野蛮人，决定开办学校以代代传承原有的欧洲文化。但很明显，对于年轻的一代清教徒来说，想在蛮荒之地生存下去，长辈所具有的传统知识并没有特殊的作用。因为土地资源丰富，劳动力显得格外珍贵，于是年轻人离家出走，直到发现更加舒适的工作生活环境。

美国成为工业化社会的时候，人们对学校所学习的基础知识仍然抱持怀疑的态度。读写能力、数字计算能力和保持文化传统的课程，虽然一定程度上被接受了，但在解决实际问题过程中的竞争能力、积极活动能力，普遍地更加受到推崇。如同安德鲁·卡内基（Andrews Carnegie）所说："根据我的经验，我敢说在我认识的希望经商的年轻人中，极少有人没受过大学教育的伤害。"当时的流行观点是：传统学校的课程用处不大，高智能的人应该投身于应用领域。因此，存在于日本社会里那种个人和家庭、家庭和学校、学习和工作的紧密结合，在美国从来就不曾有过。

美国人与受传统束缚的学习方法的决裂，再加上美国人对于新科学技术的偏爱，可能特别有害于科学地解释智能的概念。在任何情况下，尤其是受到达尔文的《物种起源》和随后的社会达尔文主义的影响，各种遗传论观点和优生学运动占据了统治地位。

在第一次世界大战期间，美国将智力测验用于管理大量新兵的做法，加速了智力测验从社会目的向科学目的的转变。这种与纸笔相配合的考试、公式和因素的分析，代替了在不同的知识领域内对人的表现所做出的社会学判断，并支持了那种认为白种人、基督徒、北欧人拥有智能最高的观点。在美国很多人的头脑中，上述这些人的基因最为优秀。因此，在美国我们相信智能与生俱来，后天对此无能为力。正如古尔德（Gould）所说的，将智能的概念说成是具体化的、天生的属性“是美国人的发明”。

在智商测试发展的同一时期，美国的学校又受到另一种与科学相关的力量的影响，即效率运动（efficiency movement）。在企业界和商业界，人们转向通过科学技术的手段，来解决制造业的问题。工作和职业被分解成在大规模生产的装配线上，独自操作的各种不同工作岗位。在教育方面，公立学校承担着越来越大的压力，必须更加有效地运作，尽量减少留级学生的人数，为社会提供遵守纪律、训练有素的劳动力。因为科学管理和大规模生产的原理被引入学校，使教育工作者为学习上出现困难的学生提供弥补措施的努力遭遇了挫折。这一切努力被用来早期确定儿童的才能，以便提供适合他们长大成人后的“最终状态”所需要的教育。虽然美国的移民群体的能力的发展因此而受到的损害特别大，但实际上由于学校采取这种商业的价值观和做法，所有的儿童都因此受到损害。

过分依赖心理测量学的方法，不仅仅会使学生、教师与在社会背景下评估他们的人分离，也会使人们远离受到社会重视的知识领域。认为智能可以由智力测验确定，偏离了我们所考虑的人类认知的合理范围。这样表述的理由之一是，智力测验并没有在令人信服的、人类正在努力从事的领域中进行。

当 1938 年《心理测量年鉴》首次出版时，心理测量学家和心理学家就建立起各个领域的测量方法。虽然这些领域的测量还有待于各自的专家来诠释，但它们中的大多数缺乏可信度和权威性。心理测量所缺少的，是提供实际参与解决某个领域中问题的机会，并在有意义的背景下运用这些机会。心理测量同时缺少的还有，通过一系列实践步骤（通常是该行业内拥有较高技能者提供的反馈），达到社会价值观所珍惜的“最终状态”。可能除去电视中的游戏节目（美国人的另一个发明）以外，很少有人会期待在短短的几秒钟时间里，重复一系列数字，解决简单的类比问题和辨别人尽皆知的图形，就能得到社会的奖赏。

既然没有真实的行业考评，智力测验专家们判断的根据就令人十分怀疑。这种情形就像有的专家在建立统一的判据之前，对于某个领域进行判断一样。对创造力的判断就是一个很有说服力的例子（见第 3 章和第 10 章）。根据希斯赞特米哈伊的观点，创造力取决于 3 个动态的系统:（1）创造作品的人;（2）这些人所工作的知识领域;（3）在该领域内有资格对作品加以评判的专家们所从事的行业。在这个框架里，创造力的有无，取决于这个人的努力是否得到这个行业的承认。创造力的这种属性，在已经确立判据和共识的学科里（例如数学），是被广泛接受的。但在尚未建立共同标准的其他学科（如现代绘画），创造力的有无可能较少地取决于这个领域内的人的作品，而在一定程度上更多地取决于这个人所拥有的社会特质，是否与行业内的成员同步。

对于智能属性的判断也有类似的问题。我们认为，如果对智能的判断不以真实存在的行业 / 领域为基础，智能的属性甚至更加依赖于专家个人受社会普遍观点的影响程度。在法律和政治出面限制智力测验的应用之前，智力测验本身的历史就是社会背景决定智能属性判断的证明。

根据上述分析可以看出，坚持认为智力测验能够判断通用的能力的观点，是站不住脚的。与此相反，我们应该注重与文化背景有关的表现。智力测验只偏重考察个人，而对于智能的判断既应该考虑个人，也应该考虑人所生活的社会。即使智力测验试图要测量的，仅仅是我们所说的个人的能力，其范围也是很狭窄的。智力测验所着重的，只是测量人类认知能力的一小部分。用我在《智能的结构》一书中用的术语来说，只是测量了人的语言智能和逻辑智能的某些方面，它无法探讨人类的全部认知领域。智力测验不仅探查的能力种类有限，探查这些能力的方法也很有限。它要求人们解决非典型的、非情境化的问题，而不探讨和研究当人们依靠经验反馈的信息和知识从事某项工作时，是怎样思维和运作自己智能的。智力测验迎合那些善于通过简短问答考试的人，但这些人在需要其他技艺的组织和社会里的表现，往往很不理想。

甚至这些测验所看重的思维能力，与学习时所需要的推理究竟有无明确的联系，也是未知数。正如瑞斯尼克（Rensnick）和奈奇斯（Neches）所说的：

> 对智力测验中表现出来的认知成分过分重视的根据，是一个暗含着的假设——测验中的表现所必需的过程，与学习有直接的联系。我们认为这个假设是十分危险的。

像抽象的类推那样的测试题，可以告诉我们关于人们是怎样解决高度非情境化问题的，告诉我们哪些人更有能力解决这类考试中的问题，或者解决这些问题时更熟练。但按照我们扩展了的智能的概念，这些测验题并没有告诉我们多少有关智能的信息。除非评估在真实的行业和社会环境中进行，我们很怀疑这样的评估能够充分地反映出人类的智能状况。

有些当代的评估方法，建议将标准化考试仅仅作为在更广的范围内评价智能的一个依据。虽然更加全面的评估方法，包括观察儿童在特定环境中的表现、与儿童父母的交谈，能够改善标准化考试的片面性。但世界并不是一个完美无缺的地方，科学的评估具有举足轻重的作用。当经费和人手紧张的时候，考试分数就被当作更为精细地在学生中划分档次的依据。表面上看似毋庸置疑的分数，对于希望子女加入天才儿童班学习的父母们来说，就成了不可逾越的障碍。考试和评估的成绩，也常常用来决定哪些儿童需要补习或辅导。在一个技术和科学的各种数据十分发达的国家，数字成了优先分配制度的主要基础。而这个制度将有限的教育资源，优先分配给那些似乎能从中获取最大收益的人。

社会基础框架的需求

正像美国极为重视从技术的角度对待教育，从而过分看重考试和评估一样，美国忽略了学校与社会的联系。其实无论在学校（例如日本的学校），还是在更广大的社会中（如传统的师徒制教育），学校与社会的联系都是教育的一个非常重要的内容。正像如前所述的那样，人的能力需要得到社会共同价值观的鼓励。心理动力不单单是人的能力就能成就的，也有赖于人与社会的相互作用。这些相互作用随着时间渐渐内化（internalized），指导着人的行为举止。美国社会倾向于忽视人际交往经验的影响，部分原因是在分析能力和成就的差异时，没能将这个影响分离出来并加以测量。因此在判断教育程度的低下与否时，完全按照人口统计学和教育学的变量来确定。

然而，家庭、学校和社区提供的合作与支持的环境，已经被证明对于学生的社会的和心理的建设都具有十分积极的作用，最终使他们能够取得更高的学术成就。科莫（Comer）和他的同事设计的项目，旨在干预低收入家庭的儿童教育，从而很强调人际关系的重要性："每当学校内的人际关系得到改善的时候，儿童就成为自己信奉价值观的实践者"。成功的学校，与其说决定于学生自己的才能，还不如说决定于家长和教师的支持、介入以及他们的高期望值之间的传递。

在美国，以下三者之间往往缺乏连贯性:（1）个人能力的范畴;（2）在学校学习的内容;（3）社会所看重的能力。在我们这样一个后工业化的社会里，凡是过去和现在始终存在这种不连贯性的地方，非情境化的科学测试得出有关人的智能的结果，也就没有什么用处。根据这种对智能的判断所产生的教育，就不能解释从我们的文化发展出来的成年人的最终状态。

通信、交通运输、工业自动化和其他国家出口制造业的进步，意味着在旧的体制下挑选和教育出的很多人已经不再是举足轻重的人物。我们需要根据扩展了的智能概念，研究并提出新的评估方法，以便替代旧的方法。理想的状态下，这种新的评估方法将创造出一种新的评估环境，使人们能够更加直接地观察被评估者，看他们是怎样在这样的环境里从事对社会有益的活动的。

◎ 通过情境化评估激发智能 ◎

智力测验无论对于理论家，还是教育工作者、学生都是陷阱。与其制造无法衡量潜能的测验，并将学生分类进而限制他们的成长，不如设计帮助人发现并培育自我能力的方法。我们所提出的模式是，根据社会认可的成年人的"最终状态"来考虑评估。

成年人"最终状态"的概念，有助于将评估的重点放到那些特定的能力上，即在我们的社会上获得成功和奖赏的成年人所具有的能力。这样一来，如果我们看重小说家和律师的角色，那么对语言更有效的评估，就应该注重考查儿童讲故事或叙述经历的能力，而不是考查他们复述连串的句子、定义词组、解决有关反义词或推理问题的能力。后者所包括的问题和领域，与成年人的“最终状态”没有什么关系。高度情境化的评估对于教学和弥补性教学的启示，比非情境化的测验题更加直接和明显。例如在视觉艺术或机械工程知识领域里，充分利用指导教师的经验，可能就是紧密地结合该行业的中心问题和资料工作的一种方法。

与此相同，师徒制也将学习的目的融入社会的需求之中。师徒制之所以有价值，不仅仅是因为它建立在学生的兴趣和强项的基础上，而且因为它通过在实际领域内日常的、非正式的评估，培养批判性的思维方式。在这方面，它很像在校外进行的更为有效的学习。师徒制还可作为加强社区与学校之间联系的手段。如前所述，家长和社区环境中其他人的合作及参与，可以增强社区内学龄儿童的认知效果。每个儿童都应该有机会和成年人近距离地接触，从而能够在他自己的世界里，将成年人当作认真学习、思考和实践的榜样。虽然知识领域随着历史的发展在变化，但自从有人类社会以来，我们就是通过彼此间的交往，才发展出有益于社会的技能的。

除了在可能的条件下创造师徒制的学习环境以外，我们还相信教育应该坚定地根植于社会的学习或知识的机构之中。这些机构有艺术博物馆、科学博物馆、生产车间、童子军活动室等。科学博物馆、发明博物馆和儿童博物馆提供了大量的机会和有力的手段，以便儿童学习不同类型的知识。而这些知识的学习在学校里是孤立的，甚至是被忽略的。博物馆展出的内容，在一定意义上说已经经过了检验，证明对儿童具有吸引力。其中不少东西对儿童很有教育意义，可以在相当长的时间里，以各种不同的方式加以利用。当前一些十分活跃的技术手段，可使儿童通过不同的方式，将感觉到的知识和在学校里学到的知识，如从对物理学原理的理解到对外国文化的欣赏，联系在一起。

在我们的观念中，评估环境应该结合实践的以下迫切需要（参见第10章）。应该将评估环境和课程联系在一起，在学生进行、参与有意义的项目或者活动时，尽量促使他们展现各自多种多样的能力。这样的评估应该提供范围广泛的、本身很有趣的、能够激发学生主动性的场景。这类场景应该能长期使用，并且对人的能力之间的差异表现得非常敏感。这种评估应该是公正的智能评估，也即不必通过语言智能和逻辑智能充当表达的中间媒介，就能评估出学生的某种特别能力。这种评估在理想的情况下，应该满足关于“系统化效度测验”（Systemically valid test）的判据。这一类测试在于引起“教育系统内课程和教学的改革，以促进接受测验者认知属性的发展。而这个测验的设计所要测量的就是人的认知属性的发展变化”。

从本书的第6章到第9章，我们探讨了根据以上精神设计的教育方案。“多彩光谱”和“艺术推进”两个项目，就是这些方案的代表。这些教育方案力图在不但拥有文化内涵，而且对儿童有意义的情境之中，辨别他们的各种能力。通过提高儿童的兴趣和激励他们的学习动机，学校可以更加成功地完成可能是它们最为重要的任务，也就是使儿童能够充分地、主动投身到学习中来。正像我们所看到的，实现这种学习的一个办法是师徒制。这可以由学校里的专家来为学生安排，也可由教师来完成，还可以通过学校周围社区的人的协助来完成。虽然在一个领域的学习结束时，知道自己受到奖励是很重要的，但科莫的有关研究显示，在激励学生的学习动机方面，人际关系也是至关重要的。

本书第7章介绍的“重点学习社区”实验项目，反映了一种能将学校、儿童和社区有效地结合在一起的环境。学校通过学科交叉的课程，将多个不同的领域结合起来，鼓励儿童发展他们自己在各个领域内的能力。这类课程在时间的分配上，对英文、数学、音乐、艺术、计算机、体育运动以及其他课程一视同仁。此外，允许儿童在一个特别的小组里，按照师徒制的模式发展自己的智能强项。这个特别小组的名称就是大家都知道的“豆荚”（pod）。“豆荚”是由教师根据学生的兴趣组建的规模较小的班，各个年级的学生都可以自由参加。在校长和教师的带领下，儿童还可以在课外活动中发展他们的兴趣。

就像一所具有“磁力”的学校一样，“重点学习社区”项目吸引了这个城市所有近邻地区的儿童。由地方企业、文化机构和大学代表组成的董事会，帮助学校充分利用当地资源的优势。通过教师研讨会、家长顾问委员会和表现各自专长的机会，家长们也介入了学校的教育和工作。这样，“重点学习社区”项目架起了个人、学校和社区之间的桥梁，可以被看作在最大限度发展人的能力方面，所有各方所做出的努力。从这里，就像在“艺术推进”和“多彩光谱”中一样，我们可以看到评估的新形式，看到了青年人和指导者之间的密切工作关系，看到了学校和社区之间日益增长的密切合作。我们还相信，近来逐渐令人信服的智能的观念，在新的评估形式中起着重要的作用。

大多数智能理论都在试图回答“分数是什么”的问题。在一定程度上，以这些理论为出发点的众多智力测验，更倾向于给人贴上标签而不是促进人的智能的发展。与此不同，我们将研究的重点放在围绕“什么时候”“什么地点”“怎样做”这些问题的新理论上。我们相信通过这种研究所产生的理论，能够提供一个建设性的框架，同时提高和改进对智能的分析与实际干预的效果。在智能的研究上，对于从以个人为中心到以个人和社会的相互作用为中心的转变，希望我们的理论能够起到推动作用。考虑心理和认知因素的时候，应该尽最大的可能与它们存在的社会背景相联系。

因此，智能的研究需要不同心理学方法的结合。建立在人类个体认知上的研究，包括信息处理方法、目的、手段的模式、因素分析等，都将继续发挥作用。虽然对人们在解决特定问题时采用何种策略的问题上，这类研究能够提供启迪，但特有的非情境化的问题，却不是人类智能要解决的关键问题。人们在实际生活中遇到的问题，往往不以规则的形式出现，需要综合周围环境中的事件和信息使这些问题成型。我们还需要更加深入地了解：社会环境如何激励个人投身于解决实际生活中遇到问题的研究？激励或阻止人们全身心地将才能投入解决这类问题的策略和方法各是什么？父母和班级集体起到什么作用？怎样加强这种作用？学校的组织和课程，对于不同的学生和教师有什么影响？简而言之，因为我们相信大多数人能够技巧熟练地运用他们的能力，我们需要知道怎样通过社会这个框架来鼓励这一运用。一旦我们确认智能是通过个人的能力、社会的价值观和社会组织的相互作用而发展的，我们就更有可能制定方针、发挥主动性，从而使人类的智能更有效地发挥作用。

第 12 章

多元智能理论和企业管理

教育领地与工作场所的智能

教育界认可多元智能理论的部分原因，是因为该理论涉及的智能的种类与学校开设的学科或课程比较容易一一对应。例如，语言智能与语言艺术，逻辑-数学智能与数学和科学课程，身体-动觉智能和体育课，音乐智能和军乐队、交响乐团等都有着对应关系。尽管这种画等号的做法，可能过分简化了智能与学科领域的联系（任何智能与任何学术领域之间，并不完全具备一一对应的关系），但该理论的提出，毕竟揭开了教学与考评方案的崭新一页，让教育工作者们欢欣鼓舞。

乍一看起来，人们的工作场所与学校完全不同。此外，人们的工作场所是多种多样的：从社会工作者会见自己工作对象的办公室，到汽车工厂的生产线，再到复核审计财务账目的工作室，或者准备将邮件送给收件人的邮局后院等都是。在这一章[①]中,我们虽然将多种形式的工作场所都考虑在内，但我们特别侧重的是商业领域。因为大多数的美国工作者，都以某种形式与商业相关联。

商业的存在，为的是制造产品或者为客户提供服务；学校的存在，为的是给受教育者提供信息、知识，并教授有益于未来职业的技能，特别是在预期的职业岗位上有用的技能。此外，商业项目唯有盈利才能存在，特别是在当今的社会，利润越高的行业就越被看好。与这类行业相对立的，是大部分学校都是非营利性机构。所谓“市场化”的教育方案——创办政府特许实验学校（charter school）[②]、发放学费券[③]等，其设立的主要目的，也是为提高学生们的学习成绩，而不是为了赚更多的钱。最后，社会也期待着学校能起到教化公民的作用——为人们提供有助于他们成为遵纪守法、贡献社会的公民的榜样。尽管商业也能调教所属员工的品行，具有教化公民的功能，但社会并不强制商业必须承担这个职责。

不应因为商界与教育界两者存在着的不同，就抹杀未来的商业和教育的共同之处。这些共同之处体现在如何重新构建和运作，体现在可能如何

① 本章与西娜·莫兰（Seana Moran）合著。——作者注

② 根据作者应邀来信的解释，这是美国政府1990年出资开设的一批类似公立的学校，可以是新成立的，也可由原来的公立学校申请而成。这些学校与原有公立学校的区别，是拥有自行雇用或解雇教师的特权，而不必经过劳工联盟的同意，当时这曾经引起了较大的争议。虽然改革的成效如何尚不明朗，但现在人们已经普遍接受了这一方式。翻译成“政府特许实验学校”是作者的建议。——译者注

③ 由于美国少数族裔家长认为，公立学校教学质量不高的原因，是因为市中心的公立学校只剩下少数族裔低收入家庭的孩子，白人和富人的孩子都在郊区的私立学校，这是种族隔离的表现，少数族裔家长要求自己的孩子进入以白人为主体的学校。美国的公立学校的经费来自市政府收的房地产税，跨区择校或进入私立学校的费用，就要由学生所在地政府承担。政府于是就向这些家长发放学费券（voucher），用来支付学生跨区上学的学费，这样做是出于缓和种族和贫富矛盾的政治考虑。——译者注

加以改造等方面。事实上，对传统意义上的工人而言，即个体手工业者，他们受教育的方式，与学生和准专业人员在几百年来接受的教育模式，有着异曲同工之处。近期，现代化的公司，即我们现在所关注的行业，成为了我们将要管理学校的模式。鉴于这些原因，对此我们将再次提出已在本书中提出过的理论分析和提议。在下文中，我们会以更为广泛的一组人类智能为背景，来讨论近年来的商业契机；讨论多元智能中的每一种智能在商业中扮演的角色；讨论对于个体工作者和群体工作者来说，将智能以不同的方式组合起来有何益处；讨论某些特定的智能组合如何有助于在一些工作岗位上的人员，有效地履行他们的工作职责。我们讨论的主题可以被很容易地表述为：在当今这个日新月异的世界里，职业角色的多元化以及时代对团队精神从未有过的依赖，使得坚持将一元化的、服务于所有目的的智能理论捧上圣坛的行为，显得不合时宜。

超越传统的智商观念

如果智力测验由商业界人士发明，而不是来源于学者之手，那么两种测验将会有本质上的不同。一个好的商业智商（BQ，Business Quotient）测试评估的项目，应该覆盖市场运作的技巧、承担风险的胆量、建立信誉的能力，以及预测甚至改变消费者取向的能力。而典型智商测试的题目，则都无法令人信服地考察这些能力。也就是说很明显，大多数的经济分析学家，也像大多数教育家一样，相信人类拥着一种像一般智能一样的能力，相信智商（IQ）可以预测一个人在多个商业岗位（包括管理岗位）上的工作能力。

工作场所需要的多数能力的测试，和在教育领域一样，是依据人们的一般智能，也就是根据简称为“g”的一般智力因子来进行的。一些研究者正在研究的，是单一的测试成绩，预测接受测试者在不同种类工作岗位上可能取得的业绩时的准确程度如何。这些通用能力测试的分数，的确与被测试人接受工作技巧的训练相关。也就是说，那些在职业能力测评中取得高分的成年人，能够经过学习和实践掌握职业所需要的技能，就像在智力测验中得分高的儿童与得分较低的儿童比起来，倾向于在更短的时间内掌握更多的学科知识一样。但是，到目前为止几乎没有证据能够表明，在这类测试中取得高分的人就一定能取得优良的工作业绩。虽然存在争议，但是一个被广泛引用的估计表明，一般智力因子“g”，仅能预测受测者在各类工作中实际业绩的4%。此外，这样的测试，也仅能区分在一个部门不同级别的职位上雇员的业绩（比如说，管理者与雇员之间），而不能区分在同一级别的职位上（比如说，不同类型的雇员之间）工作人员的工作业绩。因而，这类测试的应用价值，在更为复杂的工作岗位上是值得怀疑的。

丹尼尔·戈尔曼（Daniel Goleman）有关情绪智能（emotional intelligence）的著作，引发了公众的浓厚兴趣，代表了在工作场所内对于IQ和一般智能霸权的第一个突破。戈尔曼提出的情绪智能，类似于多元智能理论所提出的人的认知智能。尽管后者纯粹是描述性的（人如何理解他人和认识自己），而不是规范性的（人们应当如何彼此相待）。在过去的十年里，与之相关的其他候选智能的种类，譬如领导智能（leadership intelligence）、财务智能（financial intelligence）、商业智能（business intelligence）以及精神信仰智能大量涌现（参见第1章和第2章）。我们这里不对这些多种多样候选智能的价值加以评论，只是希望商界人士对多元智能的观点能抱有开放并接纳的态度。

多元智能与职业角色

一旦提出了多种不同智能的分类方法，就有可能向教育界介绍最能体现这些智能所对应的职业。例如：记者、演讲者和培训人员这类专业人员，对语言智能的依赖程度较高；对于科学家、工程师、金融家和会计师，则在逻辑–数学智能方面有较高的要求；建筑师、绘图员和出租车司机，需要依赖更强的空间智能，才能胜任他们所从事的工作；销售员、管理者、教师和咨询师则需要较高的人际智能；运动员、建筑工程承包人和演员则要依赖较高的身体-动觉智能；作曲家、音响效果设计师和广告人需要有较高的音乐智能；而物种分类学家、生态学家和兽医需要有较高的博物学家智能；而牧师和哲学家则要依赖较高的存在智能。

多元智能也可以同其他一些大众化的职业分类学相连，比如霍兰德（Holland）提出的 RIASEC 模式。他将职业分为实际存在的 / 贸易的、调查探索的 / 科学的、艺术的、社会的、企业的 / 商业或销售的，以及传统的 / 职员的或维修养护的。这个模型将客户的个人兴趣和对不同职业的要求一一对应了起来。近期的研究表明，个人的兴趣爱好与他的能力具有一定的相关性。因此，在应用中，能力的评估说不定也可以结合瑞厄赛克的模式，对受测者在不同领域的职位上可能做出的业绩做出预测。

我们可以冒昧地进一步推论，那就是语言智能和人际 / 自我认知智能，在社会性的、商业性的和以人为服务对象的职业中，有着举足轻重的作用；逻辑-数学智能则在以数据为基础，以办公桌为中心的职业范畴内至关重要；身体-动觉智能、博物学家智能和空间智能，在以客观存在的真实物体为工作对象的职业中，是不可或缺的；而语言智能、逻辑-数学智能、音乐智能和空间智能的组合，则对有效地从事艺术类、科学研究类等需要想象和灵感的职业表现得更加重要。

快速变化工作环境中的多元智能

建立这样直截了当的职业与智能的对应关系，在一定范围内是有用的。多元智能方法的威力，通过各种类别的智能与个人，或者与团体之间相互作用方式的检验，能够更全面地体现出来。孤立地看待这些智能中的每一种，则拥有一种以上的特定智能与仅仅拥有一般智能（即 IQ）相比的优越性，将无法受到重视。各种潜能组合而成的不同的智能轮廓，将使得更广泛的能力和业绩得以显现。人、团队和组织，可以根据各自不同的需要，更为灵活地调节自身的优势。这类自我调节的能力，常常被称作“商业灵活性”（business agility）。此类适应能力在过去的15年里，成了召唤新经济到来的嘹亮号角。结果显示，多元智能理论可能有助于个人、团队成员、管理者和领导者，在日益变得错综复杂的工作岗位上，获得更强的引导力量。

著名的乐高玩具（Lego）为我们提供了一个有用的比喻。我们使用众多小积木，比起用少数大积木，能组合拼装出更多种结构复杂的玩具。因为对于数目众多的小积木来说，我们具有更为广泛的调节选择。与此类似，在更为复杂的工作场所里，人员和公司在行为和思维的方式上，也有着更多的选择机会。业务职能和行政职能稳定的官僚组织，如西南航空公司，与网络组织，如捷蓝航空公司（JetBlue Airway）相比，更不具备绝处逢生的内在调节能力。在网络组织中，职务的价值取决于对客户的影响力，而不取决于它在公司内部的级别和位置；由于同样的原因，在开发和展示新的经营理念方面所做的工作，远胜于大批量地生产标准化产品。大的集团需要将工作划分成小份额、更易于处理的单元，以便更有效地应对商机的变化。

随着工作环境的变化，对智能组合的要求也在发生变化。办公室工作和文秘工作，对语言智能有独特的要求。电视和图表的使用者所面临的前景，是空间智能越来越重要。电子产品市场刚刚开始出现的时候，对语言智能、逻辑-数学智能和空间（导航）智能综合运用的需求，就大大增加了。随着这类市场变得“愈加精明”，人际/自我认知智能也将在交易双方的工作中发挥作用。目前一些人所拥有的技能，已经为计算机和机器所替代。例如某些软件工程，现在可以由软件编辑器（compliers）完成。而将被称为“软技术”的构想，合作关系的确立，机遇的寻觅，与外界的沟通交流，以及事物间复杂关系的观察，则留给人去做。

需要处理加工的信息量通常很大，绝非一个人能够单独完成，于是众多公司以团队合作为基础进行工作。在这类工作中，智能的评估不是在个体的层面上进行，而是需要综合团队中每个成员的智能，运用文化的手段，就像计算机数据库和计算机程序一样。能够帮助我们理解当代企业运作模式的范例，就是表演艺术：导演为拍摄某部电影、戏剧或舞蹈剧，召集并组建由演员、服装设计师、灯光师、剪辑师和其他经过特殊训练的人员组成剧组。拍摄结束后，剧组解散，这些原剧组成员以及他们的智能组合将为效劳于下一个剧组的拍摄计划而重新组建起来。

多元智能之间的相互作用

由于智能是以相互组合的方式发挥作用的，因此试图有效地分析智能之间的组合，就成为极为困难的任务。所以我们面对的第一个挑战就是将可能出现的智能组合，降低到可以操作的数目之内。为使这些复杂的组合变得易于处理，我们建议将研究的重点集中在智能是如何通过相互之间的作用来影响人们的工作业绩的。换句话说，我们的研究重点，不应该是以绝对的方式去“测量”某种智能，而是侧重了解智能的总体配置和几种智能之间的内在联系。

智能结构

一种对智能的评估方法，要给出一个人所拥有的智能的简单印象。几乎每个人的智能结构都是参差不齐的，即每个人都有自己智能的峰值和谷值，即相对的强项和弱项。很少有人表现出平面的智能结构，在处理所有类型的信息时都表现出相等的适应能力。这种差异或不平衡产生的原因，或许是由于遗传和天资的原因，或许是因为每个人的不同经历，或者是因为不同的人与不同种类信息接触机会的不均等。例如，社会等级的不同或一个人的家乡距文化中心的距离，有可能影响到他的音乐智能是否得到开发，以及发展到什么程度。同样，是否住得临近公园、游戏场地，以及是否在白天有闲暇的游戏时间（或反之，是否仅仅坐在家里玩游戏和看电视），或许会影响到一个人身体-动觉智能的发展。

正如我们在第 2 章讨论过的，我们已辨认出两种截然不同的智能结构——“激光式”和“探照灯式”。“激光式”的智能结构拥有一两种超乎寻常的智能强项，这超常的智能强项将主导这个人的感知能力以及他的职业选择。比如，极强的数学潜能可能会使一个人远离其他信息，将自己的注意力十分狭窄地专注于某一点。或许艾萨克·牛顿或约翰·纳什[①]的成就，都源于他们“激光式”的智能结构。在艺术或科学领域取得卓越成就的人们，多数都有着“激光式”的智能结构。

“探照灯式”智能结构由均衡的多种智能组合而成。与有着仅对一两种形式的信息敏感的“激光式”智能结构的人相比，有着“探照灯式”智能结构的人，具有一种倾向于频繁猎取多个渠道和种类的信息，并对其进行加工的倾向和能力。政治家或首席执行官有着典型的“探照灯式”智能结构；这类人的职责，不是成为完全掌握某个领域知识的大师，而是成为博学多识、涉猎广泛的通才型人物。我们猜测，多数人有着“探照灯式”的智能结构，而多数工作岗位也保证了有着这类智能结构的人群的就业。一项应用了《军队服役职业能力成套测验》（*Armed Services Vocational Aptitude Battery of Tests*）[②]的调查发现，从事社会工作和企业工作的人，如销售人员、心理咨询师、企业家，并不在某个单一的领域显示出较强的智能。这类调查结果是有意义的，因为销售、心理咨询和企业管理这类工作，通常最适

① 约翰·福布斯·纳什（John Forbes Nash，1928—）：普林斯顿大学数学系教授，1994 年诺贝尔经济学奖得主，美国科学院院士，国际公认的天才数学家、博弈论的创始人。——译者注

② 美国从第一次世界大战开始，对军人进行大量各种各样的心理测试，以进行智力筛选、专业分类、能力倾向的测定，淘汰不合格者。《军队服役职业能力成套测验》是其中之一，于 20 世纪 70 年代推出。——译者注

合于有着“探照灯式”智能结构的人。这种智能结构不像“激光式”智能结构那样，不会表现出对某一点的特别专注。普遍来说，“探照灯式”的智能结构比起“激光式”的智能结构，在职业发展上有更大的选择空间。

除以上两种主要的智能结构以外，不同的智能之间还能以其他方式相互影响。我们提出以下三种相互影响的方式：一种智能能够成为引起其他智能的媒介，并制约其他智能的发挥；一种智能可以成为另一种智能的补充；一种智能可以促进另一种智能的发挥和发展。

瓶颈效应

“瓶颈效应”（bottlenecking）发生于一种智能限制了其他智能的运作之时。最有可能发生的“瓶颈效应”，是弱势智能抑制了强势智能的全面表现。举个例子，某个人较弱的语言智能，可能会对这个人发挥其相对较强的人际智能产生“瓶颈效应”，因为此人无法有效地运用语言向他人表达自己。再举一个例子：一个“自我认知”智能较弱的人，很可能无法充分发挥出自己的逻辑-数学智能，因为他无法在解题遇到挫折时，及时而有效地调节自己的情绪或思想，或者他会错误地执意寻求一个不适合他性格特征的工作，如总是想走上领导岗位。我们猜测那些长期存在的孤僻而近乎虐待狂的“古怪天才”的出现，或许就源于“人际智能”的瓶颈效应。

然而，“瓶颈效应”也可能是智能强项屏蔽了智能弱项的结果，这类情形更有可能发生在有着“激光式”智能轮廓的人身上。比如毕加索，据说因为拥有超强的空间智能，导致他无法正常地发展自己的逻辑-数学智能。空间智能使得他倾向于把数字信息当作图像信息，而不是抽象的“量”的概念，如他将数字“2”看作是一个鼻子的轮廓。

此外，“瓶颈效应”也有可能是用于开发和评估各种能力的文化手段的产物。在学校或者工作场所，常见的“瓶颈效应”多发生在语言领域。多数考试是以纸和笔为工具的语言的测试，而不管试题所要测量的是哪个领域内的能力和技巧。因此，语言智能较弱的人，无论他们是否在接受测试的领域里表现得很出色，都可能会在考试中处于不利的境地。与此相反，那些语言和逻辑能力较强的人，尽管他们在接受测领域内的知识和技能严重不足，但以上智能强项却使他们足以应对，而且可能会取得好成绩。为了使这类测试具有真实性和可信度，每项智能都应当结合其特定的媒介来测评——身体–动觉智能应通过受测人的运动来评估；空间智能应该通过图像和方位感来评估，等等。如若不然，语言智能将成为智能测试的瓶颈。

补偿效应

"补偿效应"（compensation）发生于一种智能对另一种智能的运作起补充作用之时。例如，超乎寻常的语言智能或人际智能，或许可以弥补一个人在陌生环境中辨别方向时的缺陷。因为当这个人迷失方向后，他可以通过向路人打听来找到自己的路线。又如有着身体–动觉智能优势的人或许可以通过手势和表情向他人表达自己的意图和有关信息，从而弥补他在语言智能上的不足。

"补偿效应"的优势在于，它表明一项特定的工作业绩是怎样由多种智能以不同方式组合而实现的。我们在教育领域里目睹了这种智能组合的结果，例如某种特定的测试（如几何技能的测试），可以通过智能的多种不同组合来完成。现在回到工作场所：某个人的公开演讲很出色，可能是因为他的语言能力很强，书面演讲稿写得好；而另一位演讲者，则可能通过身体–动觉智能的强项，在舞台上演讲时结合戏剧化的动作达到自己的目的；第三位演讲者的成功，可能要归功于他的语言展现出的音乐魅力和明显的抑扬顿挫。一名会计可能因为通过对公式的运用，表现出了逻辑–数学智能强项，从而取得职业上的成功。而另一位会计则有可能通过编制计算机制表软件和数据的视觉模型，展现出空间智能上的优势，从而获得成功。

当然，对于一名员工和他的雇主都希望确认的该员工的智能弱项来说，“补偿效应”也可能起到了遮挡的作用。对于我们的愿望来说，理想化的状态不仅仅是知道谁能够胜任某项工作，更希望知道这个人是如何成功地完成这项工作的。我们的目的，是更有效地判断一个人在某个特定的职业道路上，进一步发展的潜力如何。按照传统的业绩观念，以上两类通过不同智能强项获得职业成功的会计，可能分不出高下。但是一个倾向于依赖公式和逻辑-数学智能工作的会计，在更加需要空间能力、更加需要使用计算机表格软件的方法记账的今天，可能就会处于弱势。与此相反，一个擅长运用以空间能力为基础的计算机软件记账方法工作的会计，可能会在账目上发现错误的工作中处于弱势。如果较高级的会计职位需要擅长应用公式的人，那么对每个候选人的智能特性做深入了解，很可能对任命并提升合适的人选至关重要。

催化效应

正如我们在教育领域里多次看到过的，一种催化剂式的或“桥梁式”的智能，可能激发或改变另一种智能，或修改它的运作方式。在学术界，这个效应显而易见：爱因斯坦不同寻常的超强空间智能，使他能够理解困扰着其他物理学家的许多问题。在工作岗位上，音乐智能较强的人从事文学工作，可能比常人对语言文字的节奏感和含义更为敏感。这种不同能力间的催化效应（catalysts），可能使创作押韵广告的作者、诗人或演说家受益匪浅。而对记者，特别是当这种对音韵的敏感度，让一个记者将注意力转移，从如何及时将新闻稿编辑得准确无误，转向如何使文章的语句合辙押韵的努力时，这种对文字音韵的敏感度就开始起副作用了。对于一个语言文字工作者来说，出众的空间智能或许会导致对语言符号的形状产生兴趣。对于刊物编辑而言，这种对文字形状敏感的催化效应，会有助于他们的工作；而对于撰写演讲稿的作者而言，这种敏感度则无关紧要。较强的人际智能，可能会使一个人对其他人演讲的微妙之处更为敏感，对他自己个人的言辞施加在别人身上的影响心中有数——这种敏感度对咨询师和心理治疗师的工作十分有益。在众多候选者之中，确定即将担任特殊职务者的潜在能力时，意识到这种"催化效应"对于我们是有帮助的。

全体不等于部分之和

对于以上三种智能之间的相互作用，有一种持批评态度的观点，认为一个人的潜能，正像当前流行的许多测试所设想的那样，并不等于他所有类型智能之和。在"瓶颈效应"下,总的潜能则可能小于各部分智能的总和。在"补偿效应"和"催化效应"的情形中，整体的智能则可能大于部分智能之和。

此外，传统上对于智慧的看法是，人的智能种类"多多益善"。然而如果希望人尽其才，每个人都能被安置在合适的工作岗位上，则对于他们身上智能弱项和强项的了解同等重要。换句话说，重要的不是一个人本身拥有的智能的数量，而是这个人在某个特定的工作岗位上，他的不同种类的智能相互影响和发挥的程度和水平。一些研究表明，在担任某些职务时，一个人的某种特殊智能可能"过剩"。比如,尽管"情商"近年来备受关注，但过剩的人际智能和自我认知智能，可能真的会妨碍对企业的管理和领导。对于正在招聘员工的某个工作岗位，雇主或人力资源部的管理者需要决定的，是有着参差不齐的"激光式"智能轮廓的人，和具有相对单调的"探照灯式"智能轮廓的人比较，谁更合适。

企业管理与多元智能

多元智能的方法融入企业管理层面，并不意味着需要将组织机构的雇用、审查和晋升机制检查一遍。与此相反，对于某些由管理者、合作者和人力资源专家正在承担的工作，多元智能的方法提倡对其日益增加的敏感度给予重视。我们将研究的重点放在以下三类时机上：在招聘见面会上揣测应聘者所具备的经验，进行“体验式”的回顾以及在工作中的“瞬间”敏感度。

经验的作用

大多数公司都倾向于招募或晋升具有相关工作经验的人。但这句话的实际含义又是什么呢？问题的答案往往只是一个数字：一个人在某个职位或某个领域内的工作年限。有时，答案可能具体到这个人在各个岗位上的任职时间表，或者他完成任务的有关业绩。然而多元智能的方法，则是把一个人同外界环境之间相互影响的经验列为考查的内容。

对于如何判定一个人智能的强项与弱项，以及如何开发不同的智能来说，经验是至关重要的，经验与智能两者常常互相影响。如：周围环境中没有音乐，音乐智能几乎不大可能发展起来；如果音乐智能不被看作人类的一种潜能，人就不大可能去从事音乐创作。周围没有其他人的存在，一个人的人际智能（可能还有自我认知智能）也不大可能发展起来；如果人类没有人际和自我认知智能这类潜能，人与人之间的交往不大可能是文明的，交往的结局也不会是富有成果的。那么，管理者怎样能够通过引导求职面试和评价面试的表现来了解应聘者的有意义的经验呢？应聘者或者雇员该如何表述这样的经验呢？一个有效的方法是通过讲故事来实现的——即通过故事的内容，也通过故事的表达方式，来阐明有关经验。比如说，面试的指导可以是这样的：

◎ 避免对过去从事的工作进行“履历”式的笼统概述，而侧重在经历过的具体事件上。即：过去发生了什么？随后又发生了什么？哪些措施是有效的，哪些又是无效的？为什么你这样认为？你当时是如何看待这些事件的？你现在又是如何看待这些事件的？如果时光倒流，你有机会重新经历这个事件的始末，你将会在事发时注意到什么？你有可能采取不同的行动吗？这个事件的“底线”和主题分别是什么？

◎ 不仅仅要倾听对方诉说事件的经过，还要注意他们叙述这件事的方式。例如，这个人在叙述事件的细节时，表述的方式是通过视觉信息（“我看到……”）、听觉的信息（“我听到……”）、动作的信息（“我感到……”或“我抓住……”），还是逻辑的信息（“我推测……”或“我因此得出结论……”）？他是如何在事发现场的人和物之中，找到自己的空间位置的？这个位置他是否找对了？他是否更关注这个事件对他个人的意义（自我认知智能）？还是更关注该事件对他人的影响（人际智能）？讲述这个事件的语言是否缜密？讲述的语调和节奏感如何？故事的发展在情节上是否具有逻辑性？故事的情节是来自故事发生后不同人的不同的视角（人际智能和/或空间智能）？还是根据大量的问题推断得来（存在智能）？

◎ 在叙述的过程中，讲述者是否辅以许多身体的语言（运动智能）或图表（空间智能或逻辑智能）？或者使用了形容绘画作品的语言（空间智能）？讲述故事的过程中所运用的以上不同手段或智能，彼此之间的作用是互相强化、互相平衡？还是发生矛盾和冲突？也就是一个人的各种智能是怎样被整合的？事件发生之后，人们对事件的认识或评价有何变化？这一切变化的底线强调的又是什么？

这一类问题或许有助于一位管理者或者一个团队来判断各种潜能的相对强项和弱项。将以上面试的经过记录在案，或许有助于更审慎地研究并选择合适的人选。

"体验"的回顾

当然，上文所提的在招聘见面会上运用讲故事的方法，需要我们审慎地关注语言智能有可能造成的"瓶颈效应"。此外，管理者或团队成员必须谨防应聘者对自身能力的过分吹嘘。一个不特别依赖"语言"来评估人的学习 / 工作潜能的方式，是评估他在实际的学习 / 工作情境中的表现。在"多彩光谱项目"中，这种评估方法在年幼孩子们身上的应用很成功（见第 6 章）。对于人力资源部门的招聘指导或许可以如下所述：

◎ 将申请者引入一个拥有丰富资料和信息的房间中，这里有需要运用不同智能来完成的各项任务。与书籍或书籍加磁带等资料有关的任务，目的是检验语言智能；激光唱片或者乐器，是为了检验音乐智能；自我开发的杂志，服务于判断自我认知智能；需要联合完成的任务（或让两位申请者待在一起），目的是了解人际智能；"生存还是死亡"这类"大问题"的设置，目的是检验一个人的存在智能；模拟运动的材料，为的是考察身体 – 动觉智能；这里还应该有为了解博物学家智能而设置的物体和空间，为了解空间智能提供的绘画材料或"迷宫探宝"之类的游戏。具体需要完成的任务，大致还应包括：写一则小故事或即兴演讲，解决商业上的数学或逻辑问题，重新整理一个装文件的抽屉，解释或绘制一幅图像。以上仅仅提供了一些例子，我们并不认为是全面的，也不认为是权威的。

◎ 测评目标：在一个房间对接受测试者进行历时一小时左右的观察，看哪些材料吸引了他的注意力？他与这些材料之间发生了些什么？对于他来说，哪些工作任务似乎较容易完成？哪些任务较难完成？他对哪些任务感兴趣？又应用了什么材料去解决问题？

◎ 一个小时过后，询问接受测试者，并要他谈论自己对这一过程始末的切身体验。从理论上说，他的回答将为鉴别其能力、特长和智能特点提供额外的信息。

我们注意到，这类虚拟情境的表演式的评价，使真实的材料参与其中。随着计算机软件和进一步的虚拟技术的出现，可能，至少将来可能，有效地提供更广泛的环境模型，而且经济上花费较少。然而，我们不能肯定人们在处理“虚拟现实”中的问题时，和在真实的环境中所运用的方法一样。

“瞬间”敏感度

以上描述的两种情况，仅仅是我们提供的、对接受测试者静态的、在某一时间地点表现出来的潜能的评估。当一位管理者更加了解不同智能的指标时，他应当能够抓住各种智能的动态表现形式，就像他们在平时的工作日里，会不同程度地应用这些智能一样。多元智能方法在特定情形下的应用，比如在面试时或对面试者表现做出评价时，不一定是唯一的。多元智能理论是如何帮助管理者和雇员们更好地做出符合时宜的决策的？如何帮助他们判断哪些措施是无效的？哪些措施是有效的？这些都是多元智能方法的应用。

首先，我们每个人都必须参加一项智能的“镜像测试”。我们自己所擅长的智能和能力是什么？否则我们习惯运用的智能，即使是我们智能中的强项，也有可能变成偏见或造成“瓶颈效应”，从而对我们的感知、制定决策和行动产生副作用。如果一位管理者不太清楚他的语言智能强项是如何影响自己工作的，他可能只会雇用其他语言能力较强、他认为更易与之相互理解的人。如果说得更直接一些，如果一位管理者更希望与人面对面地交流，他或许会低估某些更擅长以书面形式交流的人的交往能力。按照这种方式放纵上述过分主观的选择，例如要开设一个以“聊天”为目的的网站时，可能会导致团队成员分配上的失衡。除语言技能之外，逻辑-数学智能、空间智能和人际智能，也应该在团队中各有其代表者。从这种意义上来看，自我认知智能（了解自己的优势、弱势，以及偏见）可能有助于自身其他智能在工作场所的发挥。此外，包括情商模式在内的自我调节能力，也是有助于其他智能更好地发挥作用的元素之一。

多元智能应用的四个场景

多元智能的方法在企业管理实际应用中的情况如何呢？我们在此假设了通常在工作场所发生的四种情况：个人职业规划、职责 / 职位的管理、团队精神和领导能力。

职业规划

安德莉亚是个 20 多岁的新闻系学生，她在哈德威克 / 戴维思公司（Hardwick/Davis）的公共关系部学习。从传统的意义上来看，对职业的规划包括在读高中或大学期间与学校顾问的会晤。这类咨询的目标，不外乎是探讨咨询者的个人爱好，或让咨询者填写一些诸如包括 16 种人格测试的 MBTI[①] 心理测试量表或能力测试的表格，以便帮助学生们在各种职业中选择合适的工作。职业顾问还可以对以下问题提供信息：如不同行业的晋升机会和工资前景，怎样根据选择的职业道路迈出今后的步伐——是升入大

① MBTI 心理测试量表（Myers-Briggs Type Indicator）：一种性格评估测试，衡量和描述人们在获取信息、做出决策、对待生活等方面心理活动的规律和性格类型，是美国的心理学家凯瑟琳·布里格思（Katherine Cook Briggs）和她的心理学家女儿伊莎贝尔·迈尔斯（Isabel Briggs Myers）根据瑞士心理分析学家卡尔·荣格（Carl G. Jung）的心理类型理论，经长期观察和研究而成，是当今世界权威的职业发展、职业咨询、团队建议、婚姻教育等方面人才甄别的工具。——译者注

学，还是直接投身实践。

多元智能理论的方法建议安德莉亚参与上述自我评估。实习经历可以被看作是对个人经历做出回顾的“真实生活实验室”。她完成哪些任务时更快？更容易？她对哪些任务更感兴趣？她更乐于和哪些合作者与管理者合作，或与谁更容易达成共识？如前文所述，哪些合作者和管理者的言谈和举止又如何？在工作中遇到了困难时，她将求助于来自哪种渠道的资源或寻求来自何方的帮助？她的职业需要应用到哪种技术？哪些日常工作有朝一日会实现自动化？哪些任务又将继续依靠人力来完成？比如说，通过模板和自动传真或群发电子邮件程序来写作并发表新闻稿件的技能，将不再是受到重视的技能；而在商业活动中吸引公众注意力的方案的策划，将继续需要富有创造力和丰富想象能力的人选。

其次，多元智能的方法或许会对一个人适应他的工作或领域有所帮助。认识到人们将如何通过不同的信息加工方式，帮助初出茅庐的人来摆脱外界批评对他们个人的不必要的影响，因为这些批评可能源于每个人不同的背景。

以下是一些对类似安德莉亚那样的人的建议：

关注你的同伴完成任务所运用的不同方式，这样有助于你在工作技巧方面的积累。与此同时，你应继续珍视自己的智能特色。尽管这些种类的智能不是这个企业的主导智能，但你加入到它的职员队伍中，扩充了企业的智能储备。

关注“杠杆支点”，通过汇集各方面的优势，寻找机遇来“催化”你自己与合作者潜能的发挥。在你职业生涯的开始阶段，更多地思考与人合作的问题，有助于你今后职业生涯的发展。

应当密切注意自我认知智能和存在智能的发展场景：在所从事的工作

中，你从什么地方感受到了自己工作的意义？在完成任务的时候，你是如何处理个人的自由和工作职责之间的关系的？在执行哪些任务，或者应对哪些情况的过程中，你最能感受到“真实的自我”？

团队的动力

安德莉娅与乔治、布兰达、奥莉维亚和亨利一起，被分配到负责为墨西哥饭店的大规模开张制订计划的团队里。过去，大多数承担这类任务的团队，都云集了体现各种功能的作家、设计师、媒体专家以及主管会计等类型的人才。在团队成员协商这类活动的理念和战略时，如果以传统的“组成、冲突、规范和完成任务”为团队运作的模式，将不可避免地产生一些矛盾与纠纷。

多元智能的方法在这项实际应用中，提供了两点思考：第一，在职业范畴以外的能力的互补与搭配，提高了对人际 / 自我认知智能的深刻认识，目的是调停在人的管理过程中发生的冲突。第二，提倡有效的团队成员之间的优势互补，但不鼓励他们千篇一律；也就是他们有着共同的工作目标，却有着不尽相同的技能。这类团队的优势在于其成员有着参差不齐的智能轮廓，在不同的技能加入任务的完成时，通过信息的共享互相取长补短。或许应当有一位具有“探照灯式”智能轮廓的人，来领导这样一个团队。

由于具有不同智能轮廓的人有可能取得类似的工作业绩，就说这个团队需要一位“擅长辞令者”，理由是不够充分的。在招聘的过程中，公司判断是招募一个空间智能很强、擅长写作的人为实习生，以便填补团队智能轮廓的空缺好呢，还是招聘一个语言智能、人际智能和身体-动觉智能都较强，具有出众的推销能力的人更好呢，在这些方面多元智能的方法是很有帮助的。

此外，将一群人组织在一起成为一个团队的时候，应当确保他们各自智能的强项能够进行组合，能够覆盖的智能种类是多元化的，或者团队成员包括了具备处理各种信息潜能的人。虽然因此可能会出现人员安排上的重复，但这样做将使人际间的交流更为顺畅，并可以在团队成员短期病假、休假，或辞职时，为公司提供应急的人力资源。假如一位撰稿人能够从空间的、设计师的视角来审视有关的信息，对他所从事的工作是很有帮助的。与撰稿人和设计师不能相互理解的情况相比，这样做的结果会使公司发布的广告、海报或其他文件，更可能从空间的和语言的角度获得和谐的效果。

最后值得一提的是，与等级森严的环境相比，在公司环境中工作的员工，更能觉察到智能间存在着的差异性。没有这种差异性的意识，工作团队成员相互之间的信任和尊重就有可能动摇，不满情绪就有可能增长，这将影响整个团队水平的发挥。因为团队成员时常交流合作规则，互相之间以及整个公司都实行全方位的工作业绩评定，人际智能和自我认知智能也就变得越来越重要了。工作效率高的团队成员，是那些既能很好地了解自己，又能有效地调整自己，并且懂得自己的言行对其他人有何影响的人。

管理/组织工作

蒂姆是餐饮部管理者，领导着整个餐馆会计部门工作的团队。团队的工作效率包括：解决有关问题、处理冲突和制定局部规划。商务管理的任务侧重维持已有的秩序、计划、预算、选配雇员，解决公司所面临的全局问题。虽然技术能力对于管理者来说依然很重要，但仅仅依据一个人的书面表达、设计或在媒体技术上能力的高低，决定是否录用一个管理人才是不够明智的。如果公司成员中多人都具有“激光式”的智能轮廓，而且各自的智能强项能够互相平衡，是能够保持一定的工作效率的。与此不同的另一种情况是，拥有“探照灯式”智能轮廓的管理者，似乎更容易在职业上取得成功，因为他们更有可能与智能特点各异的人群沟通。

当蒂姆在企业中获得升迁的时候，他的人际智能和自我认知智能就变得比以往更为重要了。正是这个原因，使他从其他等待升迁的候选人中脱颖而出：因为在管理层，几乎每个人的智商都高于 120。蒂姆变得更加检点自己，更注重志同道合者联盟的建立。他必须与更多智能轮廓各异的人沟通，协商有关事宜。这些更广泛的智能轮廓，为他提供了更多的机会，增强对智能的瓶颈效应、补偿效应和催化效应的敏感程度。也就是蒂姆能够考虑如何最恰当地将每个人的智能特点组合起来，形成有效的团队智能组合,甚至更大的部门的智能组合。他必须将自己个人的智能特点考虑在内，这样他就不会雇用与自身智能特点完全相同的人，也可以避免他对与自身智能特点大相径庭员工的歧视。

多元智能理论还可能有助于蒂姆设计自己的工作。如果他能够按照理想的和最简单的智能组合，来思考他所面临的工作任务，比起仅仅列出一个企业成员在工作上可能会面对的任务来，要强很多。他目前的团队应当作些什么？又应避免做些什么？这些漏洞或缺陷在什么地方重复？团队成员在什么样的条件下将要处理哪种类型的信息？考虑以上因素，或许有助于提高蒂姆在按照理想的方式招聘雇员时的“命中率”，例如在挑选具有空间能力的“笔杆子”时就是如此。但蒂姆或许会从让人感到意外的招聘策略中受益——比如说，拒绝招聘虽有着较强身体-动觉智能，却无法通过计算机在“虚拟团队”中与人交往的“笔杆子”。

领导能力

简是哈德威克 / 戴维斯公司的董事长。她下属的管理者们的首要任务是处理公司每日运作中的问题，而简的工作就是为这艘大船掌管好航向。她必须既要考虑市场的形势，又要根据公司的资源状况，制定长期规划，以确定公司的发展方向。除此之外，她还要设法激励同在这条船上的公司员工和顾客们。

因此，简在处理信息过程中的适应能力一定比蒂姆还要快：她必须有能力解读更广泛的信息，以便理解并与有着不同智能组合和智能运作方式（如瓶颈效应、补偿效应和催化效应）的人沟通。她不仅要在她的管理团队中保持影响力，还要抓住顾客和股东们的心，控制当前的公司和未来预想中的公司。她拥有的人际智能和自我认知智能特别重要，因为她必须认识自身的能力和弱点，认识了解公司内外形形色色的股东。最值得关注的，就是她的存在智能此时占据了第一重要的位置。她必须能够根据公司的更广阔前景、不断变化的国际局势以及她的雇员的需求和顾虑，来思考有关问题。她还必须能够以大师的眼光来把握住这些现实，并依次向那些希望她提供令人信服的理由的合作企业，表达自己的意向。正如森奇（Senge）提出的，一位公司领导的关键任务便是："持续不断增大他为公司创造未来的能力"。

做一个成功领导者的重要战略，伴随着对每一个事件的评估和描述，就是创作一系列情节跌宕起伏的故事。虽然很明显，故事是以语言为基础被叙述的，但是所有故事都有一个情节，即其中包含着能够吸引人的、能被大多数智能所处理的信息。这些信息是存在主义哲学的命题、身体的行动、人与人之间的对话、自我认知的思考、空间场景、逻辑发展和音乐节拍。正如这个世界在"好莱坞世纪"学到的，故事可以通过多种渠道和媒体得到传播。

◎ 结　论 ◎

多元智能理论的意义远远超越了教育领域。它的应用可以帮助个人、团队和组织，在从未有过的复杂环境中，更有效地挖掘人力资源。首先，不同的工作要求不同的智能强项、智能组合以及合作者之间的智能关系。这些信息对于雇员自己和企业的负责人都至关重要。更清楚地认识并了解不同智能之间的相互作用，比如瓶颈效应、补偿效应、催化效应，它们可以帮助雇员提高工作效率以及他们对工作的满意度。自我认知智能或明白自身的智能强项、弱项和缺陷是从事任何工作的关键所在。对长期拥有一个成功的事业来说，更是如此。

智能的组合也可以用来了解在团队和组织的层面上，不同雇员之间是如何互相制约、补充和促进的。不论是在招聘面试、查阅参考文献，还是在每日的合作过程中，能了解到每个人都有着不同的智能轮廓，可能有助于减轻工作压力和彼此之间的紧张关系，有助于互相学习。比如说，有着截然不同智能轮廓的人，只要他们知道怎样将自己的设想相互“翻译”成对方的语言，就可以非常有效地一起共事并合作。否则，如果他们无法走出自身智能强项和弱项的局限，无法看到世界上还有其他可能的智能存在方式，而去处理有关信息，就有可能造成惨重的损失。因此管理者和公司的领导者们，需要对那些潜能有所认识。他们若能准确地把握自身的智能倾向、当今时代的需求以及激励受他们控制的人和事务的方式，他们将能够更好地促进人类潜能的正面发挥。

最后，在更广阔的层面上，创造并规划可能的、为一种文化所期待的工作类型——不仅在此时此刻，而且将来子孙后代也如此——对于人们从长远的观点认识智能的开发和配置，对于造福更广大的社会，都很有益处。目前，我们的学校和训练项目依然着重开发培养语言智能和逻辑-数学智能，而其他种类的智能几乎都被排斥在外。对于现有的职业的可能性来说，拥有这两种智能的人才显然是过剩了。我们需要一个怎样的社会？哪些种类的智能以何种方式组合起来，将营造出我们想要的社会？我们如何最有效地在一个生命的不同阶段开发出这些智能？又如何使它们代代相传？在我们寻求以上问题答案的过程中，可以引导这些心理潜能沿着人类所希望的社会和历史方向发展。

第13章 多元智能理论的未来

周年纪念日常常为人们提供了回顾往事的机会。这一类回顾往往试图说明自从这一事件开始以来，又发生了一些什么事，并且对未来做出某种预言。对于多元智能理论来说，预言它在2030年或者2040年的情景，可能就像在1980年预言它在2005年时的状况一样,不是一件容易的事。然而，我现在提出一些建议，可能会对未来研究和实践这个理论的人有所帮助和指导。

作为结束本书的这一章，首先，我会简略地介绍我想到的研究多元智能理论的8个阶段；其次，我介绍近一段时间以来，在美国和世界其他的国家里，对多元智能理论感兴趣的人们；最后，我说明在多元智能理论的支持下，我所期待的未来的有关研究和实践。

智能研究的 8 个阶段

1. 智能概念的提出

在 1900 年之前，一般人眼里的“智能”是用以描述自己或别人的心理能力（mental power）的。与大多数世俗的术语一样，“智能”一词的概念并不准确，意思是有才智的、机灵的、聪明的。居住在西方社会里的人，如果表现出敏捷、机智或者善于掌握和记忆大量的信息，就会被认为是聪明的人。在非西方文化的社会中，“有才智的”这个词（或者其他类似的词）所形容的人，可能是那些听话的、顺从的、道德高尚的或者贤明的人。被一个人或一个群体认为是“聪明伶俐”的人，是否被其他人或其他群体承认？没有人去努力探究此事。

2. 智能研究的科学化

正如前面的章节中我所记述的那样，在智能研究历史上最重要的事件，发生在 20 世纪开始的时候。法国心理学家阿尔弗莱德·比内应巴黎权威人士的要求发明了一种测试方法，以预测哪些学生在学校可能需要特殊的关注。比内成功了，他创造了世界上第一个智力测验，智商的概念也很快由此而产生。比内的工作，得到了欧洲特别是英国和德国同类尝试的肯定，并很快在美国得到传播，标准化智力测验也在美国诞生。到 20 世纪 20 年代的时候，智力测验已经在美国和一批国家的教育界安了家。一般来说，这些测验所肯定的，是智能单一化的观点，认为智能主要受遗传的影响，对于来自突发干预的测量方法尤其敏感。

对于这类心理测量方法的研究直至今日仍然在继续。在对此进行研究的人员之中，有接受传统的一般智能因子观点的人，也有我这样对此观点持批评态度的人。传统的纸-笔测验的智能研究方法，得到了计算机处理方法的补充，也得到了尝试神经科学测量方法和遗传学测量方法的补充。迄今为止，人类智能理论研究的进展对于持传统观点的人来说，并没有表现出明显的偏爱。

3. 智能的多元化

虽然比内对于智能的数目和种类并没有表态，但是绝大多数的他的同时代人和继承者们，不但相信智能是一元化的，而且认为智能可以通过简短的考试进行准确的测量。但是也有少数研究者持不同观点，认为人类拥有多种智能，彼此之间相互独立，应该分别测量。这些研究者中具有代表性的做法，是将他们的声明建立在因素分析的统计学技术基础之上。这种技术是相关性分析的一种形式。这种分析表明了在测验中哪一组数据是结合在一起的，哪些数据应该被认为是相互之间有明显差异的。在以上对智能持多元化观点的研究者中，有瑟斯顿（L.L. Thurston）和吉尔福德（J.P.Guilford）。至于其他人，可以一直追溯到查里斯·斯皮尔曼（Charles Spearman），他们对于智能持有分等级的观点，将一般智力因子排布成拱形，并且在辅助的位置上添加了特殊因子。

从本书前面章节的叙述中可以了解到，我的多元智能理论与这些心理测量学家所做的工作有很大的差别。主要的不同之处在于，我没有创建一系列测试条目，并使之服务于因素分析。与此相反，我纵览了大量不同学科的研究资料，包括进化生物学、神经科学、人类学和心理学的文献，将智能定义为：用来解决问题或者创造产品的处理信息的潜能，而且这种潜能在至少一种文化中受到重视。对于智能的众多候选者，我提出了一组判据，用以判断它们是否具备定义为一种智能的资格。现在，我相信人类拥有 8 种或 9 种相对独立的智能，它们之中的每一种，毫无疑问地都由一定数量独立的亚能力组成。

心理学界许多对于多元智能理论的批评，都是源于我确认智能的方法背离了传统。如果针对每一种智能，我都发明出一种测试方法，表明这些智能在心理测量学上的独立性，那样心理学界对我的批评可能会宽容一些。虽然智能之间相对独立的证据到处可见，但是对于智能多元化的论证工作仍然在进行之中。

4. 智能的情境化

包括我在内的多数心理学家都有一种倾向，即认为智能是人的心理的一种属性，甚至是人的大脑的一种属性。几乎所有的智能理论家都认为智能仅仅存在于人的头脑里。这种立场认为，人的智能独立于心理或者大脑之外是难以想象的，智能就应该在心理或者大脑中得到训练。

但是近年来研究者们呼吁，对于智能另一个方面的特征，应该给予关注。这个特征最好解释为人的思维的外在属性。这些学者指的是智能情境化。即使人类的智力潜能存在于他的基因组之内，这种智力潜能表现的方式和达到的程度，也将依赖于这个人恰巧出生的文化背景，依赖于他在那种文化中环境的经历和体验。

博比·菲舍尔(Bobby Fischer)[①] 可能是20世纪最具天才的国际象棋手，他的情况就是一个非常生动的例子。很明显，菲舍尔拥有成为伟大棋手的潜力，但是其他人也有这种潜力。然而对于菲舍尔的象棋生涯来说，幸运的是他刚好出生在美国，并且生逢其时，这使他在幼年的时候就得到了学习国际象棋规则的机会。正因为时机和资源对他格外有利，所以他幼年就成为象棋大师。没有以上前提，对于已经有几百年历史的国际象棋，菲舍尔不可能发明出象棋游戏。菲舍尔能够成为另一种体育运动的伟大天才，

① 博比·菲舍尔（1943—2008），棋坛怪才，7岁时仅凭一张说明书自学象棋，14岁夺得美国公开赛冠军。1972年在冰岛首都雷克雅未克举行的世界冠军挑战赛上，击败了苏联的斯帕斯基，成为登上世界棋王宝座的第一个美国人。——译者注

如桥牌运动员，或者成为另外一种职业中的佼佼者，如政治家、商人或者物理学家，都几乎是完全不可想象的。的确，菲舍尔自享誉世界之后，作为一名国际象棋的世界冠军，他生活中发生的一些事件表明，在除了象棋以外的活动中，他的确不是一个正常的人。正如我们在第 11 章中主张的那样，智能或者智能的组合，始终是生物学倾向和学习机遇相互作用的产物。这种学习机遇存在于某种文化之中。

这种观点对于思考目前存在的一个争论是有用的，这个争论就是妇女是否缺少在科学方面的智慧。根据我们的经验，与男性相比，毫无疑问女性科学家较少，特别是伟大的女性科学家更少。大概并不存在成为科学家的特殊潜能（在单纯文化的范畴之内），但掌握空间推理和逻辑推理方面的潜能，女性和男性之间可能是有差别的。即使在某一种形式或另外一种形式的逻辑推理方面，女性被证明较少具有优势。但因此推断这是因为女性的遗传局限造成的，或者推断女性的科学成就将受到抑制，还缺乏有利的证据。女性中较少科学家的代表人物，是因为她们对科学生涯的追求往往得不到鼓励。她们献身科学的初衷，可能与其他从事科学研究的有利因素一起遭到挫败。这些有利因素包括，激发起获奖的积极性、忽视照顾孩子的义务等，往往会承受社会的压力。我们无法确定妇女是否适合从事科学事业，除非以上因素或其他因素能够被控制，就好像我们将无法确定不同的种族之间，智能是否有差别，除非我们生活在一个真正色盲的社会里一样。

5. 智能的分布

对于智能必须情境化的观念争论的焦点，在于智能是否应该被认为是有分布的。术语“分布”（distribute）的意思是智能最好被看作人身体以外的延伸之物。特别之处在于，一个人的智能，不仅是他获得并运用的思想和技巧，更准确地说，一个人的智能普遍地、也可能是特别地依赖的因素，是这个人所接触的不同的人类社会信息和资源。

请进一步思考，像我这样的一个人，正在写一本关于智能的书的情况。从某个观点出发，既然我是知识丰富的作者，思想和技巧当然都是我自己的。可是，如果仅仅依靠我自己，要么感到完成这个任务是不可能的，要么会感到是很困难的。一方面我要依赖来自各方面的、所有种类的信息和设备，如注释、笔、计算机文件、国际互联网等。另一方面，我同样地依赖所有种类的人力资源。这些人力资源从我需要咨询各种问题的专家，到我的优秀学生莫瑞。莫瑞进行许多课题的研究工作，对我的手稿提出建议，还完成许多其他任务，有时还要与我的绝对能干的助手佩蒂吉尔合作。一旦这本书的草稿离开了我们在剑桥市的办公室，许多与这本书的出版和销售相关的人员，就都参与了这本书诞生的过程。

"零点项目"所承担的工作，表明了我们对于智能情境化和智能的分布的认识。在"多彩光谱项目"中(参见第6章),提供大量丰富的环境和氛围，对于激发和培育儿童的几种智能是不可缺少的，这是智能情境化的生动体现。"零点项目"在"重点学习社区"所做的工作中（参见第7章）和以艺术家和过程作品集为特征的"艺术推进"所做的工作中（参见第9章），我们看到从一个复杂课题的开始直到完成，信息资源（如艺术作品和录像设备）和人力资源（如提供帮助的教师和提出建议的小伙伴）扮演的角色。

6. 智能的个性化

智能单一化的观点认为，每个人都可以用简单的钟形曲线上的一个点来表示。我们离开智能单一化的观点越远，就越能明显地看到，每个人都有独一无二的智能的结构。的确，感谢神经成像（neuroimaging）系统，我们现在知道在遇到相同的问题时，甚至同卵双胞胎使用的，也是不同的大脑（和心理）的信息。正像我们每个人的长相不同、性格不同、脾气不同等种种差异一样，我们每个人拥有的智能的种类也不同。

从一个观察者的视角出发，每一种智能唯一性的确认是极具魅力的研究课题。对教师和家长来说，则面临着很大的挑战性。如果每个人的心理都是独一无二的，这种差异性可能有利于种族的繁衍。然而心理的唯一性对于负有对儿童教育和培养之责的人来说，就是一个挑战。对于每一个人独特的心理结构的确定，我们都必须做出很大的努力，并且需要确定怎样运用得到的信息。在集权主义社会里，人与人之间的差异不被重视，甚至会受到指责，社会尽可能地使每个人都成为对方的复制品。在这种社会里，占据着领导地位的政治组织，控制着包括人们所接触的信息在内的社会资源。但是在民主社会里，这种情况无法继续存在，至少不应该得到认可。

7. 智能的教育

本章到此已经用了很大的篇幅叙述智能研究若干方面的问题。这些问题之间，并没有相互涵盖和制约。然而，一旦开始说到人与人之间智能的差异，围绕着行动的话题，问题就不可避免地出现了。例如，我们应该培养人与人之间的这种差异吗？我们应该尽可能地努力消除这种差异，以便造就一个“克隆”的社会吗？或者造就一个可能以“克隆”的类型相区别为特征的“伟大的新世界”吗？

在这本书里，我关于智能的教育必须改革的立场是坚定的、公开的。根据我的观点，心理学家一直以来花费了过多的时间评估人，而没有用足够的时间来帮助人。在过去的50年里，全世界所有社会的教育政策都经历了巨大的变革。教育的目的，已经不仅仅是按照某一种或者其他种类的智能定义，选拔那些聪慧的学生，并且给予他们接受高等教育的特别通行证。与此相反，现今的教育要面向社会上所有的人，我们没有理由浪费任何可能存在的智能。

我们现在面临的问题，是怎样最好地教育各种各样的族群。我们可以尽量缩小受教育者之间的差异，这种典型的选择出现在东亚的国家之中，并且很成功。但是我呼吁的的确是与此相反的道路，也就是我称为“以个人为中心的教育”。这种教育的前提，是每个人都拥有不同的能力轮廓，如果人之间的才能差异得到尊重和培养，而不是被忽视、被尽量减小，个人和社会一定会从中受益。

8. 智能的人性化

根据我的以上论述类推，多元智能理论中的几种智能，可以被认为是分离的计算机和各自不同的肌肉，关键是我们怎样使用这些计算机，怎样锻炼发展这些肌肉。一台计算机能够推演一次战役的结局，能够用于制定消除疾病的一场运动的计划。一个人的肌肉能够用于援救一名即将被淹死的人，也能在课堂辩论会进行的过程中狠狠地打人。作为一名智能的研究者，我所做的工作已经充分了解了以上智能是怎样工作的。对于特定的人是怎样运用特定智能的机理，我不是随便表示赞同的。

但是近些年来，我将自己的精力转向了人类能力的用途和用法。我和亲近的同事希斯赞特米哈伊、威廉·戴蒙（William Damon）以及几所大学的合作者一起，一直在探索“优善工作”的本质。所谓“优善工作”，是指那些一方面在完成的质量上很出色，另一方面社会效益也很明显的工作。对那些希望既将工作做得很出色，又符合伦理道德的人，我们试图理解在世间万物飞速变化的今天（部分由于科学技术的发展），市场经济的力量非常强大的时代，在没有任何力量能够对抗市场的主导地位的现实情况下，他们是怎样同时做到这两点的。

在本书前面的部分（参见第 2 章），我提出了是否存在道德智能的问题。我并不认为智能本身具有道德性，也就是不能说哪种智能是道德的，哪种智能是不道德的。我仍然坚信，智能本身应该涵盖目标和价值观，这是应该关注的问题。我认为将来人类社会面临的挑战，不仅仅是简单地培养拥有智能的人，或者定义更多的智能。与此相反，应该将智能和伦理道德以及责任感结合起来，简单地说，就是赋予智能以人性，即智能人性化。无论什么时候，只要我自己的职业生命存在一天，智能的人性化将一直是我的工作目标。

多元智能理论的拥护者

在20世纪80年代的早期，当我承担了写一本比较专业化的、长达400余页的书籍《智能的结构》时，我设想对它感兴趣的人主要是心理学家。的确，因为我最接近的同事是心理学家中的发展心理学家，我当时认为自己的拥护者应该大部分是他们。我还认为会有少量的神经心理学家和认知心理学家会支持我，因为我那一段时间一直和他们在一起工作。虽然在我的同事之中，特别是那些和我有私人关系的人中间，我的书引起了一些兴趣，但是在心理学家之中，这本书并没有多少支持者。在他们眼里，这本书似乎有些怪异。而在心理测量学家眼里，正像我前面说过的，这本书使他们产生的是反感。心理测量学家过去基本上与单一的、分等级的智能模式相结合，对于我关于人类拥有几种相对独立的智能的表述，闻所未闻，也不相信，他们不喜欢有关人的智能形式的观念发生偏移。他们特别不能接受的是我的研究方法，也就是以来自不同学科的、众多不同种类的研究资料为基础，合成起来作为依据，最后得出结论。引用早期研究者的说法，他们相信:“智能就是考试要考的东西”。他们期待支持或反驳我的推断的心理学证据。

我必须指出，在脑科学和计算机科学的领域内多元智能理论一直没有遇到反对。由于不受智能一元化观点的束缚，这些传统领域的研究者发现，多元智能的理念即便不是令人信服的，也是非常迷人的。很明显，在人类大脑高度分散并且模块化的观点已经被广泛接受的今天，承认多元智能理论似乎是很自然的，起码是符合常理的。

我当时绝对没有想到多元智能理论的主要拥护者是教育家，也没有想到它的应用主要在学校的教室里。这种现象首先发生在美国，然后逐渐出现在世界其他地方。这种情况自多元智能理论诞生起一直持续到今天，让我很惊讶。我可以指出一些这样的倾向，虽然可能很特殊，但对于我很有启示作用。

首先，三类人被多元智能理论吸引住了。第一类人可能就是特殊儿童的教育工作者。所谓特殊儿童，这里指的是学校主流教育之外的孩子。某些情况下，这些教育工作者的工作对象，是学习能力出现问题的学生，他们通常是在阅读、数学等方面表现出问题。较少的情况下，在理解其他人的时候表现出问题。这些教育工作者每天面对的，是智能轮廓参差不齐的学生。他们所面临的挑战，是不知怎样才能使这些儿童完成学校的学业。对于他们来说，多元智能理论是明确的、毋庸置疑的、令人信服的。

特殊儿童教育专家工作的另一个极端，就是教育那些天资优异的和天才的儿童，这方面包含两种情况。一方面，那些呼吁在更广的范围内定义智能的特殊儿童（天资优异儿童和天才儿童）的教育家，发现了多元天才和某些非学业能力的认知特点。更早的时候，有人试图开发对某些不规范智能的评估。但是，某些心理测量学家对于多元智能理论，感到极度的不安。对于众多聪慧超常儿童的确认来说，高智商是极其神圣的。高智商还是进入门萨俱乐部的入场券和永远尊贵的象征。任何看起来会对 IQ 发起挑战的事物，都是一种必须除掉的威胁。因此，最早对多元智能理论产生兴趣的某些人，就是那些企图扼杀这个理论的人。

第二类早期受到多元智能理论吸引的人，是教师和独立（即私立）学校的管理者。我认为他们之所以受到此理论的吸引，有三个方面的原因：

首先，这类人群中的教育家更有可能追踪新的研究，更可能阅读、回顾出版的书籍（当我在国外旅行时，与政府办的学校比起来，我更愿意接受国际学校或者独立学校的邀请）；其次，由于政府的控制相对比较松，这类学校进行包括多元智能理论实践的实验环境比较宽松；再次，进入私立学校的学生，可能更需要并且渴望对于他们个人的关注，因为他们既不是特别聪慧的孩子，也不是学习上有问题的孩子。在这类学校里，班级的规模较小，教师有可能照顾到每个孩子，家长也花费了相当可观的金钱。教师和学生的比例为 1:10 或 1:15 的班级，比起教师和学生的比例为 1:30、1:50 甚至更多的班级，更容易理解和采用多元智能理论。

第三类在多元智能理论出现早期受到吸引的人，就是从事年幼儿童教育的人。这里说的年幼儿童，包括小学低年级学生、幼儿园的和学前班的儿童。因为对于这些年龄段的儿童来说，沉重的课业负担还没有压在他们身上，至少到 20 世纪 80 年代为止，还没有强加在他们身上。这些年幼学生的教师更加重视儿童的全面发展，他们看重游戏和探险的价值，在怎样从空间上和情感上建设自己的班级，有很大的自由度。很多小学低年级、幼儿园和学前班，已经配置了丰富的教学设备和资料（类似儿童博物馆的模式），以学习或者游戏的中心为特征。那里教师给人的感觉是，较少接受多元智能理念的压力。虽然他们对多元智能的术语和智能的分类并不熟悉，但给人的感觉是他们已经按照多元智能理论的灵魂办教育。

虽然这三类人是最早被多元智能理论所吸引的，但他们的兴趣很快就扩散到更广的范围。在上述的每一种情况中，都存在着一个清楚的、可以预测到的兴趣和认可的顺序。当多元智能理论首先被吸引到特殊儿童教育工作者那里时，很快就成了主流教育界感兴趣的东西。当多元智能理论首先吸引了独立学校的教育工作者时，它很快就同时引起了公立学校的兴趣。当多元智能理论首先吸引了年幼儿童的教育工作者时，它后来就逐渐地扩展到更高年级的班级里去了。

星火燎原。虽然我不能提供精确的数据，但是我可以充满自信地陈述以下趋势：多元智能理论首先吸引的，是学前教育家和小学低年级教育家，然后就是初中的教育工作者，再后是高中、社区学院的教育工作者。在社区学院，教育的重点是存在差异的以及弱势的社会群体。到 20 世纪 90 年代末，我已经收到很多来自中学和大学关于多元智能理论的咨询。

然而我注意到，这些咨询往往来自那些与主流教育界存在差异的、拥有多个民族群体的学校。那些学校里少数民族的族群，往往存在多种多样学习上的困难。面对教育这些困难族群的挑战，这些学校长期以来一直在寻求他们所能得到的任何帮助，并且认为多元智能理论是一种可能发挥作用的援助。同样引起我注意的，是那些从事成人教育的人，特别是教育那些过去只接受过很少正规教育族群里的人，他们发现多元智能理论是一个很有希望的切入点和工具。

以下我将含蓄地介绍一下对多元智能理念兴趣很小的教育团体。这些是有高度选择权的团体，也就是它们可以选择最聪慧的学生，这些学生可以跟得上标准化的学术课程。他们能够理直气壮地说，请别干预，我们不需要。在这些学校之中，我当然将自己所在的大学哈佛大学列入其中。这所大学的领导地位，决定了它今日仍在发展 IQ 和 SAT 的考试方法，并继续重视它们在大学的中心位置。尽管如此，哈佛学院的招生部门却经常引用多元智能理论，我不相信他们这样做是言不由衷的。哈佛的兴趣在于招收智能上和文化上多种多样的学生，因此它的招生办公室专注于寻觅的学生，是拥有潜力，在多方面的智能上表现突出，并且能够应付学校学习生活的负担的学生。

除了教育机构以外，还有哪些单位对多元智能理论表示兴趣？对于博物馆和其他文化机构来说，多元智能理论提供了一个很好的卖点。由于缺少吸引观众的方法，这些机构对于能够吸引观众的活动和展览特别有兴趣。

他们希望这些活动和展览不但能够吸引不同阶层的公众，而且能够促成他们成为回头客。在全世界无论什么地方，多元智能理论对于将孩子们以及其他人吸引到博物馆去，都具有特别的作用。很多博物馆布置了多元智能的展示，或者对于不同的智能制作了它们自己的展览。甚至在艺术博物馆，也出现了多元智能的理念。因为对于同一个作品，多元智能理论提供了不同欣赏切入点的概念（参见第 8 章）。我的同事杰希卡·戴维斯开发了适合于艺术博物馆的多元智能素材。

近 10 年以来值得注意的是，多元智能的理念引起了商业界领导人和管理者们的关注。这方面的兴趣，主要来自于受到广泛重视的情绪智能，这要感谢戈尔曼开创性的著作。对于多元智能理念的兴趣，还来自于吸引、维持和开发某些劳动力的需要。这些劳动力需要具备的智能，可能与标准学术模式的智能不一致。多元智能理论其他方面的应用，包括在多元格局的情况下，确定投资组合及重要战略表述时的应用，也同时吸引了美国和全世界的商界人士。

多元智能理论的世界之旅

无论多元智能理论的优点和缺点是什么，它对我都是慷慨大方的。由于很多人都希望从这个理论的原创者那里，当面听到更多有关多元智能理论的信息，我有机会访问了美国的许多州，并且前往世界各国旅行。发现这个理论被诠释的不同方式，以及这个理论催生出来的各种活动，是一件极为诱人的事。为了搜集写作本书的资料，我从 2004 年 5 月到 2005 年 11 月做了一年半的笔记。我的笔记记录了在这一年半里，我乘坐着多元智能的“乐队彩车”在地理上的世界和虚拟的世界旅行时见到的令人感兴趣的人和事。

不同的反馈

2004年第5次访问中国之前，我对于多元智能理论在那里受到欢迎的程度还没有清楚的概念。2002年，在北京召开了一个多元智能理论的研讨会，有来自9个省和7个国家的近500名教育工作者参加有7位著名的教育家作了大会发言，有187篇论文在会议上宣读。我的同事沈致隆估计，到目前为止已经有100部以上关于多元智能理论的中文书籍出版。

在上海，我曾问一名记者，她能否解释多元智能理论在中国广受欢迎的原因。“这个问题很简单，”她说，“在美国，当人们听到多元智能理论的时候，他们想到的是自己孩子特别的天赋——即独一无二的智能结构，想到的是自己孩子需要开发的潜在能力。在中国，家长和教师们的想法与此差异很大。人们认为，如果存在8种各自独立的智能，那就意味着我们的教育应该使所有的孩子在这8个方面都变得很好。”①

健康的来源

在澳门，尤先生为我提供了一次在岛上游览的机会。第二天早晨，当他接我去澳门教育局演讲时说：“你看我妻子昨天在杂货店拣到了什么！”他给我看了一张彩色的广告传单，页面上描述了多元智能理论的每一种智能，还印满了说明、图表和画像，为美素高（Frisogrow）牛奶做广告。在广告上顾客被告知：“如果你喝了我们的牛奶，你将拥有这些智能中的每一种智能。”在此之前，我无论如何也想不到，我的理论中的多元智能竟然能成为牛奶的形象代言人！

① 作者对此说法的观点，详见《全球教育展望》2007年第1期发表的特约稿——《多元智能理论在中国与世界的现状和未来》，作者沈致隆、［美］霍华德·加德纳。——译者注

奇怪的伙伴

在我访问澳门后不久，尤先生就去朝鲜旅行。他在平壤参观图书馆的时候，发现只有两本英文书。一本是社会批评家迈克尔·穆尔（Michael Moore）的《愚蠢的白人》（*Stupid White Men*），另一本就是我 1983 年出版的书《智能的结构》。

“零点项目”的延伸

在“零点项目”这个我介入了几乎 40 年的研究里，我们的焦点集中在目标为“理解”的教育。为了强化学生的理解，在一些项目的研究工作中，包含着多元智能的课程和评估内容。这些项目推广和延伸后的组合，已经成了许多美国学校的特色。例如在长岛东汉普顿的罗斯学校、在亚利桑那州格兰岱尔的格兰岱尔社区学院就是如此。

我很高兴在美国以外地方看到了相同的成就，如在西班牙巴塞罗那的蒙特塞拉特（Montserrat）学校，在菲律宾的多元智能国际基金会学校（MI International Foundation School）。给我印象十分深刻的，是在“为理解的教育”的标题下多元智能理念的综合。在都柏林的爱尔兰国家学院（National College of Ireland），院长乔伊斯·康纳（Joyce O. Connor）为早先缺乏教育的族群提供第三层次教育时，就应用了“零点项目”曾经开发的为理解的教育、多元智能和交替评估。

多元智能和优善工作

在发展了多元智能理论以及它的各种各样的“衍生物”之后，我主要的学术方向是研究“优善工作”——既出色又符合伦理道德的工作。大多数情况下，我在这两方面的研究工作是独立进行的。但是最近，我遇到了这两个主题的结合，给我留下深刻印象。

在泰国曼谷的康克迪恩（Concordian）学校里，年幼的学生要学习三种不同的语言：泰语、中文和英语，这本身就是一个令人生畏的挑战。不仅如此，作为这所学校的特色，不但要全面开发学生们的几种智能，还要谆谆教导并培养学生的责任感、正直、诚信等美德。通过与泰国的商人、尊贵的泰国公主的谈话，我确信国际主义、多样性文化和伦理道德的主题是泰国全国性的关注焦点，因此在追求以上主题时，多元智能理念可能会产生催化剂的作用。

在菲律宾，多元智能国际基金会学校的校长玛丽·乔·阿芭奎（Mary Jo Abaquin）主办了一个令人印象深刻的多元智能理论会议，有许多来自菲律宾和亚洲太平洋地区的教育家出席了会议。在会议结束的时候，她为8名杰出的菲律宾公民颁了奖。这8位公民的每一位，都突出地表现了一种特别的智能，而且他们运用自己的智能服务于道德和人性化的目的。例如，一名音乐家服务于贫穷儿童的音乐教育，一名博物学家努力从事保护环境的工作。因人际智能突出而获奖的，是科拉松·阿基诺[①]，“人民阵线”的主席，她现在负责一家教育基金会。看到将多元智能理论中的各种智能和优善工作结合起来的这种开创性的工作，我的确很感动。

热门话题

我早就知道，在丹麦，人们对多元智能理论感兴趣已经有很多年了。但是我却一直不知道在那里存在着关于多元智能的理念是否适合于引进到教室中的争论，我被请求参加到赞同的一方来。就像我在第4章中介绍的那样，英国的教育部长将教师对于孩子们身上多元智能的意识，体现在考试的分数之中。同样的,这种陈述在学者中引起了可想而知的讨论。在法国，为了表示对多元智能理论在这个国家得到反响滞后的不满,声望很高的《世

① 科拉松·阿基诺（Corazon Aquino），阿基诺夫人，1986年2月到1992年6月任菲律宾总统。——译者注

界报》（*Le Monde*）甚至发表文章提出质问："为什么多元智能理论在法国的影响不如在其他国家？"

在企业界

正像我前面提到的，多元智能的理念开始被应用到商业界。在哥伦比亚，我遇到了一家名为斯堪迪亚国际公司（Skandia International Company）下属的金融管理公司的首席执行官格拉多·戈赞尔斯（Gerardo Gonzalez）。他首先对社区文化做了精辟的认知分析，然后转到多元智能理论的话题上来。他运用多元智能理论，解释一个人可以改变跨国企业雇员中间具有代表性的理论、案例和技巧的途径。按照他的说法，要运用我在第 8 章中详细说明的多元表示法和多元切入点，用尽可能多的媒体和形式，提供希望中的文化改变，是必要的。

推荐、规则和立法

我来自政策制定者不情愿讨论多元智能理论的国家，但很惊讶地听说，多元智能的术语写进了另一些国家政府部长的白皮书，得到了掌权者的推荐。虽然我很难见到这些文件的具体措辞，但是我从可靠的消息来源处得知，多元智能的方法成了下列不同土地上教育政策的一部分，这些地方是澳大利亚、孟加拉、加拿大、中国、丹麦、爱尔兰、荷兰。一个名为"列奥纳多"的由欧盟承担的教育项目（Leonardo Project），也以多元智能的理念为特色。

多元智能的荣耀

2005 年 8 月份，我很高兴地访问了丹佛斯世界（Danfoss Universe），这是在丹麦西南部森讷堡附近的一家包括传统博物馆在内的崭新设施，其名称用以表彰并纪念创建这一设施的家庭。这里有来自 2000 年世界博览会上冰岛的亭阁、有一个会议中心、一系列实物大小的展品。这些设施允许人们亲自动手学习科学、工程和技术。还有许多公园设施，在天气好的时候供全家人来此娱乐之用。

对于我来说，丹佛斯世界主要的吸引力，来自它的探测馆。这是规模为博物馆大小的拥有多个房间和设施的地方，差不多陈列着 50 个左右的展览。每个展览的设计都很明确，就是用以激发一种或多种人类的特定智能。例如，语言智能的展览，以学习日语单词为特征。参观者模仿他们听到的一个单词或词组，然后看自己发音的视觉效果。这个视觉效果的展示，覆盖在母语是日语的人发出的正确声音的频谱之上。这样，参观者就可以通过视觉，评估自己发音模仿的精确程度。

在另外一个展台，参观者通过在电子琴上移动他们的手指，即兴创作出一定的旋律。其他的展台开发身体运动能力（例如细微的身体运动，单独平衡自己的身体或者和其他人一起平衡身体）、空间能力与合作能力。最具独创性的展区莫过于团体移物（Teambot）了，在这里，参加者必须共同努力，将机器人手里的物体从一个地方移动到另一个地方。另一个具有独创性的展区是“智能球”（Mindball），参加此项活动的两个人，分别带着装有电极的头巾，不需用手和球拍，只要努力减轻自己承受的压力，就能通过计算机转换的特定的脑电波，让乒乓球落到对方的球台上去。

探测馆是我所见过的最可信的多元智能理论正确性的展示。令人很难想象的是，任何人，无论他是 6 岁还是 60 岁，只要在这些设施上花费无论长短的时间，都能获得新鲜的体验。他们都能体验到一个人的智能是怎样工作的，以及其他人的智能的工作方式有何不同。参观者还有一个奇妙的机会，开发自己的自我认知智能。在参观展台之前，他们可以回答一组问题，来描述自己的智能轮廓。然后，在花费一定时间穿越一定的设施之后，他们可以对那些问题再次给出自己的答案，看看他们对自己智能的判断是否得到确认，或者他们自己的不同表现又产生了什么新的问题。

很多人都企图设计关于多元智能的测试。虽然他们的努力并不意味着徒劳，但是我认为丹麦的探测馆在确认智能方面达到的真实性和准确性，至今无人能及。我希望每个对多元智能理论感兴趣的人，都能够来参观这个探测馆。因为不是所有的人都能有这个旅行机会，因此如果到处都能建立类似的探测馆，或者某些展台可以联机或在线，所有的项目就可以在其他地方很好地实现了。

一种新的图书馆

美国圣路易斯市的新城学校，是主要以多元智能理论为基础创办的最好的学校之一，也是最早应用多元智能概念的学校（几乎已经有 20 年的历史）。2005 年 12 月，我有机会再一次访问了这所学校，并且为就我所知世界上第一座多元智能图书馆剪了彩。最初，多元智能图书馆这一称呼，似乎是一个语法上的矛盾，因为图书馆意味着书的一统天下，因此只存在一两种智能。的确，多元智能图书馆慷慨大方地为孩子、感兴趣的家长和成年人贮存了书籍。这些书籍按照智能的系统组织起来，而这些不同的智能由书籍的内容暗示。但是，这个图书馆与众不同的地方，是提供了多种多样不同的学习环境，学生们可以在其中展示和发展他们不同的智能——绘画和三维建筑的区域、电影和数字媒体的创作区域、戏剧表演的区域、音乐创作的探索区域、孩子们的集体区域，以及供家长和成年人休闲、放松、喝咖啡、自己阅读或者和孩子们一起阅读的舒适区域。这个图书馆甚至在周末也开放，使社区的其他人也能利用它。在我参观这所图书馆期间，遇到了从挪威、阿拉斯加来的参观者。他们告诉我，不久的将来，新城学校的图书馆就不再是世界上唯一的多元智能图书馆了。

首先接受理念的学校

意大利北部一个叫做瑞吉欧·埃米莉亚（Reggio Emilia）的地区，那里有许多独特的幼儿园。差不多25年了，我一直是那些幼儿园的热情支持者（参见第5章）。瑞吉欧的幼儿园和哈佛“零点项目”小组之间交换意见和资料、互相访问，已经有很多年了。1996年，我们承担了大范围的合作，关注的焦点特别集中在瑞吉欧幼儿园的儿童小组集体学习的问题，以及学习的材料问题上。这个合作的最终成果名为“让学习可以看见：儿童作为个人和小组的学习者”。瑞吉欧幼儿园打出的旗号是“儿童的成百上千种语言”。在我们分享许多相同的教育目标和热情时，重要的是应注意到瑞吉欧的幼儿园在熟悉多元智能的理论之前，就提出了大多数与此有关的概念，进行了与此有关的实践。“零点项目”的主要贡献，就是对瑞吉欧的33个幼儿园清楚地说明这一理论，并提供基本原理的支持以及不可缺少的例证。

最早出现的理念

除以上第一手的观察资料以外，我还受益于来自许多国家的反应。爱尔兰的布雷恩·麦克内里（Brain McEnery）向我介绍了达彻斯（Duchas）的理念，就是在早期凯尔特族人[①]历史上关于智能的观点，认为人拥有40种不同模式的智能。印度的维萨提·提阿戈拉扬（Vasanthi Thiagarajan）告诉我，拉万[②]有10个头，前9个头颅之中的每一个，都代表一种不同的智能，9个头恰巧与我提出的9种智能相对应。第10个头颅代表的智能超越了智能——不存在智能（the intelligence of nonexistence）。

① 古代凯尔特族人（Celtic）生活在欧洲和小亚细亚一代，曾经相当繁盛，后逐渐衰亡。现代凯尔特语系仅仅通行于爱尔兰、苏格兰、威尔士和法国西北部，使用的人数约200万。——译者注

② 拉万（Ravan）：传说中印度古代兰卡国的魔王，残暴无比，有10个头。——译者注

未来研究和应用的路线

智能的确认和描述

一旦多元智能的概念被清楚地表述出来，它就像打开瓶盖后放出来的精灵。从此，来自各个领域的作者和实践人员，提出了像瑞典自助餐式的各种各样的智能。随便举几个例子，就可以列出财经智能、道德智能、精神信仰智能、情绪智能和性智能等。人们不应该感到惊讶的是，对于智能种类的扩展，我抱有平和轻松的心态。我的理论对此的主要限制，是新提出的智能需要经过我提出的8个判据的检验（否则什么能力都是智能，什么人都能扩大智能的种类），而且必须对这些智能分别加以描述，并说明人是怎样应用它们的。

根据我占据主导地位的观点，对于扩展智能种类的努力最重要的，是来自生物科学的证据。如果我们对于人类大脑的开发和功能知道得更多，我们将能够确认那些与神经系统相连接的能力，确认那些具有相对可塑性的能力，即那些更灵活、更容易受经验影响的能力。我们也将能够知道，那些展现出不寻常的智能表现和不寻常智能轮廓的人，其神经学上的结构和功能与正常人究竟有何区别。同样，当我们能够确定不同的基因和基因组合扮演的角色时，与此有关的信息，将进一步规范我们对于人类能力的描述。遗传基因的研究很可能揭示出一种特定的智能强项，如音乐智能或空间智能的强项，是否在基因或基因复合体（gene complexes）[①] 的控制之下。同卵双胞胎与异卵双胞胎一起培养和分开培养的研究，将强化我们对于下列问题的理解，这些问题是，智能的轮廓究竟在多大程度上受遗传的影响，在多大程度上是可以改变的。

①“gene complexes”在某些文献上也被译为“基因综合体”。——译者注

我有理由确信，未来的25年，我们关于不同智能的本质和它们之间界限的认识，将极大地深入一步，并且会和今天的概念有很大的差异。生物学的进展有它自己的途径，并不遵从社会公众常用的逻辑和概念。但是我相信，多元智能的理念不会消亡，这是因为，无论出现什么样的支持一般智能观念的证据，我们仍然必须考虑人与人之间的巨大差异，考虑他们智能强项和弱项之间的多样化的轮廓，而这些现象都需要按照多元智能的概念来解释。此外，未来的某一个时刻，我们可能会明确谈论独立的存在智能是否有意义，可能会发现与这种智能相关的大脑颞叶中的某一个位置。

关于“湿件”（wetware）① 就说到这里。智能具有计算机的运作机理，而计算机“干件”（dryware）② 的工作，很可能增进我们对于智能的理解。虽然我们不能对人类的大脑进行某种实验（我们对此应该表示感谢），但可以在纸上和计算机仿真系统上，建立各种各样智能的模式。通过这些模式和模拟实验，可以确定对于哪一项任务，可以通过某种机理（智能）来完成，或者可以通过其他的机理（智能）来完成，确定哪一项任务，可能需要某些机理（智能）的组合，或者需要一种新的机理（智能）来完成。此种模拟将对我们认识心理的机制，对回答以下问题，如各种各样的心理模式中何者最佳？怎样才能最好地描述这些模式？提供无法估量的宝贵信息。

智能的培养和教育

当然，计算机科学和生物科学不一定局限在人类智能的确认和模式化的研究上。它们还能在许多其他方面发挥强有力的作用，可能弥补或强化在某些人身上智能的缺陷。例如，对于身体残疾的人，计算机可以强化他

① 指计算机软件、硬件以外的“件”，即人脑。——编者注

② 用来指计算机的所有硬件软件，以有别于人类的思维。——编者注

们的身体-动觉能力；对于那些空间能力差的人，计算机可以展示并操作几何图像；它们同样可以帮助人们在教室里，模仿并实现那些特别困难的、或者特别昂贵的、或者根本不可能的体验，如前往一个距今久远的年代探险，或者去一个遥远的地区探险。

根据我的猜测，最好的教育干预，来自那些拥有创造才能的教育工作者，使用的却是简单的材料和他们智慧。著名的数学教育家罗伯特·莫斯（Robert Moses），在波士顿教7年级和8年级学生代数课的时候，将学生吸引到有关波士顿公共交通系统的知识上来。教育家安妮克·威诺克（Annick Winokur）创立了术语“运动对称”（Sportsometry），用以描述她是怎样通过篮球的反弹现象，讲述数学和空间推理的。哈沃福德（Haverford）的物理教师沃尔特·史密斯（Walter Smith），建立了一个网站（www.physicssongs.org），网站的特征是利用许多音乐片段，将物理学概念有效地传授给大学生们。

思想的力量

我第一本关于多元智能的书《智能的结构》，最初起名为《多元智能的理念》（*The Idea of Multiple Intelligences*）。我至今仍然喜欢那个名字，因为多元智能基本上是一种理念——一种表面上简单，但转眼之间又使人感到困惑的、极易引起争论的、甚至令人激动的理念。直至现在，在提出多元智能理论25年之后，对于我来说完全信奉这个理念，拒绝占据统治地位的单一智能理念，仍然不是那么容易。在21世纪开始的时候，单一的、一维的智能理念依然占据统治地位，至少在西方世界如此。批评多元智能理论的人这样说，是由于他们认为智能的一元观基本是正确的。我这样说，是因为一个观念一旦在思想上和语言上被确立，改变它也是非常困难的。

没有人比伟大的经济学家约翰·梅纳德·凯恩斯[①]更好地理解了这一点，他有一段名言:“经济学家和政治哲学家的理念，无论正确还是错误的，其力量比起常人理解的要强大得多。的确，世界被少数人统治着，但一个实践者，一个自认为不受任何智者影响的人，往往是早已作古的经济学家的奴仆。”他曾经甚至更加直接地发表评论:“改变任何企业路线真正的困难，不是提出新的理念，而是放弃陈旧的观念。”

为了改变人们的心理定势，学者（或者活动家）使用了大量的可以利用的手段。这些手段从学者的推理和研究的方法，到手握权力的人运用的奖励和惩罚的办法，到教师充分利用真实事件的有利条件，表现出来的容易引起共鸣的、可亲可爱的、值得信赖的形象的能力。然而，改变人们心理定势的努力，在较长的时间里几乎是不可能的。除非这么做的人，知道并且能够充分考虑到并克服各方面的阻力（那些阻力来自对新理念表示怀疑的人）。正像凯恩斯所说的，转变人们的旧观念是困难的。

作为努力推广新理念的学者，我虽然运用过各种各样的手段，但主要依赖于推理和研究。仅仅依靠这两个手段，虽然可能使人们对传统的智能观念产生怀疑，但是远远不能达到推翻传统智能观念的理想境界。我发现，在更多个人经验的基础上，人们很可能会转向支持多元智能理论。例如，那些善于思考用一种新的方式，分析他们自己和周围至爱亲朋的人，那些因为其他人的失败，从而寻求新的方法教学的教师、寻求新的方法学习的学生，有可能支持多元智能理论。尽管如此，旧的观念或者理论很难完全消失。在最佳的环境中，在这一代人中出现的新范例，最可能被下一代人所接受。下一代人受陈旧观念的影响较小，认为新的理念本该如此，就是科学史学家托马斯·库恩（Thomas Kuhn）所说的范例转移（paradigm shift）

① 约翰·梅纳德·凯恩斯（John Maynard Keynes，1883—1946），英国著名经济学家，长期在剑桥大学任教和主编《经济学杂志》，兼任英国财政部顾问和英格兰银行董事等职，其经济理论对现代政府的经济政策有相当的影响。——译者注

的结果。

在旧的智能观念和新的智能观念之间，我经常看到发生的这种斗争。一天，我在一家报纸上看到一则新闻，弗吉尼亚的一名罪犯，因为智商从1998年的59上升到2005年的74，可能会被执行死刑。竟然有如此做决定的理由！我感叹不已。另外一天，我在报纸上看到，俄亥俄州一名在中等职业学校工作的、优秀的柴油机工程专业的教师，虽然在教育考试服务社主办的、名为“有效教学策略原则”的考试中不及格，但职位还是被保留了。俄亥俄州的有关人士是聪明的，对于从事职业教育的教师，他们决定将这种考试结果的适用期，向后推延。这已经向前进了一步，我因此感到轻松。我希望读者们阅读这本书，能使你们沿着更加综合的、与传统稍微不同的智能观念，再向前走几步，至少在你们之中，在你们与其他人之间，开展更加大胆的讨论和探索。

译后记

本书作者霍华德·加德纳博士，是美国哈佛大学教育研究生院的知名教授，世界著名的发展心理学家。在初任哈佛大学“零点项目”负责人的1983年，他提出了现在风靡美洲、欧洲、大洋洲、亚洲（其中包括中国）的多元智能理论。自那时起，由于这个理论的创建和其他有关创造能力、领导能力、杰出人才等方面的研究成果，加德纳教授已经获得了包括普林斯顿大学在内的全世界20多所一流高等学府的心理学、教育学、文学、音乐、法学荣誉博士学位，被誉为“推动美国教育改革的首席科学家”。毫无疑问，多元智能理论是哈佛大学“零点项目”研究所多年来最重要的科研成果之一。

多元智能理论在中国的影响更是令人惊讶。自20世纪90年代开始，不但成千上万幼儿园、中小学、职业学校和高等学校投入研究并实践这个理论，进而推进教育改革的热潮，而且中央政府最高层领导人也热情地肯定了这一理论，称赞它“给了我们一些重要的启示，为我们实施素质教育提供了一定的参考”。[①]

2007年对于本书的作者是非常重要的年份。这一年，哈佛大学“零点项目”和多元智能理论分别迎来了自己40周年和24周年的诞辰。因此，加德纳的这本《多元智能新视野》，既可以看作是作者献给这两个纪念日的礼物，也可以看作是创建者近25年来对于多元智能理论的回顾和总结。无论对于“零点项目”还是对于多元智能理论，本书都是非常重要的著作，因此译者在繁忙并且困难的时刻，毅然决定投入本书的翻译工作。

在译本即将出版的时候，译者特别要感谢的，就是作者加德纳教授的极大帮助。早在英文版面世之前的2005年，他就通过助手将《多元智能新视野》书稿寄送给了我，使我于本书2006年夏在纽约正式出版前，就熟悉了其中的主要内容。2006年年初，在他的邀请和帮助下，我获得机会再次前往哈佛大学教育研究生院访问、讲学。在那段时间里，由于他为我提供的办公室和他的工作地点之间，只有数米之遥，使我不但能够结合这本书，了解多元智能理论在美国和世界各地的新进展，还有机会经常见到他并和他当面讨论此书中的有关问题。

在我回国后正式投入翻译的过程中，加德纳教授更是给了我许多具体的鼓励和帮助。2006年夏季，他不但在第一时刻就将刚刚出版、还散发着油墨香味的《多元智能新视野》英文版航空邮寄到北京，而且热情题词：“给沈致隆——我的同事和朋友，为多元智能理论在中国打开新视野的人。对你个人的和学术上的奋斗目标，送上我的全部美好祝愿。”

其次，他专门为自己包括本书在内的多部著作的中译本撰写了统一的

①《李岚清教育访谈录》，人民教育出版社2004年版，第312页。——译者注

序言，并在序言中对我鼓励有加。最后，他不厌其烦地于今年数十次回信，解答我在翻译中一些心理学、进化论、人类学等各方面的问题，解释书中美国若干教育政策、法规、措施的含义，说明书中当地的一些行话和俚语的意思，甚至提出具体的译法。这大大地提高了译本的质量，译者和读者都因此受惠不浅。

如果没有他的帮助，虽然我曾分别在英国和美国工作、生活过 3 年多，却无论如何也猜不出“将他们的鼻子贴到旋转的研磨机上去”（Put their nose to the grindstone）的意思，对于学生来说，是“非常努力地学习”（work very hard）。最让我感动的是他的多封“答疑”邮件,都是在我发问的当天就回复了。有时甚至还不到一个小时，回信就到了，可以说是随问随答，他的邮件地址成了我翻译工作的活词典。他是一个世界级的著名学者，需要给全球几十个国家的读者和同行回信，曾经一天亲自写过 80 多封信。他能这样对待我，除了多年私人友谊的原因之外，更主要的是他对中国传统文化的热爱、对中国人民的感情和对中国教育改革的重视。

我同时还要感谢加德纳教授近两年的助手琳赛 · 佩廷格尔（Lindsay Pettingill）、克里斯蒂娜 · 哈索尔德（Christian Hassold）、凯茜 · 梅特卡夫（Casey Metcalf）和他的博士研究生西娜 · 莫兰（Seana Moran）。我 2006 年在哈佛访问、讲学期间，他的前两个助手遵照加德纳的指示，给了我的学习和工作以许多有益的帮助；第三个助手梅特卡夫则于 2007 年夏天加德纳不在美国的一个多月里，受命代他给我多次回信，并送来加德纳的照片、签名。莫兰 2006 年 4 月 13 日在自己博士论文答辩前的紧张时刻，欣然答应做我“彩排”的听众，并对我第二天讲学的语言表达方式，提出了有价值的建设性意见。

虽然我 1994 年就认识了加德纳并开始翻译他的有关文章和著作，但这次翻译还是有许多新的体会和感受，积累了不少新的经验。我在 2004 年自已出版的《加德纳·艺术·多元智能》一书最后一章中，谈到多元智能理论的翻译时曾经说过：加德纳是横跨自然科学、社会科学、人文科学与艺术领域的专家，知识面极广，因此翻译他的著作，除中英文的功底过硬之外，更重要的条件是需要有与他一样广泛的知识结构。按照这个条件，我显然不够格。但由于翻译这本书不但是中国读者的需要，也是加德纳在此书出版前送我书稿，以及出版后赠我并题字时表达的期盼，加上出版方的信任，我不能推脱。在勉为其难的同时，我计上心来：既然单打独斗难以胜任，何不请教各行各业的专家？因此，我在本书翻译的过程中，除加德纳以外，还曾多次受益于国内外心理学、教育学、数学、生物学、音乐学、舞蹈学、企业界、金融学等多个领域专家学者的帮助。我深深地体会到，单纯依靠翻阅词典、上网搜索、苦思冥想，不但费时费事，而且根本无法准确翻译加德纳的著作。像这次一样，勤向与他的宽广知识面有关的各行各业专家请教，集思广益，才是事半功倍、提高翻译质量的好方法。因为，对于很多相关专业的名词和典故来说，即使权威工具书上能够查到，也只有深入了解其含义及其在使用时的背景知识，了解国内该专业大多数文献中的不同译法，才能较为准确地选择恰当的中文词汇，从而避免由于知识面不足，出现时下多元智能理论中译本中常见的明显错误。

因此，我首先感谢世界知名心理学家、北京师范大学博士生导师、2000—2004年担任国际心理科学联盟①副主席的张厚粲教授，她不但也在百忙中解答了我提出的一些问题，还修订了本书中部分词汇的译法。她担任第一主编的《现代英汉-汉英心理学词汇》2006年7月出了修订版，也及时为我的翻译提供了许多有价值的参考。

我还要感谢的中外专家和学者有：上海华东师范大学教育管理系的心理学博士张玲和教育学博士刘竑波，北京工商大学生物工程教研室的何聪

① 全名“International Union of Psychological Science”。——译者注

芬教授，中国艺术研究院舞蹈研究所的欧建平研究员，中国音乐学院音乐教育系的刘沛教授，美国道富环球投资管理公司高等研究中心[①]的副主任、企业管理和金融学专家贝克尔博士（Dr.Ying L.Becker）等，感谢他们为我提供的咨询以及对我翻译本书的鼓励和帮助。

最后，译者感谢湛庐文化策划引进并购得了加德纳若干著作的版权并与我联系，才使我的早期工作和知识积累有了用武之地。特别应该称道的是，在图书市场竞争十分激烈的今天，出版方却给了我充裕的翻译时间。这种打造精品的志向以及对我表现出的信任，令人敬佩和感动。回想起2003年曾经有一家出版社找到我，请我翻译加德纳教授一部200多页的著作。尽管这家出版社当时版权还没有到手，却要求我在一个月内交稿，以免耽误他们的商机。尽管刚一出版，作者就将这本书寄来并委托我翻译，尽管当时我已经阅读全书不止一遍，并且已经翻译出全书的前1/5，但还是恳切地希望他们最少给我四个月的时间，以便保证质量。没想到一听此话，这家出版社立刻掉头而去，转去寻找愿意并且有能力一个月交稿的其他人翻译。对比之下，我不但要替自己、替读者，也要替《多元智能新视野》的作者加德纳教授，感谢出版方。

尽管我在翻译中曾查阅了有关多个专业的教材、专著和工具书，也先后咨询了包括作者加德纳教授在内各学科的多位专家学者，但由于自己才疏学浅，知识面极为有限，译文中仍然不可避免地存在不少问题，敬请各行各业的读者批评指正，非常感谢。

① 全名“Advanced Research Center，State Street Global Advisors”，公司总部设在波士顿。——译者注

未来，属于终身学习者

我这辈子遇到的聪明人（来自各行各业的聪明人）没有不每天阅读的——没有，一个都没有。巴菲特读书之多，我读书之多，可能会让你感到吃惊。孩子们都笑话我。他们觉得我是一本长了两条腿的书。

——查理·芒格

互联网改变了信息连接的方式；指数型技术在迅速颠覆着现有的商业世界；人工智能已经开始抢占人类的工作岗位……

未来，到底需要什么样的人才？

改变命运唯一的策略是你要变成终身学习者。未来世界将不再需要单一的技能型人才，而是需要具备完善的知识结构、极强逻辑思考力和高感知力的复合型人才。优秀的人往往通过阅读建立足够强大的抽象思维能力，获得异于众人的思考和整合能力。未来，将属于终身学习者！而阅读必定和终身学习形影不离。

很多人读书，追求的是干货，寻求的是立刻行之有效的解决方案。其实这是一种留在舒适区的阅读方法。在这个充满不确定性的年代，答案不会简单地出现在书里，因为生活根本就没有标准确切的答案，你也不能期望过去的经验能解决未来的问题。

湛庐阅读APP：与最聪明的人共同进化

有人常常把成本支出的焦点放在书价上，把读完一本书当做阅读的终结。其实不然。

时间是读者付出的最大阅读成本
怎么读是读者面临的最大阅读障碍
“读书破万卷”不仅仅在“万”，更重要的是在“破”！

现在，我们构建了全新的“湛庐阅读”APP。它将成为你“破万卷”的新居所。在这里：

- 不用考虑读什么，你可以便捷找到纸书、有声书和各种声音产品；
- 你可以学会怎么读，你将发现集泛读、通读、精读于一体的阅读解决方案；
- 你会与作者、译者、专家、推荐人和阅读教练相遇，他们是优质思想的发源地；
- 你会与优秀的读者和终身学习者为伍，他们对阅读和学习有着持久的热情和源源不绝的内驱力。

从单一到复合，从知道到精通，从理解到创造，湛庐希望建立一个“与最聪明的人共同进化”的社区，成为人类先进思想交汇的聚集地，共同迎接未来。

与此同时，我们希望能够重新定义你的学习场景，让你随时随地收获有内容、有价值的思想，通过阅读实现终身学习。这是我们的使命和价值。

湛庐阅读APP玩转指南

湛庐阅读APP结构图：

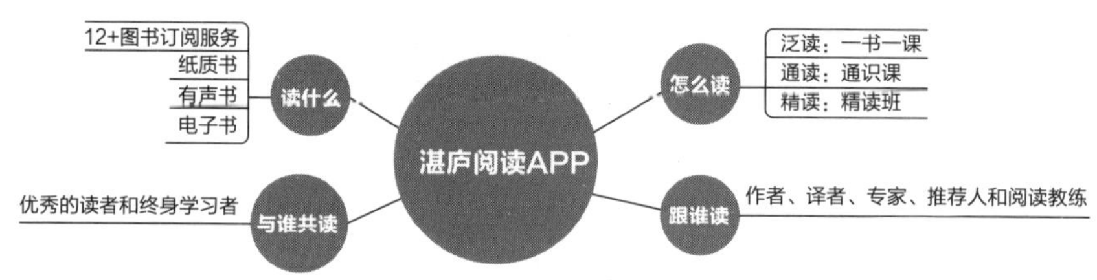

三步玩转湛庐阅读APP：

APP获取方式：

安卓用户前往各大应用市场、苹果用户前往APP Store
直接下载“湛庐阅读”APP，与最聪明的人共同进化！

使用APP扫一扫功能，
遇见书里书外更大的世界！

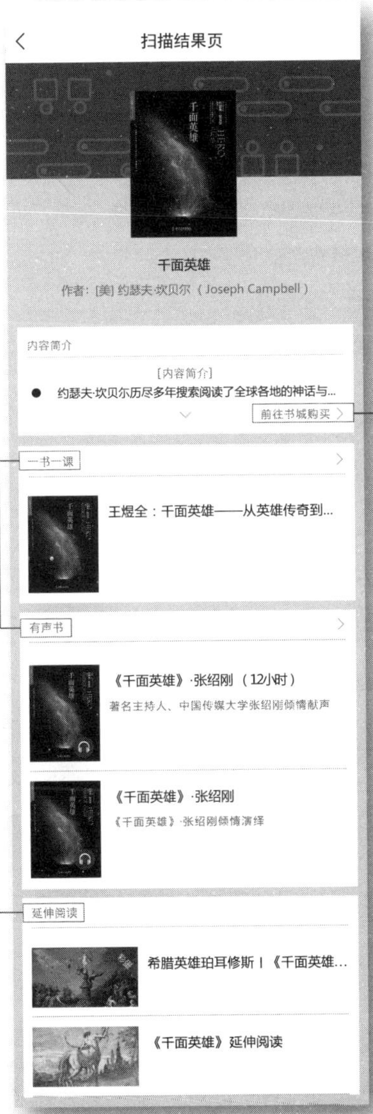

扫描结果页

千面英雄

作者：[美] 约瑟夫·坎贝尔（Joseph Campbell）

内容简介

[内容简介]

● 约瑟夫·坎贝尔历尽多年搜索阅读了全球各地的神话与...

前往书城购买

快速了解本书内容，
湛庐千册图书一键购买！

一书一课

王煜全：千面英雄——从英雄传奇到...

有声书

《千面英雄》·张绍刚（12小时）

著名主持人、中国传媒大学张绍刚倾情献声

《千面英雄》·张绍刚

《千面英雄》·张绍刚倾情演绎

大咖优质课、
献声朗读全本一键了解，
为你读书、讲书、拆书！

延伸阅读

希腊英雄珀耳修斯 | 《千面英雄...

《千面英雄》延伸阅读

你想知道的彩蛋
和本书更多知识、资讯，
尽在延伸阅读！

湛庐文化获奖书目

《爱哭鬼小隼》

国家图书馆"第九届文津奖"十本获奖图书之一

《新京报》2013年度童书

《中国教育报》2013年度教师推荐的10大童书

新阅读研究所"2013年度最佳童书"

《群体性孤独》

国家图书馆"第十届文津奖"十本获奖图书之一

2014"腾讯网·啖书局"TMT十大最佳图书

《用心教养》

国家新闻出版广电总局2014年度"大众喜爱的50种图书"生活与科普类TOP6

《正能量》

《新智囊》2012年经管类十大图书，京东2012好书榜年度新书

《正义之心》

《第一财经周刊》2014年度商业图书TOP10

《神话的力量》

《心理月刊》2011年度最佳图书奖

《当音乐停止之后》

《中欧商业评论》2014年度经管好书榜·经济金融类

《富足》

《哈佛商业评论》2015年最值得读的八本好书

2014"腾讯网·啖书局"TMT十大最佳图书

《稀缺》

《第一财经周刊》2014年度商业图书TOP10

《中欧商业评论》2014年度经管好书榜·企业管理类

《大爆炸式创新》

《中欧商业评论》2014年度经管好书榜·企业管理类

《技术的本质》

2014"腾讯网·啖书局"TMT十大最佳图书

《社交网络改变世界》

新华网、中国出版传媒2013年度中国影响力图书

《孵化Twitter》

2013年11月亚马逊(美国)月度最佳图书

《第一财经周刊》2014年度商业图书TOP10

《谁是谷歌想要的人才？》

《出版商务周报》2013年度风云图书·励志类上榜书籍

《卡普新生儿安抚法》《最快乐的宝宝1·0~1岁）

2013新浪"养育有道"年度论坛养育类图书推荐奖

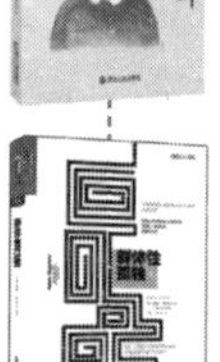

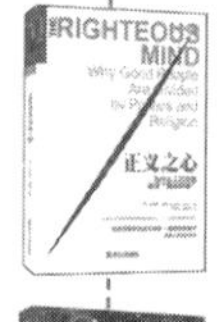

延伸阅读

《智能的结构》（经典版）

◎ 霍华德·加德纳的奠基之作，标志着多元智能理论的诞生，被心理学界誉为“哥白尼式的革命”。

◎ 首次提出人类具有的 7 种智能，对传统的心理学观点和时下流行的智商测试发起了有力的挑战。

《领导智慧》（经典版）

◎ 多元智能理论创始人霍华德·加德纳深入探讨了世界上著名领导人成功的原因。

◎ 颠覆传统观念，剖析领导认知心理，打造有效领导的永恒智慧准则。

《绝非天赋》

◎ 一本全面剖析智商与天赋的解惑之书，打开成才的正确方式。

◎ 科学作家万维钢、美国大学招生官和教务长一致推荐。

《面向未来的世界级教育》

◎ 详解芬兰、新加坡、中国、加拿大、美国、澳大利亚教育之长。

◎ 为 21 世纪学生打造赢在未来的能力。

图书在版编目（CIP）数据

多元智能新视野（纪念版）/（美）加德纳著；沈致隆译．—杭州：浙江人民出版社，2017.4

ISBN 978-7-213-07936-8

Ⅰ．①多…　Ⅱ．①加…　②沈…　Ⅲ．①教育心理学－研究　Ⅳ．① G44

中国版本图书馆 CIP 数据核字（2017）第 045077 号

浙 江 省 版 权 局
著作权合同登记章
图字：11-2017-53 号

上架指导：教育／心理学

多元智能新视野（纪念版）

［美］霍华德·加德纳　著

沈致隆　译

出版发行：浙江人民出版社（杭州体育场路 347 号　邮编　310006）
市场部电话：（0571）85061682　85176516
集团网址：浙江出版联合集团　http://www.zjcb.com
责任编辑：方　程
责任校对：徐永明
印　　刷：北京鹏润伟业印刷有限公司
开　　本：720 毫米 ×965 毫米 1/16　　印　　张：18.75
字　　数：235 千字　　插　　页：1
版　　次：2017 年 4 月第 1 版　　印　　次：2018 年 5 月第 4 次印刷
书　　号：ISBN 978-7-213-07936-8
定　　价：59.90 元